KB128700

당신을 지키고
버티게 하는 힘

중용의
연장통

당신을
지키고
버티게
하는 힘

중용의
연장통

신인철 지음

을유문화사

당신을 지키고 버티게 하는 힘
중용의 연장통

발행일
2016년 2월 25일 초판 1쇄

지은이 | 신인철
펴낸이 | 정무영
펴낸곳 | (주)을유문화사

창립일 | 1945년 12월 1일
주   소 | 서울시 종로구 우정국로 51-4
전   화 | 734-3515, 733-8153
팩   스 | 732-9154
홈페이지 | www.eulyoo.co.kr
ISBN 978-89-324-7330-7 03320

극단을 강요받는 시대,
중용에서 답을 얻다

자사子思라는 사람이 있었다. 그의 나이 세 살 때 아버지를 여의고, 어머니마저 다른 곳으로 재혼을 하면서 할아버지의 손에 크게 되었다. 그나마 몇 해 지나지 않아 애지중지 키워 주시던 할아버지마저 세상을 뜨고 말았다. 그런데 그런 불우했던 가정 형편만큼이나 그가 살던 시대 역시 어렵고 어지럽긴 마찬가지였다. 악덕한 군주의 폭정에 저항하던 제후들이 저마다 작은 나라를 세우고 왕을 자처하면서 백성들의 삶은 피폐해졌고, 전쟁의 공포는 늘 삶의 가장 가까운 곁을 맴돌고 있었다.

그때 그는 책 한 권을 지었다.

누구 하나 자신의 편이 되어 줄 이 없던 외로운 시기, 혼란과 공포가 늘 번갈아 심신을 괴롭히던 피곤한 시기, 앞으로 어떠한 미래가 펼쳐질지 한 치 앞도 예측할 수 없었던 불확실성의 시기에, 그는 어느 한곳으로 치우치지 않고, 넘치거나 부족하지도 않으며, 담담하게 때와 장소와 상황에 딱 알맞은 삶을 살기 위해 필요한 본질적인 지혜들을 한 글자, 한 글자씩 적어 나갔다. 그는 책을 지으며 자신과 자신의 스승 증자曾子의 견해도 일부 담았지만, 내용 대부분을 이룬 것은 역시 그의 할아버지이자 인류 역사상 가장 위대한 스승 가운데 한 명으로 꼽히는 바로 그 인물, 공자孔子의 가르침이었다. 그렇게 사서삼경四書三經의 하나이자, 유교 입문을 위한 개론서이며, 조선시대 왕들의 애독서이자, 몇 해 전 대기업 CEO들이 가장 좋아하는 동양 고전으로 선정됐던 『중용中庸』이 역사에 처음으로 등장하게 되었다.

이 책 『중용』이 내 인생에 다가온 사연은 이보다 더 극적이다. 2005년 1월의 어느 날이었다(사실은 잊고 싶어 대충 적은 것일 뿐, 날짜도, 요일도, 정확한 시간마저도 기억이 난다). 회의를 마치고 사무실 내 책상으로 돌아와 앉은 나는 분에 못 이겨서 두 주먹을 꼭 쥐었다. 어찌나 세게 쥐었던지, 나중에 펴 보니 손바닥의 검지가 접혔던 부위가 손톱에 찍혀 금방이라도 빨간 핏방울이 뚝뚝 떨어질 지경이었다. 분을 삭이기 위해 화장실에 가서 얼굴에 찬물을 몇 번 끼얹은 뒤 거울을 보니 왼쪽 눈 흰자위의 실핏줄이 다 터져서 엉망이었다. 물론, 이날 몇 가지 짜증나는 일들이 겹쳐서 감정이 폭발한 것이었지만, 사실 이 무렵 즈음해서 내 인생은 엉망진창, 꼬일 대로 꼬여 말 그대로 최악의 연속인 상황이었다. 주어진 업무는 어떠한 열정도, 호기심도, 몰입도 불러일으키지 못하는 지극히 단순하면서도 부가가치가 낮은 일들이었고, 설상가상으로 팀장은 나보다 훨씬 더 늦게 들어온 자신의 대학 동창 후배 사원을 끼고 돌았다. 반면, 그 후배는 회사 일엔 그다지 크게 관심이 없던 친구였는지 가끔씩 자신의 업무를 누락시킨다거나, 반드시 해야 하지만 겉으로 부각은 안 되고 손만 많이 가는 일들은 이 핑계 저 핑계를 대며 미뤘다. 결국 그런 일들은 죄다 내게 몰렸고, 팀장에게 말 못하는 인접 부서 실무자들의 불평불만도 모두 나에게 쏟아졌다.

이날 역시 팀 회의를 하면서 나름 중요하다고 생각해서 그간 홀로 준비해 왔던 업무를 후배에게 빼앗기고(정확히는 팀장이 후배에게 맡겼고) 대신 기초적이면서도 귀찮은 허드렛일을 맡게 되었기에 머리끝까지 화가 치밀어 오른 것이었다. 퇴근을 하고 집에 돌아와서 책상에 가만히 앉았지만 그때까지도 분이 풀리지 않아 멍하니 앉아만 있을 뿐 도대체가 아무것도, 아무 생각도 할 수가 없었다.

그때였다. 눈앞에 얇은 녹색 책 한 권이 보였다. 낡고 먼지를 뒤집어쓴 책 한 권.

대학 시절 들었던 전공 수업의 교재였던 『대학·중용집주』였다. 근 10여 년 만이었다. 사실 정작 학창 시절에는 미팅이다 동아리 활동이다 정신이 팔려서 제대로 듣지도 않았던 수업이었다. 겨우 낙제를 면한 정도였다. 평상시대로라면 나는 책을 책장에 다시 꽂고 앉아서 몇 명에게는 저주와 분노를, 내 자신의 억울하고 아쉬운 마음에는 일방적인 위로를 쏟아부었을 것이다. 그러나 이날은 달랐다. 그날 나는 정리를 마치고 막 문을 닫으려던 집 앞 문방구로 뛰어가 어린 시절 썼던 깍두기 패턴의 한자 노트를 열 권쯤 샀다. 그러고는 집으로 돌아와 노트에 한 글자, 한 글자씩 『중용』 원문을 베껴 나가기 시작했다. 그렇게 한 데에는 다 이유가 있었다. 고등학교 3학년 무렵, 당시 내가 선택한 대학에 들어가려면 본고사를 치러야 했다. 국어와 영어 그리고 제2외국어 중 하나를 선택해야 했는데, 내 선택은 당연히 한문이었다. 어린 시절부터 한적漢籍을 읽어 왔기에 대학교 입시 수준의 한문 시험은 손쉽게 치를 수 있으리라는 생각에서였다. 그러나 그것은 나만의 오산이었다. 수준 높은 한문책을 술술 읽는 것과 전공 교수님들이 배배 꼬아 둔 사지선다형 문제에서 답을 찾아내는 것은 천양지차의 문제였다. 한문 본고사 모의문항 테스트 점수는 치는 족족 바닥을 기었고, 그렇게 (가장 자신 있어 하던) 한문 과목이 망가지기 시작하자 나머지 국어, 영어는 물론, 수학능력검사 모의고사 점수까지 하락세를 면치 못했다. 머릿속에는 비관적인 생각만이 가득했고, 가슴속에는 누구에게인지 모를 분노가 치밀어 올라 공부에 집중을 할 수가 없었다. 대책을 세우기 위해 당시 내게 한문을 가르쳐 주시던 선생님을 찾아뵈었다. 고등학교에서 국어 과목을 가르치는 선생님이면서 저녁이나 휴일에는 일반인은 물론, 한학 전공자들을 대상으로 강의도 하시는, 말 그대로 세칭 '재야의 고수'로 꼽히던 한학자였다. 내 사연(?)을 다 듣고 나신 선생님께서는 캐비닛을 한참 뒤지시더니 자그마한 소책자 하나를 꺼내 오셨다. 손바닥만 한 크기에 등사를 해서 만든 조악한 수준의 책이었다. 아마도 정규 출판사가 아닌 대학교 소모임이나 학회에서 자기들끼리 보기 위해 만든 것인 듯했다.

"공부하다 머리에 열불이 치솟거나, 마음이 얼음덩이처럼 차가워질 때, 그럴 때 한두 문장씩 읽어 봐라."

받아들 당시에는 제목도 안 보고 성경이나 불경 같은 종교 경전인 줄로만 알았다. 그런데 집에 와서 들춰 보니 그 책은 다름 아닌 『중용』이었다. '올해 본고사는 이 책에서 많이 나온다는 말씀이신가?' 그 정도에 생각이 머무른 나는 공부 삼아 그 책을 읽기 시작했다. 『시경詩經』을 제외하면 인용한 문장도 적고, 단어 역시 중의적인 의미로 쓰인 것들이 적어 한자의 음을 읽고 밑에 달린 주석의 도움을 받아 해석해 보는 데에는 채 이틀이 걸리지 않았다. 한 번을 다 읽고 난 내 머릿속에는 한 가지 생각이 떠올랐다.

'에이, 뭐야. 이거 별거 아니네.'

그런데 뒤이어 또 한 가지 생각이 더 떠오르기 시작했다.

'한 번만 더 읽어 볼까?'

그렇게 바쁜 고3 수험생이었던 나는 독서실에 앉아 『중용』을 또다시 읽기 시작했다. 그런데 놀라운 경험을 하게 되었다. 보통의 책들은 처음 읽을 때 백이라는 시간이 걸린다고 하면 두 번째 읽을 때는 칠, 팔십 심지어 절반인 오십 정도의 시간이 걸리는 것이 일반적이었다. 외국어(한자 역시 우리 입장에서는 외국어니까)로 된 책들은 특히나 더욱 그러했다. 하지만 『중용』은 정반대였다. 두 번째로 읽을 때는 나흘이 걸렸다. 처음 읽었을 때의 정확히 배였다. 바빠서 쉬엄쉬엄 읽었다거나 해서 그런 것이 아니었다. 오히려 처음보다 더 집중해서 열심히 읽었음에도 배나 많은 시간이 걸렸다. 이유는 생각하는 시간이 많아져서였다. 한 문장을 읽고 생각 한 번, 또 한 문장을 읽고 생각 한 번. 이러다 보니 읽는 시간이 한도 끝도 없이 길어질 수밖에 없었다.

그런데 그런 가운데 묘한 생각이 들기 시작했다. 『중용』 책의 내용에 대한 생각들은 아니었다. 그보다는 내가 하고 있는 공부에 대한, 내가 진학하고 싶은 대학에 대한, 내가 살고 있는 현재의 삶에 대한 생각들이었다. 평소 단 한 번도 해 보지 않았던 그런 생각들을 하며, 그에 대한 답들을 하나하나 챙겨 보며 신기하게도 하나씩 둘씩 무언가 정리되는 느낌을 받았다. 모든 것이 다 해결되거나 한 것은 아니었다. 그러나 생각들이 정리되는 것만 하더라도 큰 도움이 되었고, 결국 그해 입시에서 나는 원하는 학교, 원하는 과에 진학할 수가 있었다. 그때의 경험이 생각났기에 나는 지체 없이 『중용』을 읽기 시작했고, 이번에 택한 방법은 노트의 앞장에는 붓펜으로 『중용』을 그대로 옮겨 적고 뒷장에는 앞장에 적은 원문의 뜻을 풀어 정리해 가는 방식이었다. 『중용』 옮겨 적기는 그날 이후 날마다 계속되었다. 다음 날도, 그다음 날도. 그렇게 세 권의 노트에 『중용』을 모두 옮겨 적었다.

자, 여기까지 이야기하면 많은 독자들이 기대하는 스토리는 다음과 같을 것이다.

'그렇게 『중용』 필사를 마친 나는 이전과 다른 사람이 되어 있었다. 사소한 것에는 분노하거나 실망하지 않았고, 담대한 마음으로 세상 모든 것을 포용하며 큰 뜻을 이뤄 나갈 수 있었다!'

하지만 그런 일은 없었다. 『중용』이라는 책을 필사한 나와 그전의 나는 별로 크게 달라진 것이 없었다. 팀장과의 사이도, 팀내 후배와의 사이도, 내 업무 수준도 모든 것이 그대로였고, 이후 이직까지 겹치면서 그렇게 『중용』은 잊혀 가는 듯했다.

그런데 이듬해 어느 봄, 오랜만에 동기들과의 동창 모임이 있는 날이었다. 한참 즐겁게 대화를 나누고 있는데, 학교를 다닐 때는 낙제를 면치 못하는 성적에 다소 아둔한 행동으로 업신여김을 받았던 동기 한 명이 등장했다. 대학 진학은 실패했지만, 아버지가 하는 도정搗精 회사를 물려받아 부사장 직함을 달고 있었다. '나는 여태까지 뭐하고 살았나?', '애써 공부해서 대학 가 봐야, 아버지 잘 만나는 것만 못 하구나……' 반쯤 취해 집에 들어와 침대에 누웠는데 부러움 반, 질투 반에 자괴감까지 겹쳐서 쉽게 잠을 이룰 수가 없었다. 그때 눈에 띈 것이 다시 『대학·중용집주』였다. 그렇게 다시금 『중용』을 읽기 시작했다. 이번에는 문장을 옮겨 적지 않고 서른세 장의 『중용』을 읽어 가며 떠오르는 생각들을 노트에 써 내려가기 시작했다. 그렇게 한 달 만에 다시 『중용』을 읽었다. 물론, 그렇다고 해서 내 아버지에게 갑자기 물려줄 회사가 생기지도, 내 직급이 여섯 단계를 점프해서 부사장으로 변하지도 않았다. 하지만 무언가 조금씩, 아주 조금씩 달라지고 있다는 것이 느껴졌다.

그 이후로도 몇 번이나 『중용』은 (좋은 방향으로든, 안 좋은 방향으로든) 내 인생이 극적인 상황을 맞닥뜨린 순간이나, 희로애락의 감정이 지나쳐 삶이 균형을 잃으려 할 때나, 생각이 정리되지 않아 내 정신과 몸의 주인이 온전히 내가 되지 못하는 그런 상황들마다 어디선가 튀어나와 주었다. 그리고 그렇게 나는 목수가 연장통에서 비장의 도구를 꺼내 수리하고, 연마하고, 손질하듯이 『중용』을 통해 내 삶을 다듬고, 바로잡고, 바꿔 나갔다.

그럴 수 있었던 것은 『중용』에 다음과 같은 특징이 있기 때문이다. 첫째, 우선 『중용』은 사서삼경치고는 분량이 짧은 편이다. 『논어』만 해도 1만 자가 넘고, 『맹자』는 무려 3만 자를 훌쩍 넘는 길이임에 비해 『중용』은 불과 3천 5백 자 남짓한 분량이어서 언제라도 휴대하고 다니며 필요하면 잠깐 꺼내 읽을 수 있다. 즉, 늘 삶의 가장 가까운 곁에 둘 수 있는 책이다. 게다가 문장의 내용과 구성 자체도 간결하고 명쾌하여 한자에 익숙하지 않은 현대인이라도 부담 없이 읽고 쉽게 이해할 수 있다.

둘째, 『중용』은 수천 년 전에 지어진 글이라고 믿겨지지 않을 정도로 세련된 책이다. 옛 고전에서 흔히 볼 수 있는 일방적인 훈계도, 고압적인 지시도 없다. 모든 것을 알려 주려 들지도, 그렇다고 '너희가 이제까지 살아온 방식은 다 틀렸다'라며 독자의 삶을 애써 부정하려 들지도 않는다. 오히려 읽는 이로 하여금 생각할 여지를 충분히 주는 어찌 보면 조금은 공감의 여백이 많은, 현대인의 입맛에 잘 맞는 책이다.

마지막으로, 『중용』은 지금 우리에게 가장 필요한 것, 즉 사람이 사람을 대하는 방식, 사람이 삶을 맞이하는 마음가짐, 그리고 사람이 자기 스스로를 바라보는 시선에 대해 진지하게 말해 주는 책이다. 비슷한 다른 책들이 나라를 다스리는 법, 천하를 지배하는 법 등 조금은 거창하고 뜬구름 잡는 이야기들을 할 때, 중용은 사람 마음 씀씀이의 본질적인 부분에 대해 이야기하는 인간미가 넘치는 책이다.

이러한 이유로 『중용』은 오랜 세월 내 곁을 지켜 주었고, 특히, 최근 10여 년 동안 『중용』이라는 연장통을 활용하면서 내 삶은 크게 바뀌어 갔다. 불평불만 많고, 현실에 답답해하던 평범한 회사원이 스무 권이 넘는 책을 내고, 유수의 CEO들 앞에서 강연을 하고, 뜻이 맞는 사람들과 연구소를 운영하고, 방송에도 출연할 수 있게 되었다. 주어진 삶은 그대로였지만 삶을 대하는 태도와 방식이 달라졌고, 그렇게 살아 낸 삶은 처음 주어졌던 삶과 많이 달랐다. 이제 내가 경험한, 수천 년 동안 인류가 갈고닦아 온 『중용』이라는 훌륭한 연장통을 독자 여러분께 선사해 드리고자 한다.

이 책은 10년이 넘는 기간 동안 『중용』을 수십 번도 넘게 읽으며 차곡차곡 모아뒀던 자료와 생각들을 한문에 익숙하지 않은 일반 독자들도 편하게 읽고 본인의 생활에 쉽게 접목시킬 수 있도록 한 책이다. 그간 수많은 후배들과 『중용』 읽기를 시도하면서 단순히 한문 문장을 읽고 뜻풀이하는 것만으로는 책에 담긴 깊은 뜻을 전달하기가 쉽지 않았다. 그러다가 학교나 직장 내에서 발생할 수 있는, 가정생활에서 쉽게 맞닥뜨릴 수 있는 상황에 대입해서 설명을 해 주었더니 그를 이해하고 받아들이는 속도가 엄청나게 빨라지는 것을 경험했다. 그 경험을 바탕으로 독자 분들께서 보다 쉽고 편안하게 『중용』에 담긴 내용을 이해하고 필요한 내용은 실생활에 적극 활용하시는 것을 돕고자 '장윤석'과 '신율교'라는 우리 주변에서 흔히 만날 수 있는 두 회사원을 통해 『중용』 서른세 장의 내용을 풀어 가는 방식을 택했다. 모쪼록 삶의 어려운 순간에 처했거나, 변화가 필요한 시기에 있거나, 새로운 도전을 꿈꿔야 하는 상황을 맞이한, 그 외에 무언가 삶에 유용한 도구들이 필요한 독자들에게 이 책이 조금이라도 도움이 되었으면 한다.

마지막으로 이 책을 시작하기 전 독자 여러분께 드리고 싶은 말씀이 있다. 『중용』은 불과 33개의 그리 길지 않은 글들로 이뤄진 얇은 책이다. 그럼에도 그 내용을 제대로 해석하고 그 안에 담긴 진의眞意를 뽑아내기 위해 평생을 바친 학자들이 수두룩하다. 그런 분들이 있었기에 『중용』이 '중용'답게 될 수 있었다. 이 책은 그분들이 이뤄 낸 학문적 성과를 토대로 하고 있다. 이 책은 정통 『중용』 번역서라기보다는 한쪽 극단으로 치우친 삶을 살도록 강요받는 이들이, 정도正道에서 벗어난 편법을 능수능란한 수완으로 칭송하는 사회에서 상처받은 이들이, 그리고 경주마처럼 좌우를 못 살피게 만든 안대를 쓰고 앞으로만 질주하기를 요구받는 이들이 수천 년간 전 세계인들에게 큰 지혜와 깨우침을 선물해 온 고전을 통해 조금은 위안을 받고, 조금은 용기를 얻을 수 있었으면 하는 생각에서 『중용』을 익숙한 우리 삶의 현장으로 끄집어 들여서 읽기 쉽게 풀어 써 놓은 글이다. 그렇기에 바라건대, 이 책을 읽고 『중용』에 대해 관심이 생기신 독자 분들이 있다면 다른 선생님들께서 전통적인 방식으로 펼쳐내신 『중용』을 읽어 주십사 하는 바람이다.

끝으로, 이 책을 처음 기획할 때부터 끝마칠 때까지 큰 도움을 주신 고려대학교 한문학과의 수많은 선후배 분들과 특히, 한문학에 대해서는 물론 공부와 삶을 대하는 자세를 가르쳐 주신 선생님들께 깊은 감사의 인사를 드린다. 더불어 한국 출판문화를 이끌어 가는 출판계의 맏형으로 부족한 글이 하나의 책으로 훌륭하게 재탄생할 수 있도록 많은 관심과 배려를 베풀어 주신 을유문화사에 감사를 드린다.

늘 부족한 이 아들을 인내심을 갖고 지켜봐 주시고, 격려해 주시는 서울의 부모님과 창원의 부모님께는 무한한 애정과 존경의 마음으로 이 책을 보내 드리고자 하고, 책을 쓴다는 핑계로 밤을 낮처럼, 휴일을 평일처럼 살아가는 남편을 늘 믿고 지지해 주는 나의 그 '단 한 사람', 아내 최유성과 이 책의 두 주인공 가운데 한 사람인 신 차장에게 그 예쁜 이름을 빌려준 귀한 보배, 딸 신율교에게 내가 이룬, 또 앞으로 이룰 모든 것을 바친다.

을미년의 마지막 달, 마지막 날.
서래마을 초입의 누추한
'한한대 汗寒垈'에서 삶며, 씀.

차례

【목차의 소제목 옆에 붙은 아이콘 범례】

 망치 낡은 사고를 깨트리는 지혜가 필요할 때
 톱 불필요한 군더더기를 자르고 삶을 정돈할 때
 드라이버 느슨해진 자신을 다잡고 싶을 때
 줄자 자신의 현재 위치를 확인하고 앞일을 준비할 때

청계천에서 중용을 만나다

"아이 씨, 진짜 장소를 정해도 꼭······."

장 대리는 공연히 신호등이 매달린 철제 기둥을 발로 툭툭 차며 불평을 터뜨렸다. 그러는 동안에도 오토바이 수십 대가 납품하는 옷이 든 비닐봉지를 2미터쯤 높이로 싣고서는 곡예 운전하듯 그의 앞을 지나갔다. 근처 건물 외벽에 붙은 대형 벽시계의 시침과 분침이 정확히 하나로 겹쳐지고 있었다. 평일 낮 시간에 사무실에서 멀리 나와 본 것도 정말 오랜만인 듯했다. 아니, 외근을 제외하고는 처음인 것 같았다.

'괜찮을까?'

불현듯 사무실 상황이 걱정되기 시작했다. 사건의 발단은 어제 퇴근 무렵이었다. 팀장이 갑자기 회의실로 장 대리를 호출했다.

"장 대리도 알다시피 지난주 금요일까지 해서 작년 개인별 성과에 대한 평가가 끝났어."

"네."

"휴…… 여러 방향에서 면밀히 검토했는데…… 팀 평가도 시원치 않았고, 우리 팀에 올해 진급시켜야 할 팀원들도 세 명이나 있고…….”

"말씀하시죠."

"장 대리가 평가에 대해 너무 깊게는 생각하지 않아 줬으면 좋겠어."

"괜찮습니다. 말씀하세요."

"작년 업무 평가는 C야. 장 대리의 능력 자체가 C라는 소리는 아니고…… 우리 팀 상황도 있고, 또 언젠가 장 대리가 진급 대상자가 되면…….”

그 뒤로 10분이 넘도록 팀장은 '직장인으로서의 자세와 마음가짐'으로부터 시작해서 '장윤석이라는 인간이 얼마나 잠재력이 크고 기대되는 인재인지'에 대해 일장 연설을 늘어놓듯 말했지만 장 대리의 귀에 단 한마디도 제대로 들리지 않았다. 대신 누구의 목소리인지 알 수 없는 외침이 퇴근할 때까지, 그리고 귀가해서 잠자리에 들 때까지도 귓가에 맴돌았다.

'장윤석, 넌 C야.'

'네가 살았던 작년 365일의 삶은 C래.'

'넌 C등급의 인간이야.'

장 대리는 어젯밤에 결국 그 목소리들과 함께 잠이 들었다.

평상시에도 그다지 일찍 출근하는 편은 아니었지만, 장 대리는 오늘 아침 유독 출근이 늦었다. 그도 그럴 것이 침대에서 일어나는 시간도, 이를 닦고 세수하는 시간도, 머리를 빗고 옷을 입는 시간도 다른 때보다 배로 걸렸다. 지하철역까지 걸어가는 시간도 배나 되었다. 그나마 개찰구를 지났을 무렵 열차가 도착한다는 신호음이 들렸다. 평상시처럼 조금 서둘렀으면 충분히 탈 수도 있었지만 지레 포기하고 천천히 걸어가 보니 이미 떠나 버린 열차의 뒤편 운전석만 볼 수 있었다. 평소에도 열정에 휩싸여서 '얼른 회사 가서 이것저것하고, 이 사람 저 사람에게 연락한 뒤, 이런저런 걸 마무리해야겠다'며 서두르는 그런 성격은 아니었지만, 오늘은 좀 더 지나치게 농땡이를 부렸다.

'그래, 난 C등급 인간이니까…… 목표 의식을 갖고, 열정적으로, 서두르는 삶을 사는 건, A급, S급의 인재들이나 하는 행동이야.'

그럼에도 다행히 지각은 면했고 자리에 앉아서 노트북 전원을 켰을 때 하단에 보인 시계는 정확히 8시 59분이었다. 그때였다. 입사 연도가 똑같아서 동기처럼 지내고 있지만, 입사 일은 몇 달 빨라 이미 작년에 과장으로 진급한, 게다가 한 해 전에 대학 동기와 결혼해서 백일 된 딸까지 있고, '대출을 많이 끼고 샀다'며 엄살을 부리지만 인천 송도에 번듯한 자기 집까지 있는 '엄연한 상급자' 최 과장이 장 대리의 어깨를 툭 치며 말했다.

"여어! 장윤석, 이제 막 배 째는 거야? 출근 시간이 회장님이랑 비슷해지려고 하네?"

말투나 내용이나 최 과장이 늘 하던 농담인 게 뻔했다. 평상시 같았으면 장 대리 역시 장난기 섞인 말투로 맞받아치고 말았을 게 분명했다. 하지만 어제 통보받은 평가 결과 때문이었을까? 왠지 모르게 장 대리는 평정심을 잃고 말았다.

"아이, XX! 진짜, 이 XX가 장난하나!"

장 대리는 '얼른 농담으로 맞받아치기'를 기다리며 서 있는 최 과장에게 심한 욕설과 함께 손에 쥐고 있던 마우스를 집어 던져 버리고 말았다. 업무 시간이 시작된 직후라 사무실을 휘감고 있던 고요한 정적은 고

함치듯 내뱉은 장 대리의 욕설 때문에 산산조각이 나 버렸다. 하지만 더 큰 문제는 다른 데 있었다. 외마디 비명과 함께 마우스로 직격당한 코를 움켜쥐고 있던 최 과장의 양손 가운데로 주르륵 커피가 흘러내려 흰 와이셔츠 칼라를 적시기 시작했다. 여직원들은 비명을 지르고, 주변에 있던 몇몇 남자 직원이 물티슈 등을 들고 달려오는 통에 장 대리 자리는 아수라장이 되어 버렸다. 자신의 자리였지만 달리 무슨 일을 할 수도, 그냥 아무 일 없었다는 듯 앉아 있을 수도 없었다. 그렇게 자리에서 밀려나 서 있던 장 대리는 유령처럼 스르륵 사무실을 빠져나와 버리고 말았다.

1시간쯤 뒤.

'사표를 써야 하나?'

'최 과장이 고소라도 하면 어떻게 하지?'

회사에서 멀지 않은 빌딩 1층의 스타벅스 커피전문점에 앉아 멍하니 창밖을 바라보며 이런저런 고민을 하고 있던 장 대리의 스마트폰이 진동했다. 새로운 메시지가 왔다는 알람이었다.

신율교 차장 : 어디 있습니까? 나랑 얘기 좀 할 수 있나요?

뜻밖에도 전략기획팀의 신 차장이었다. 전략기획팀은 바로 옆 인접 부서였고, 신 차장은 같은 대학교 선배라고 들었지만 평상시에 이렇다 할 교류가 있었던 사이는 아니었다.

장윤석 : 어떤 얘기이신지…… 제가 지금 상황이 좀 그래서요. 나중에 말씀하시면 안 될까요?

지금 상황에서 팀장이나 같은 팀 사람들의 메시지였다면 무시하고 모른 체했을 테지만, 평소 오가며 눈인사 나누는 정도를 제외하고는 대화 한번 나눠 본 적이 없던 신 차장의 갑작스러운 메시지에는 묘하게 답을 해야 할 것 같다는 생각이 들었다. 아니 평상시에 봐 왔던 그의 모습이 그런 생각을 들게 했다.

신율교 차장 : 압니다. 지금은 커피 한잔 마시며 진정 좀 하고, 잠시 뒤 12시에 지하철 4호선 동대문역 8번 출구 앞에서 만납시다. 장 대리 부서 팀장님께는 오후에 제가 같이 어디 좀 다녀오겠다고 말씀드려 허락받아 놨어요.

장 대리는 새로 온 메시지를 확인하다가 고개를 들어 주위를 둘러보았다. 마치 신 차장은 장 대리를 어디선가 지켜보는 듯했다. 뜬금없이 동대문역에서 만나자는 신 차장의 제안이 이상했지만 지금 상황에 제 발로 사무실에 들어간다는 것도 엄두가 나지 않았고, 마냥 이렇게 커피전문점에 앉아 있을 수도 없어서 신 차장의 제안을 따르기로 했다.

장윤석 : 알겠습니다. 12시에 말씀하신 곳에서 뵙죠.

여기까지가 장 대리가 평일 낮 12시에 혼잡한 동대문역 8번 출구 앞에서 배달 오토바이 수십 대가 내뿜는 매연을 맡으며 서 있게 된 사연이었다.
그때였다.
"갑시다."

어디선가 나타난 신 차장은 별다른 인사말도 없이 장 대리의 어깨를 툭 치고는 막 녹색으로 신호가 바뀐 횡단보도를 성큼성큼 건너가 버렸다. 신 차장이 장 대리를 데리고 간 곳은 평화시장 1층에 자리 잡은 대원서점이라는 헌책방이었다.

"안녕하세요!"

"어, 율교 학생! 오랜만이네!"

산더미처럼 쌓인 책들을 정리하고 있던 서점 주인은 신 차장을 학창 시절부터 알고 있었는지 꼬박꼬박 '학생'이라고 불렀다. 신 차장은 주인에게 꾸벅 고개를 숙여 인사를 하고 나서 마치 고향 집 자기가 쓰던 공부방을 뒤지듯 헌책방 이곳저곳을 뒤지기 시작했다. 장 대리는 그런 그의 뒤꽁무니를 졸졸 따라다니기 바빴다. 30분쯤 지났을까, 그의 손에는 예닐곱 권의 책이 들려 있었다. 이상하게도 그중 두 권은 같은 책이었다. 가격을 지불하고 밖으로 나온 신 차장은 장 대리를 데리고 근처 식당으로 갔다.

"아침에는 대단했어요."

주문을 마치자마자 신 차장은 장 대리를 쳐다보고 빙그레 웃으며 말했다. 장 대리는 아무런 대꾸도 할 수 없었다.

"괜찮아요."

신 차장의 그 말에 장 대리는 갑자기 왈칵 눈물을 쏟아 내기 시작했다.

'괜찮아요.'

너무나 흔하게 늘 쓰던 말이었지만 이런 상황에서 들을 줄은 몰랐고, 오랜만에 듣는 듯한 기분이 들 줄도 몰랐다. 더욱이 이렇게 반갑고 고마운 말일 줄은 정말로 몰랐다. 비단 오늘 아침의 일 때문만이 아니었다. 대학에 입학만 하면 모든 것이 다 해결될 줄 알았지만 그렇지 않았고 대학을 졸업하면 새로운 기회가 열릴 것 같았지만 역시 아니었다. 취업에 성공하면 인생사 고민이 모두 해결될 줄 알았지만 그 또한 아니었다. 이런 현실 속에서 날이 갈수록 무뎌지고 지쳐서 왠지 혼자 낙오되고 있는 건 아닌지, 세상 속에 나 혼자인 것은 아닌지 궁금하고 두렵기만 했던 상황에서 신 차장의 '괜찮다'는 말 한마디는 장 대리가 어렵게 붙잡고 있던 무언가를 놓아 버리게 만들었다.

30대 초반과 후반의 두 남자가 허름한 식당에 앉아 밑반찬을 앞에 두고 한 명은 눈물을 펑펑 쏟고 있고 다른 한 명은 무심한 표정으로 책들을 뒤적이고 있는 모습은 신기한 구경거리임에 틀림없었다. 낮부터 찌개에 막걸리 잔을 기울이던 노인 몇이 수군거리며 신 차장과 장 대리 쪽을 쳐다보았다.

"자, 밥 나왔으니 그만 울고 식기 전에 우리 밥이나 먹읍시다."

아무 말 없이 10여 분간 밥을 먹은 뒤 신 차장이 먼저 말을 꺼냈다.

"예상했겠지만, 장 대리가 그러고 나간 뒤 한바탕 난리가 났어요. 최 과장 상처는 다행히 크지 않아서 휴지로 닦고 셔츠를 갈아입는 정도로 끝났지만, 엄연히 상급자인데 욕설과 폭행까지 한 건 그냥 넘어가기 힘든 문제죠. 인사팀장이 찾아와서 징계위원회에 정식 회부하겠다고 펄펄 뛰었어요."

장 대리는 고압적이고 다혈질인 성격으로 유명한 인사팀장의 얼굴을 떠올렸다. 생각만 해도 몸서리가 쳐졌다. 가뜩이나 대가 약하고 인사팀장 말이라면 쩔쩔매기로 유명한 자신의 팀장이 어떻게 반응했을지는 보지 않아도 눈에 훤했다.

"일단 인사팀장님께는 제가 좋은 일도 아니고, 괜히 문제 키우는 것보다 팀 자체적으로 처리하는 것이 좋겠다고 말씀드려 놨어요. 그분이 한 성격하시는 분이라 얼마나 내 말에 귀 기울일지는 잘 모르겠지만, 아마도 들어주실 거예요."

'아마도'라고는 했지만 말하는 신 차장의 표정에는 그러한 말이 필요 없는 자신감이 담겨 있었다. 평상시 그의 태도나 행동, 회사 내에서 그가 받는 신임 등이 그러한 사실을 입증하고 있었다.

"장 대리 쪽 팀장님께는 같은 팀에 피해를 본 최 과장도 있는데, 팀장님이나 팀 내 고참들이 나서는 것보다는 다른 팀인 내가 한번 맡아 보겠다고 했어요. 기한은 한 달 정도?"

장 대리는 고마우면서도, 신 차장이 왜 이렇게 적극적으로 잘 알지도 못하는 인접 부서의 후배 일에 나서는지 잘 이해가 되지 않았다.

"그런데 '맡아 보겠다'라 하심은……."

"응, 그냥 책이나 같이 읽으려고요."

그러면서 아까 구입한 같은 책 두 권 가운데 한 권을 장 대리 앞에 툭 하고 던져 줬다.

『중용·대학집주中庸大學集註』.

난생처음 보는 책이었다. 아이들 노트 같은 얇은 두께에 표지는 온통 초록색에 촌스러운 디자인의 책이었다. 몇 장 넘겨 보니, 이건 온통 한 자투성이였다. 이과 출신이라 한자라고는 중학생 시절 이후 쳐다보지도 않았던 장 대리로서는 글자가 아니라 차라리 그림에 가까운 문자였다. 장 대리가 당황해하거나 말거나 신 차장은 자기 몫으로 산 책을 뒤적이며 중얼중얼 혼잣말하듯 말했다.

"시간은 매일 아침 7시부터 8시까지. 장소는 본사 17층 직원 고충 상담실. 어찌되었든 이것도 고충 해결 업무이니까. 장 대리가 준비할 건 없어요. 매일 아침 나랑 이 책을 한 챕터씩 읽고 이런저런 얘기나 나누면

돼요."

신 차장은 먼저 일어나 카운터에서 계산을 하며 말했다.

"오늘은 사무실에 들어가 봐야 일도 손에 안 잡힐 테고, 집으로 돌아가서 좀 쉬어요. 팀장님껜 제가 잘 말씀드릴 테니까."

대답도 듣기 전에 식당 밖으로 나서는 신 차장의 뒤꽁무니를 쫓아가며 장 대리가 물었다.

"그런데 왜 저를 도우시는 거죠?"

장 대리의 물음에 신 차장은 예의 그 무심한 표정을 지어 보이며 말했다.

"그냥이요. 나중에 기회 되면 얘기해 줄게요."

그렇게 두 사람의 『중용』 읽기'가 시작되었다.

제1부

사람 사이에 습관을 짓다

당신을
지키고
버티게
하는 힘

1
【기탄】

때에 따라 두려워함은
부끄러운 것이 아니다

君子而時中 小人而無忌憚也

중니(공자)●께서 말씀하셨습니다. "군자는 중용을 하고(지키고) 소인은 중용에 어긋나는 일들을 저지른다. 군자가 하는(군자가 지키는) 중용이라는 것은 군자이기에 때에 알맞게 하는 것이고, 소인이 중용에 어긋난다 함은 소인스럽게 거리낌없이 생각하고 행동하는 것이다."

–『중용中庸』제2장第二章

仲尼曰 君子는 中庸이요 小人은 反中庸이니라. 君子之中庸也는 君
중니왈 군자　　중용　　소인　　반중용　　　　군자지중용야　　군

子而時中이요 小人之[反]中庸也는 小人而無忌憚也니라.
자이시중　　　소인지 반 중용야　　소인이무기탄야

● 공자의 이름은 구丘이고, 자(字, 과거 이름 대신 스스럼없이 부르던 일종의 애칭)는 중니仲尼이다.

7시면 새벽이라기보다는 아침에 가까웠지만, 봄이 오기엔 아직 이른 시기여서 그런지 출근길 차창 밖은 한밤중인 듯 어두웠다. 특히나 최근처럼 9시에 최대한 맞춰 출근하던 장 대리에게는 새벽이나 다를 바 없었다. 만나기로 한 직원 고충 상담실 문을 열고 들어서니 신 차장은 벌써 와 앉아서 책을 펼쳐 놓고 혼자 낮은 목소리로 글자에 음을 붙여 낭독하고 있었다. 텔레비전으로 방영하는 사극에서나 봤음직한 모습이었다.

"콜록, 콜록."

장 대리는 괜히 헛기침을 해 보았다. 신 차장이 책 읽기를 멈추고 아는 체를 해 줬으면 해서였다. 그러나 신 차장은 책 읽기를 멈추지 않았다.

"콜록! 콜록!"

오기가 생긴 장 대리가 처음보다 열 배는 큰 소리로 기침을 했지만 신 차장은 고개 한번 들지 않았다. 몇 문장이나 더 읽었을까, 신 차장이 갑자기 책 읽기를 멈추더니 고개를 들어 장 대리를 멀뚱히 쳐다보았다. 그러고는 말했다.

"목에서 피 나오겠네요. 헛기침 그만하고 앉아서 책이나 꺼내세요."

그 말에 장 대리는 겸연쩍은 표정으로 가방에서 어제 받은 『중용』을 꺼내서 책상 위에 올려놓았다. 어느 페이지를 펼쳐야 할지 몰라서 예의상 표지 한 장만 넘겨 놓은 채였다.

"책장은 덮으시고."

그 말에 장 대리는 고분고분 책장을 다시 덮어 표지가 위로 오게 했다.

"먼저, 이 책 『중용』에 대해 간단히 설명할게요."

신 차장은 앞으로 하루에 한 챕터씩 읽게 될 책에 대한 설명을 시작했다.

"『중용』은 '자사子思'라는 사람이 지은 책입니다."

그 말에 장 대리는 저도 모르게 "에이-" 하는 탄식이 튀어 나왔다. 잘은 모르지만, 지금 같은 상황에서 신 차장이 함께 읽자는 책이니 적어도 유명한 공자孔子나 맹자孟子 정도의 사람이 지었을 거라 생각했기 때문이다. 그런 장 대리의 반응을 예상이라도 했다는 듯, 신 차장은 별다른 반응 없이 하던 이야기를 계속 이어 갔다.

"자사의 이름은 공급孔伋, 성을 듣고 예상했을지도 모르지만 공사부孔師父의 손자이지요."

"공사부요?"

"공자를 말하는 겁니다."

"아, 공자……."

한자, 한문, 한학에 대해 장 대리가 아는 것이 거의 전무하다시피 하니, 책에 대한 설명이 하염없이 길어졌다.

"『중용』과 『대학』은 원래 『예기禮記』라는 책의 일부분이었죠. 『중용』이 『예기』 31편, 『대학』이 『예기』 41편. 그랬던 것을 송나라 때의 대학자 주희朱熹가 끄집어 내 자신의 해석을 덧붙여서 별개의 책으로 만들었죠."

신 차장의 설명은 거침이 없었다. 마치 대학교 때 들었던 교양 수업의 교수님과도 같았다.

"그렇게 주희는 『중용』과 『대학』 그리고 『논어』와 『맹자』를 묶어 '사서四書'라 하고, 자신의 해석을 곁들여 『사서집주四書集註』라는 책을 편찬했죠. 그중 비교적 분량이 적은 『대학』과 『중용』을 한데 묶은 책이 바로 우리 앞에 있는 이 책입니다."

장 대리는 눈앞의 책을 다시 보게 되었다.

"자, 2장을 폅시다."

신 차장이 펼치라고 한 페이지는 예상외로 1장을 건너뛴 2장이었다. 신 차장이 먼저 읽기 시작했다. 장 대리는 모르는 한자가 3분의 1이 넘었지만 일단 신 차장이 읽은 대로 대충 감으로 때려 맞춰 가며 따라 읽어 보았다. 띄엄띄엄 장 대리가 따라 읽는 것을 마치자마자 바로 신 차장은 그 뜻을 해석해 주었다. 그러나 장 대리는 신 차장의 말이 끝나기도 전에 토를 달았다.

"이상하네요. 왜 군자는 높은 사람인데 때에 알맞게 해야 하고 소인은 낮은 사람인데 거리낌이 없는 걸까요?"

그러자 신 차장이 특유의 속을 알 수 없는 미소를 지으며 답을 해 주는 대신 물었다.

"왜 군자는 높은 사람, 소인은 낮은 사람이라고 생각하죠?"

"그거야, 군자에는 임금(君) 자가 들어가고, 소인에는 작다(小)는 글자가 들어가니 당연히……."

"그렇지 않습니다."

신 차장의 설명은 다음과 같았다. 우리가 흔히 생각하는 것과 달리, 공자 혹은 공자의 제자들, 그리고 그들의 사상이 정립되던 시기의 '군자' 와 '소인'은 그 개념이 달랐다고 한다. 즉, 군자나 소인 자체가 그 사람의 신분이나 지위, 재력이나 권력을 뜻하는 단어가 아니라, 그 자신이 속한 계층에서의 역할이나 태도, 정신 상태나 마음가짐을 바탕으로 평가받은 수준을 의미한다고 했다. 쉽게 말하자면, 아무리 큰 재산을 보유하거나 고관대작의 지위에 오른 사람이라 하더라도 생각이 편협하고, 태도가 방약무인傍若無人하며, 주변에 그릇된 영향력을 미쳐 제대로 된 역할을 하지 못하는 사람은 소인이요, 신분이 아무리 비천하더라도 생각이 바르고 뜻이 굳건하여 말과 행동에 기품이 있고 주위의 칭송을 받는 이라면 군자라는 것이다.

"부모로부터 수천억 원의 재산을 물려받게 될 대기업 고위직이었지만 자기 분을 못 참고 물의를 일으킨 재벌 상속녀가 전형적인 소인이라면, 하위직 관리자로 일하면서도 지역 내 발생한 총기 사고에 가장 먼저 출동하여 부하 대신 위험한 상황에 뛰어들었다 안타깝게 희생된 경찰관이야말로 군자라 할 수 있죠."

장 대리는 신 차장의 설명을 듣자 비로소 2장 본문 내용이 이해가 되기 시작했다.

"그런데 2장에서 꼭 이해해야 할 핵심적인 단어는 '군자'나 '소인' 같은 기본적인 단어가 아니라 '시중時中'과 '기탄忌憚'이라는 단어입니다."

신 차장은 '군자'와 '소인'의 뜻을 나름 이해했다는 생각에 혼자 스스로를 기특해하고 있던 장 대리에게 또다시 알 수 없는 단어 두 개를 던져 주었다. 성급하게 '첫날치고는 준수하다'고 기분 좋아하던 장 대리는 다시 머리를 쥐어뜯으며 한숨을 내쉬었다.

"뭐가 이렇게 어렵죠?"

"찬찬히 뜯어보면 그다지 어렵지 않습니다."

먼저, '시중'에 대한 신 차장의 설명이 이어졌다.

"시중은 말 그대로 때(時)에 맞춰 그 중심(中)을 잡는다는 뜻입니다. 자기 자신의 생각만을 고집하지 않고 때와 상황에 맞춰 가장 바람직한 이치와 답을 찾아 나가는 모습을 말하지요."

설명을 듣고 보니 정말로 이해하는 게 그리 어렵지는 않았다. 물론, 실천 문제로 넘어가면 또 다른 얘기가 되겠지만. '기탄'에 대한 설명 역시 계속되었다.

"기탄은 그 반대라고 보면 됩니다. 때와 장소에 상관없이, 상대방의 처지나 생각은 아랑곳없이 자기 멋대로 말하고 행동하는 모습을 말합니다. 다른 사람의 눈을 두려워하고 자신의 행동을 꺼려 할 줄 알아야 합니다. 그것이 바로 중용함의, 기탄하지 않음의 시작이 됩니다."

이제까지 텔레비전에서 보았던, 수많은 자기 계발 강연에서 들었던, 하다못해 같은 팀 선배에게 들었던 얘기와는 전혀 반대되는 이야기였다. 21세기 자유민주주의 사회에서 '사람을 두려워하라'니. 기업에서 흔히들 있는 '사장님과의 대화' 같은 이벤트를 할 때 '기탄없이 말하라'는 고정 멘트처럼 쓰이는 말이 아니었던가.

장 대리는 '기탄없이' 물어보았다. 신 차장은 그런 질문을 할 줄 알았다는 듯, 흐뭇한 웃음과 함께 바로 답했다.

"한자어를 잘못 쓰고 있는 겁니다. 말도 안 되는 소리죠. 군자, 즉 대인배라면 타인을 대하는 데에 일말의 두려움을 갖고 있어야 합니다. 내가 이런 얘기를 했을 때 상대방은 어떻게 이해할 것인가? 혹시라도 내 본뜻을 오해하지는 않을까? 그러한 두려움이 내 말과 행동을 필터링해서 오류를 줄이고 상대방이 오해할 소지를 없애는 겁니다. '자신감 있는 태도'와 '자신의 태도에 대한 자신감'은 분명히 구분해야 하겠죠."

설명을 들은 장 대리는 이전까지의 자신을 떠올려 보았다.

'나는 군자였던가, 소인이었던가?'

가장 먼저 떠오른 건 역시 어제 아침 욕설과 함께 최 과장에게 마우스를 던진 일이었다. 그때 상황을 이해하고 그에 맞춰 판단을 하였거나, 순간의 감정에 따라 거리낌 없이 행동하려는 스스로를 조금이라도 인식하고 자제했더라면 일어나지 않았을 일이었다.

"소인배였네요."

장 대리는 묻지도 않은 대답을 불쑥 내뱉고 말았다. 또 별생각 하지 않고 '기탄없이' 얘기를 꺼냈다는 것을 깨닫고 겸연쩍어하던 장 대리는 갑자기 주위를 살피더니 고개를 앞으로 쭉 빼고 목소리를 낮춘 채 물었다.

"인사팀 마삼윤 팀장은 소인배 맞죠? 그 성질머리를 보면 말이죠."

신 차장은 긍정도 부정도 하지 않고 묘한 웃음을 지어 보이며 책을 덮었다.

나쁘지 않은 첫날이었다.

2
【극단】

양 끝으로 빨리 가기보단
가운데로 오래 가라

民鮮能久矣

공자께서 말씀하셨습니다. "중용은 지극히 좋은 것이로다! 한데 사람들 중 그 지극히 좋은 중용의 미덕을 오래, 꾸준히 할 수 있는 이가 드물구나!"

– 『중용』제3장

子曰 中庸은 其至矣乎인저 民鮮能久矣니라.
자 왈 중 용　　기 지 의 호　　　민 선 능 구 의

"곧 신호가 바뀝니다. 잠시만 기다려 주시기 바랍니다. 띠리리리, 띠리리리……."

7시 25분. 단 이틀 만에 신 차장과의 약속 시간에 30분가량이나 늦고 말았다.

'길만 건너면 사무실인데…….'

평상시에는 잘 들리지도 않았던 사무실 건물 앞 신호등 안내음이 또렷하게 들릴 지경이었다. 녹색으로 신호가 바뀌자마자 횡단보도를 뛰어서 건너, 운 좋게 바로 문이 열린 엘리베이터를 잡아타고 올라갔음에도 신 차장이 (당연히) 먼저 와서 앉아 있는 직원 고충 상담실 벽에 붙은 시계는 7시 30분을 막 지나고 있었다.

사실 변명 같지만 늦으려고 늦은 것은 아니었다. 어제 퇴근 무렵, 그제의 일도 있고 해서 최 과장과 화해할 겸 다른 팀원들에게도 분란을 일으켜 미안하다고 사과할 겸 모임을 제안했는데, 모처럼의 자리에서 분위기가 타올라 늦은 시간까지 술자리가 이어지고 말았다. 자명종을 두 개나 맞춰 놨는데 잠에 취해 모두 꺼 버린 듯했다.

"죄송합니다. 늦었습니다."

장 대리는 90도로 허리를 숙여 인사를 했지만 신 차장은 별 반응이 없었다. 화를 내는 것도, 그렇다고 흔쾌히 지각을 용납해 주는 것도 아닌 애매모호한 표정이었다.

"원래 오늘은 다른 장을 읽으려고 했는데, 지금 상황도 상황이고 시간도 많지 않으니 3장을 읽도록 합시다."

그 말과 동시에 신 차장은 장 대리가 가방에서 책을 꺼내 놓기도 전에 중용 3장을 읽기 시작했다. 역시 화가 난 듯했다.

"子曰(자왈), 中庸(중용) 其至矣乎(기지의호) 民鮮能久矣(민선능구의)."

정말로 짧았다. 어제와 달리 장 대리도 거의 완벽하게 따라 읽을 수 있었다.

"정말 죄송합니다. 어제 최 과장이랑 몇몇 팀원들과 화해주를 하느라……."

따라 읽자마자 곧바로 다시 사과를 했지만, 이번에도 역시 신 차장은 가타부타 별 반응이 없었다. 표정만 보면 화가 나기는커녕 전혀 개의치 않는 듯 보이기도 했다. 도무지 종잡을 수가 없었다. 신 차장의 설명이 계속됐다.

"이 문장은 짧지만, 중용 책 전체에서 가장 논란이 많이 된 문장이기도 합니다."

분위기는 영 불편, 불안했지만, 어찌됐든 신 차장의 이야기가 궁금했다. 장 대리는 저도 모르게 지각의 죄책감을 잊고 그의 설명에 집중하기 시작했다.

"앞의 문장 '공자께서 말씀하셨습니다. 중용은 지극히 좋은 것이로다!' 여기까지는 별다른 이견이 존재하지 않아요. 문제는 그다음 문장입니다."

이어진 신 차장의 설명에 따르면, 주희(또는 주자朱子)는 『중용』과 『대학』에 주석을 더해 한 권의 책으로 생명력을 불어넣은 위대한 학자였지만, 이 3장의 해석과 관련해서는 크나큰 오류를 범하고 말았다. '民鮮能久矣(민선능구의)'를 해석하면서 '적다', '드물다'라는 뜻의 '鮮(선)' 자와 '가능하다', '능숙하다'는 뜻의 '能(능)' 자를 붙여 해석하여 '한데 사람들 중 그 지극히 좋은 중용의 미덕을 행할 수 있는 이가 사라진 지 오래되었구나!'라는 뜻으로 해석을 한 것이다. 조선 중기 이후까지도 이 같은 주희의 해석이 대세로 받아들여졌다. 그에 대해 감히 반기를 든 것이 그 이름도 유명한 다산茶山 정약용 선생이었다.

"정조는 조선시대 그 어느 임금보다도 학문을 숭상하고 글 읽기와 토론을 즐겼던 임금이었죠. 특히, 그는 사서삼경四書三經 중에서도 『중용』을 즐겨 읽고 자주 인용하기로 유명했습니다. 그런 정조 임금과 가장 자주

『중용』을 읽고 토론을 했던 이가 바로 다산 정약용이었는데, 다산 선생은 생전에 『중용』과 관련한 유명한 책 두 권을 남겼습니다."

신 차장은 벽시계를 흘끔흘끔 쳐다보며 설명을 계속 이어 나갔다. 약속한 8시까지는 5분쯤 남은 듯했다. 그의 설명에 완전히 빠져든 장 대리는 하필 이런 날 지각을 한 자신이 몹시 원망스러웠다.

다산은 『중용강의中庸講義』, 『중용자잠中庸自箴』 등의 책을 통해 '鮮能(선능)'을 붙여 해석할 것이 아니라, '能久(능구)'를 붙여 해석해야 한다고 주장했다. 이렇게 해석을 하게 되면 '한데 사람들 중 그 지극히 좋은 중용의 미덕을 행할 수 있는 이가 사라진 지 오래되었구나!(예전에는 많았는데……)'라는 뜻에서 '한데 사람들 중 그 지극히 좋은 중용의 미덕을 오래, 꾸준히 할 수 있는 이가 드물구나!(잠깐씩은 실천하곤 하지만)'이라는 전혀 다른 뜻으로 바뀌게 되는 것이다. 근 5백여 년간 유교 경전 해석의 알파이자 오메가로 통했던 절대적 지주이자 주자학의 큰 스승이었던 주희의 견해에 오류가 있다는 다산의 과감한 주장은 커다란 평지풍파를 일으켰고 조선의 학문이 새로운 경지로 접어드는 계기가 되었다고 한다. 여기까지 설명한 신 차장은 『중용』 책장을 덮었다. 벽시계는 8시를 가리키고 있었다.

오늘의 『중용』 읽기가 끝난 걸로 생각한 장 대리는 자신의 책을 덮어 가방에 집어넣고 일어서려 했다. 그러나 신 차장은 자리에 앉은 그대로였다.

"잠깐 우리 5분만 얘기 좀 더하고 갈까요?"

장 대리는 '올 것이 왔다'는 생각에 엉거주춤 다시 자리에 앉았다. 신 차장의 표정은 변함이 없었다.

"중용은 자사가 기록한 책이라고는 했지만, 자사의 사상이라기보다 실제로는 공자의 말씀, 공자와 제자 간의 수업 내용, 이후 공자의 제자들이 계승 발전시킨 내용이 모두 담겨 있는 책이라고 보는 것이 맞습니다."

장 대리는 신 차장이 무슨 얘기를 하려고 이 얘기를 꺼내는지 걱정이 되기 시작했다.

"특히 어제 읽은 2장과 마찬가지로 3장 역시 앞에 '子曰(자왈)'이라고 적어 이 또한 공사부께서 직접 말씀하신 내용이라고 강조하고 있습니다."

'그런데요?'

예전의 장 대리 같았으면 참지 못하고 본론을 말해 달라고 요구했겠지만 배운 게 있으니 '기탄忌憚'하기로 했다.

"이처럼 중요하게 이 문장을 적은 까닭이 어디에 있을까요? 그리고 다산을 포함해 수많은 학자들이 이 문장에 깊이 천착하여 연구하고, 되새겨 보고, 실천 방안을 찾기 위해 노력한 이유는 무엇일까요?"

신 차장의 말에 장 대리는 옅은 한숨을 내쉬었다.

'휴우…….'

뭔가 알 듯한, 뭔가 느껴지는 듯한, 그러면서도 그게 뭔지 정확히는 알 수 없는 감정이 장 대리의 머릿속을 꽉 짓누르기 시작했다.

"중용이 중요한 걸 알고, 중용을 지켜야 한다고 주장하는 사람은 예전 공사부 생전이나 현재나 차고 넘칩니다. 그러나 그를 오래도록 지켜 하나의 생활 습관이자 본성으로 가꿔 나간 사람은 예전이나 현재나 극히 적은가 봅니다."

"작심삼일도 못 지키고 이틀 만에 지각한 저 같은 인간이 새겨들어야 할 말씀이로군요……. (아차차! 기탄…….)"

장 대리는 뱉어 놓은 말을 다 끝맺기도 전에 또 버릇처럼 '기탄없는 말'을 했음을 깨닫고 말끝을 흐렸다. 그러나 신 차장은 고개를 가로저었다.

"아니요. 전 그보다 어제 동료들과의 술자리에 대해 말하는 겁니다."

뜻밖이었다. 장 대리는 내내 신 차장이 단 이틀 만에 약속을 어기고 지각한 걸 나무라기 위해 오늘 『중용』 3장을 읽고 뜻풀이를 한 줄 알고 있었다. 그러나 신 차장은 어제 최 과장을 포함한 동료들과 화해의 술자리를 한 것에 대해 할 말이 있는 듯했다.

"사람과 친하게 지내는 것은 중요합니다. 예의 바르고 친근하게 대해 친분을 맺어 나가고, 오해나 분쟁이 생기면 풀어야 하죠."

"그러니까요. 그래서 어제 술자리를 마련한 건데……. (아차차! 또!)"

"맞습니다. 그 행동 자체가 나쁘다는 건 아닙니다. 다만, 때가 문제라는 거죠."

"때요?"

"어제 읽은 2장 내용 기억하나요?"

"당연하죠."

"그 내용 중에 군자의 중용은 어떻게 한다고 했죠?"

"君子而時中(군자이시중), 군자답게 때에 알맞게 맞춰…… 아!"

장 대리는 비로소 신 차장이 무슨 말을 하고 싶어 이러는지 어렴풋이 감이 오기 시작했다.

"중용은 '시간의 학문'이라고도 합니다. 다른 어느 경전보다도 '때(時)'에 대한 관념, '기간'에 대한 언급이 자주 등장하죠."

신 차장은 잠시 말을 끊었다가 다시 이어 갔다.

"어제 동료들과 자리를 갖은 행동 자체가 나쁘다는 것은 아니에요. 당사자인 최 과장에게 신속하게 화해의 손을 내민 것 역시 잘못된 행동까지는 아닙니다. 다만 때를 잘 택하고, 좀 더 넓고 긴 시점에서 인간관계를 봤으면 더 좋지 않았을까 하는 아쉬움이 있습니다."

맞는 말 같았지만, 장 대리로서는 쉽게 수긍이 가지 않았다. 어렸을 때부터 친구와 다투고 나면 부모님이고 선생님이고 빨리 화해하고 감정을 풀라고 다그치지 않았던가. 신 차장 말대로라면 어제가 아니라 며칠 혹은 몇 주 있다가 자리를 마련해야 한다는 소리 같았다. 이해가 안 되었다. 갸우뚱하는 장 대리의 표정을 읽은 듯 신 차장의 설명은 계속 이어졌다.

"2장에서는 현재의 시간(상황)에 마땅한 중용을 얘기했다면, 3장은 그러한(마땅한) 중용을 지속적으로 꾸준하게 해야 함을 말하고 있습니다. 인간관계 역시 마찬가지예요. 어제 모임 자체는 현재의 불편한 상황, 다툼이 해소 안 된 상황에서라면 마땅한 행동이었지만, 동료들과 꾸준한 인간관계를 유지해 나가야 한다는 관점에서 보면 조금은 아쉬운 것이 사실입니다. 술자리 등을 통해 한번에 뭔가 관계를 회복하겠다는 생각 대신 일상생활에서, 평상시의 행동과 대화 속에서 차분하면서도 지속적으로 관계를 회복시켜 나갔으면 어땠을까 하는 아쉬움에 꺼낸 말씀입니다."

장 대리는 아무 말도 할 수 없었다. 수긍할 수 있는 얘기였지만, 현재로서는 전적으로 받아들일 수도 없는 얘기였다.

벽시계가 8시 5분을 넘어 10분으로 향해 가고 있었다.

"어쨌거나 시간은 지켜야겠죠?"

이번에는 신 차장이 먼저 자리에서 일어나며 말했다. 장 대리는 그대로 자리에 앉아 골똘히 생각에 잠긴 상태였다.

"나중에 이 부분에 대해 더 얘기할 기회가 있을 겁니다. 내일은 늦지 마세요."

그렇게 둘째 날의 중용 읽기도 끝났다.

3
【지속】

바른 길을 간다며
내 밖에서 길을 찾는 것은 옳지 않다

人之爲道而遠人 不可以爲道

공자께서 말씀하셨습니다. "'도'라는 것이 사람에게서 멀리 있는 것이 아니다. 사람이 '도'를 행한다 하며 ('도'가) 사람에게서 멀리 있다고 생각한다면 그것은 '도를 행한다'라고 할 수가 없는 것이다. 『시경』「유풍幽風」의 '벌가伐柯' 편에는 이런 글이 적혀 있다. '도낏자루를 베네, 도낏자루를 베네, 그 베는 방법이 멀리 있지 않네●'. 즉, (도끼에 꽂힌 기존의) 도낏자루를 잡고 (새) 도낏자루를 만들 나무를 벨 때, (기존의 도낏자루만 잠깐 참고해도 어떤 크기와 모양의 나무를 잘라야 할지 쉽게 알 수 있을 텐데) 많은 사람들이 그를 깨닫지 못하고 도낏자루 감을 베어 내는 방법이 멀리 있다고 여긴다는 말이다. 그러므로 군자는 그 사람의 도리로써 그 사람을 다스리다

● 원래의 시는 다음과 같다. "도낏자루를 베고 또 도낏자루를 벨지라도 도낏자루 베는 법은 그리 멀리 있지 않는 것을, 내가 그녀(아내가 될 사람)를 만난다면 제사상이 정연하듯 집안이 번듯해질 텐데(伐柯伐柯, 其則不遠, 我覯之子, 籩豆有踐)."

가 고치면 그만두는 것이다. 타인을 따라 받드는 마음과 너그럽게 대해 쉬이 용서하는 마음은 '도'에서 거리가 멀지 않으니 내게 베풀기를 원치 않으면 남에게도 베풀지 말아야 한다. 군자의 '도'는 대략 네 가지쯤이 되는데, 나(공자)는 아직 그중 하나에도 능하지 못하다. 자식에게 요구하는 대로 아비 섬기는 일을 아직 하지 못하고, 신하에게 요구하는 대로 임금 섬기는 일을 아직 하지 못하며, 아우에게 요구하는 대로 형을 섬기는 일을 아직 하지 못하고, 친구에게 요구하는 대로 먼저 (그 친구에게) 베푸는 것을 아직 능히 하지 못한다. 덕을 행하고 말을 삼가하는 데 있어 부족한 점이 있으면 힘써 부족함을 메꾸고 남는 말(쓸데 없는 말)을 내뱉지 않도록 노력해야 한다. (군자의) 말은 그 행실을 돌아보고, (군자의) 행실은 그 말을 돌아본다 하였으니, 군자가 어찌 독실하지 않을 수 있겠는가!"

- 『중용』 제13장

子曰 "道不遠人하니 人之爲道而遠人이면 不可以爲道니라. 詩云 '伐
자왈 도불원인   인지위도이원인   불가이위도   시운 벌

柯伐柯여 其則不遠'이라 하니 執柯以伐柯하되 睨而視之하고 猶以
가벌가 기 칙 불원   집가이벌가   예 이 시 지   유 이

爲遠하나니 故로 君子는 以人治人하다가 改而止니라. 忠恕違道不
위원   고   군자   이인치인   개이지   충서위도불

遠하니 施諸己而不願을 亦勿施於人이니라. 君子之道四에 丘未能一
원   시저기이불원   역물시어인   군자지도사   구미능일

焉이로니 所求乎子로 以事父를 未能也하며 所求乎臣으로 以事君을
언   소구호자   이사부   미능야   소구호신   이사군을

未能也하며 所求乎弟로 以事兄을 未能也하며 所求乎朋友로 先施之
미능야   소구호제   이사형   미능야   소구호붕우   선시지

를 未能也로니 庸德之行하며 庸言之謹하여 有所不足이어든 不敢不
  미능야   용덕지행   용언지근   유소부족   불감불

勉하며 有餘어든 不敢盡하여 言顧行하며 行顧言이니 君子胡不慥慥
면   유여   불감진   언고행   행고언   군자호불조조

爾리오."
이

혹시나 해서 살며시 직원 고충 상담실 문을 열고 들어서니 불은 꺼져 있고 신 차장의 모습은 보이지 않았다.

"예스!"

장 대리는 절로 흥에 겨워 주먹을 불끈 쥐어 보았다. 어제의 지각이 아쉬워서 조금 서둘렀더니 6시 반이 되기도 전에 사무실 문을 열고 들어설 수 있었다. 책을 꺼내 펴놓고 한참을 들여다보았다. 그래 봐야 알아볼 수 있는 글자는 몇 글자 없었고, 한글로 적힌 해석을 읽어 보았지만, 이해 안 가는 말투성이었다.

'에라 모르겠다!'

장 대리는 책장을 덮은 다음 의자에 깊숙이 몸을 파묻고 눈을 감았다. 하지만 눈을 감았다 하면(심지어 눈을 뜨고 있다가도) 꾸벅꾸벅 졸던 평상시와 달리 전혀 잠이 오지 않았다. 정신은 오히려 더 말똥말똥해졌고, 엊그제, 그제, 어제 있었던 일들이 텔레비전 드라마 '지난 이야기' 요약 장면처럼 생생하게 떠올랐다.

'내가 책을, 그것도 『중용』씩이나 읽고 있다니…….'

생각만 해도 기특하면서 또 조금은 뜬금없는 상황에 웃음이 절로 났다. 그때였다. 상담실 문이 열리고 신 차장이 들어왔다.

"일찍 왔네요?"

"아, 네! 온 지 한참 됐어요."

유난히 힘이 들어간 장 대리의 대답에 신 차장은 살짝 놀란 듯 멀뚱히

바라보다가 씩 하고 웃었다. 그 웃음에 기분이 좋아진 장 대리는 묻지도 않은 이야기들을 늘어놓았다.

"원래, 어제 친구들과 약속이 있었거든요? 그런데 그 녀석들이랑 어울리면 2차, 3차 가게 될 거고, 그럼 또 지각할 것 같아서……."

장 대리는 그 말과 함께 어제 자신의 지각 때문에 짧은 3장부터 하느라 건너뛰었던 1장을 펼쳤다. 2장과 3장을 읽었으니 당연히 아직 보지 않은 『중용』 1장을 볼 차례라고 생각한 것이다. 하지만 신 차장이 펼친 건 1장도, 4장도 아닌 13장이었다.

"子曰(자왈) 道不遠人(도불원인) 人之爲道而遠人(인지위도이원인) 不可以爲道(불가이위도)라……."

여전히 신 차장의 읽는 속도를 따라 읽기는 버거웠지만, 열심히 못 읽겠는 부분은 웅얼거리면서(그 부분이 거의 대부분인 것이 함정이지만) 장 대리도 따라 읽었다.

"저는 『중용』 책 전체 중에서도 이 장이 제일 재미있는 장 같아요. 특히, '伐柯伐柯(벌가벌가)여 其則不遠(기칙불원)' 부분이요."

몇 줄 되지 않는 13장의 문장임에도 신 차장이 말한 문장을 찾기란 장 대리에게 쉽지 않은 일이었다.

"아, 여기 있네요. 벌…… 가 벌가 기…… 즉? 칙?"

"'벌가벌가 기칙불원'이라고 읽지요. 『시경』에 나온 말입니다."

"아, 공자님 말씀이 아니고요?"

"『시경』은 공사부가 고대로부터 전승되던 노래들을 수집해서 편찬한 책이니, 공자님 말씀이라고 해도 아주 틀린 말은 아니겠지요."

"아, 그렇구나…… 그런데 차장님은 왜 그 벌가벌가 기…… 즉, 아이 헷갈려. 아무튼 이 문장이 재미있다는 거예요?"

"예전에는 도끼가 참 중요한 도구였을 겁니다. 나무를 베어야 그걸로 난방도 하고 밥도 지어 먹을 수 있었을 테니 말입니다. 근데 장 대리는 도끼질 해 본 적 있습니까?"

"그게……."

별로 대답을 듣고 싶어 물은 건 아닌 듯했다. 단 며칠의 수업이었지만 알아챈 신 차장 특유의 화법이었다.

"실력 있는 나무꾼들의 모습을 보면 참 쉽게 도끼질을 하는 것처럼 보입니다. 그 이유는 자기 힘으로 도끼질을 하는 것이 아니라, 자루에 매달린 도끼날의 무게를 활용한 원심력으로 나무를 베기 때문이죠. 도끼날에 힘이 실리다 보니 여러 번 도끼질을 하다 보면 도낏자루가 닳아서 헐거워지게 됩니다. 그러면 새 나무를 깎아서 도낏자루를 만들어야 하지요."

"근데요?"

"그런데 사람들은 대부분, 새 도낏자루를 만들 때 도끼날의 구멍 크기를 재서 자루를 깎지요. 그러면 지나치게 굵거나 헐겁게 깎게 되는 경우가 대부분입니다."

"그전에 끼워져 있던 도낏자루의 굵기를 재서 그대로 깎으면 되는 것 아닌가요?"

장 대리의 말에 신 차장이 갑자기 말을 멈추고 물끄러미 바라보기 시작했다. 그러더니 얼굴에 살짝 미소가 번져 나가는 것이 보였다.

"맞아요. 이 장에서 말하는 것도 바로 그것입니다."

<u>사람들은 흔히, '이치를 깨닫는다'거나 '마음을 수양한다'라고 생각하면 이제까지와는 전혀 다른, 마치 처음 세상에 태어나 걸음마를 배우는 것 같은 생각으로 접근하는 경우가 많다고 한다. 그런데 실제로는 대부분 이미 알고 있던, 우리가 행하고 있던 일인 경우가 대부분인 것이다.</u>

"장 대리, 혹시 성경 읽어 본 적 있나요?"

신 차장은 『중용』을 공부하다 말고 뜬금없이 이번에는 성경을 물었다. 흥미롭기는 했지만 신 차장의 생각이 움직이는 속도를 따라잡기가 장 대리로서는 조금 부담스러웠다. 언젠가는 그 부분에 대해 얘기해야겠다는 생각이 들었다.

> 이미 있던 것이 후에 다시 있겠고 이미 한 일을 후에 다시 할지라. 태양 아래에는 새것이 없나니.
>
> What has been will be again, what has been done will be done again; there is nothing new under the sun.
>
> – 『구약성경』 「전도서」 1장 9절

"『구약성경』 「전도서」 말씀입니다."

"태양 말고 '하늘 아래 새것은 없다'라는 말은 들어 본 적이 있어요. 성경에서 유래한 말이었군요."

"네. 미국의, 특히 유태인 후손의 학자들이 흔히 인용하면서 유명세를 얻게 된 문구이지요."

"그럼, 이 세상엔 새것이 없으니, 구태여 새로운 것을 찾으려는 노력을 하느라 헛된 힘을 쓰지 마라. 뭐 이런 말씀이신 건가요? 『중용』 13장이나, 구약성경 말씀이나."

'나더러 뭘 어쩌라는 말이냐?'라는 투인 장 대리의 푸념에 신 차장은 별 대답이 없었다. 그런 신 차장의 침묵은 가끔씩 숨이 턱턱 막히게 했다. 이 부분도 조금 더 친해지면 꼭 짚고 넘어가야겠다고 생각했다.

"장 대리는 혹시 접시돌리기 하는 사람을 본 적이 있나요?"

또 엉뚱한 얘기로 점프를 시도하는 듯했다.

"접시돌리기요? 글쎄요…… 명절날 텔레비전에서 하는 걸 본 적이 있는 것 같긴 한데요."

"젓가락 정도 굵기의 꼬챙이 위에 접시를 올려놓고 돌리는 모습을 보면 참 신기하죠. 언제 떨어질지 몰라서 위태로워 보이기도 하고요. 그런데 말입니다."

신 차장의 말에 따르면 서커스 곡예사들이나 달인들이 접시돌리기를 하는 요령은 절대로 몸을 크게 움직이지 않는 것이라고 했다. 대신 접시를 꼬챙이 위에 올려놓고 돌리기 시작하면서부터는 시선을 그로부터 떼지 않고 유심히 관찰하면서 수시로 접시의 균형에 맞게 꼬챙이를 조금씩 아주 조금씩 조율한다던가, 원심력과 회전력을 잃지 않도록 접시를 조금 더 빠르게 돌아가도록 하는 일 정도라고 한다.

장 대리는 언젠가 텔레비전에서 보았던 접시돌리기 하는 모습을 머릿속에 떠올려 보았다. 양발을 안정적으로 딛고 서서 가벼운 손끝 놀림으로 조금씩 접시들을 매만져 가며 곡예를 펼치던 모습들. 순간, 신 차장이 『중용』의 도끼, 『구약성경』, 접시돌리기 이 세 가지 얘기를 통해 전달하고자 하는 내용이 무엇인지가 조금씩, 아주 조금씩 머릿속에 정리되기 시작했다. 맞는 답인지는 모르겠지만.

"제가 처음 공부를 시작했을 때, 제 스승님께 물은 적이 있습니다. '세상의 법도와 이치를 배우는 자의 모습은 어때야 합니까?'라고. 그때 스승께서 하신 말씀이 뜻밖에도 '하던 대로 하라'였습니다. 그러면서 바로 이 『중용』13장을 읽어 주셨지요."

"하던 대로 하면, 나아지는 게 없을 것이고, 나아지는 것이 없다면 왜 공부를 해야 하는 거죠?"

장 대리의 물음에 신 차장의 얼굴이 환하게 밝아졌다. 늘 표정이 밝은 사람이었지만, 이전에는 볼 수 없었던 정말 밝고 크게 웃는 모습이었다. 그 웃음의 이유는 바로 밝혀졌다.

"장 대리가 지금 제게 한 질문이랑 그때 제가 스승님께 드렸던 질문이 토씨 하나 다르지 않고 똑같네요. 여기서 하던 대로 하라는 말은……."

신 차장이 설명한 '하던 대로 하라'는 말은 예전에 하던 방식과 똑같은 방식으로 생각하고 행동하라는 얘기가 아니라고 했다. 그보다는 예전에 쓰던 도낏자루를 참고하여 새 자루를 깎듯, 접시가 돌아가는 방향과 중심에 맞춰 더 잘 돌아가도록 접시를 빨리 돌게 하고 꼬챙이의 위치를 조절하듯, '태양 아래 새것이 없다'라는 생각을 중심으로 조바심을 내지 말고 하던 일을 더 순리에 맞춰 하는 것을 말한다고 했다.

"인간은 본능적으로 태어나면서부터 성장하는 존재입니다. 어제보다 나은 오늘을 살고 싶어 하도록 만들어진 존재이지요. '하던 대로 하라'는 말은 그렇게 날마다 진보하는 그런 삶을 살아가는 데 있어서 어제의 나를 단절시키지 말고 그로부터 말미암아 더 나은 삶을 살도록 끊임없이 작지만 지속적인 진보와 변화의 길을 계속 걸어 나가라는 뜻입니다."

이쯤까지 들으니 장 대리는 완전하지는 않았지만, 13장의 내용이 그리고 신 차장이 하고자 하는 얘기가 무엇인지 이해가 되기 시작했다. 시간도 다 된 듯하여 책을 덮으려는데 신 차장의 설명이 계속 이어졌다.

"뒤이어 이어지는 구절은……."

나머지 구절을 설명하려는 듯했다. 그러고 보니 '도낏자루' 얘기는 전체 장의 절반에 지나지 않았다.

"『논어』의 「위령공衛靈公」편에 이런 얘기가 나옵니다."

자공이 물었다. "한마디 말로 평생토록 지키고 행할 수 있는 말이 있겠습니까?" 공자께서 말했다. "바로 '서恕'라는 말씀일 것이다. 내가 원하지 않는 일을 남에게 강요하지 말라."

- 『논어』, 「위령공」편 제23장

子貢問曰 有一言而可以終身行之者乎 子曰 其恕乎 己所不欲 勿施
자 공 문 왈 유 일 언 이 가 이 종 신 행 지 자 호 자 왈 기 서 호 기 소 불 욕 물 시
於人
어 인

"이와 비슷한 얘기를 공자는 이곳 『중용』 13장에서도 하고 있습니다." 즉, 자신이 도를 깨우치는 데에 그 기준은 이전의 자기 자신으로부터 시작해야 하는 것처럼, 타인을 다스릴 때의 기준 역시 자기 자신으로부터 시작해야 한다는 것이다. 모든 다스림을 행함에 있어 그것을 자기 자신에게 적용하였을 때 어떠한지를 살펴 마땅히 좋고 기꺼이 따를 수 있는 것일 때라야만 비로소 타인에게도 그대로 적용할 수 있다는 것이다.

신 차장은 계속해서 설명했다.

"텔레비전을 보면 국회의원 같은 정치인들이 입만 열면 '국민을 위해서', '국민의 간절한 염원에 따라' 같은 말로 자신들의 정치 행위를 포장할 때가 많은데, 그들이 만약 『논어』나 『중용』을 제대로 한 번이라도 읽어 봤다면 그렇게 말하지 않았을 겁니다. 자신들의 정치 행위가 진실로 당당하다면, 구태여 구차스럽게 '국민'을 주어로 내세울 것이 아니라, '내가 해 보니까 좋더라', '나 역시 간절히 원하던 것이었다'라고 이야기해도 전혀 거리낌이 없는 게 되어야 합니다."

텔레비전에 나와서 툭하면 '국민'의 이름을 팔며 실제로는 자기들 멋

대로, 혹은 일부 소수의 배를 불리는 정책을 도입하는 정치인들의 모습이 떠올라 장 대리는 자신도 모르게 주먹을 허공에 휘저으며 맞장구를 쳤다.

"우리 정치꾼들은 그렇지가 않죠."

신 차장 역시 웬일인지 그런 장 대리를 말리지 않고 적극 호응해 줬다.

"네, 오히려 그렇지가 않기 때문에 자기 자신은 감추고 틈만 나면 '국민의 뜻'을 앞세우는 겁니다. 하지만…… 얘기가 너무 나간 듯하니 정리하겠습니다."

역시 웬일로 뭐라 안 하고 냅두나 싶었다. 신 차장은 원래의 모습으로 돌아가 목소리를 낮추고 오늘 공부한 내용을 마무리 지었다. 그렇게 책까지 덮고 막 자리에서 일어나려는 순간, 장 대리가 물었다.

"그런데 이 장의 맨 뒤에 공자님께서 '나는 네 가지가 부족하다'라고 말씀하신 건 공자님 자신을 두고 하신 말씀인가요?"

"네, 그렇습니다."

"우와! 공자님도 알고 보면 굉장히 겸손한 분이셨네요. 세계 4대 성인 쯤 되시는 양반이……."

"그 정도는 겸손해야 '성인'의 반열에 오르는 것 아니겠습니까?"

이야기를 마치자마자 두 사람 모두 자신들의 얘기가 실없다는 것을 알고 크게 웃었다. 이렇게 이날의 『중용』 수업은 마무리가 되었다.

4
【극기】

지금 이 자리가 바로
내 자리라고 믿어라

素其位而行 不願乎其外

군자는 현재 자신의 위치에 알맞게 처신할 뿐, 그 밖의 것은 바라지 않습니다. 부귀한 처지에 있을 때는 부귀한 사람답게 행동하고, 빈곤하고 천한 처지에 있을 때에는 빈천한 사람답게 행동하며, 오랑캐의 휘하에 점령당했을 때는 그에 처한 사람답게, 근심과 재난에 휘말렸을 때에는 그런 상황에 처한 사람답게 행동하니, (그래서) 군자는 어느 장소에 들어가든, 어떠한 상황에 처하든 스스로 깨달아 터득하고, 그에 만족한다고 한 것입니다. 높은 자리에 있을 때에도 아랫사람을 업신여기지 않고, 낮은 자리에 있을 때는 윗사람에게 기대거나 (마음에 들지 않는다고 그를 끄집어 내려) 당기지 않는 법입니다. 자기 자신을 바로잡고 남에게 구하지(남의 탓을 하지) 않으면 원망받을 일이 없을 것입니다. (군자는) 위로는 하늘을 원망하지 않고, 아래로는 다른 사람을 탓하지 않습니다. 그러므로 군자는 평이하게 살면서 천명을 기다리는 반면에, 소인은 위험한 일을 행하며 요행을 바라고는 합니다. 이에, 공자께서 말씀하셨습니다. "활쏘기는 군자의 태도와 유사한 점이 있다. 정곡을 못 맞히면 돌이켜 자신에게서 잘못(못 맞힌 이유)을 찾는다."

-『중용』 제14장

君子는 素其位而行이요 不願乎其외니라. 素富貴하여는 行乎富貴하
군자   소기위이행   불원호기외   소부귀   행호부귀

며 素貧賤하여는 行乎貧賤하며 素夷狄하여는 行乎夷狄하며 素患
   소빈천   행호빈천   소이적   행호이적   소환

難하여는 行乎患難이니 君子는 無入而不自得焉이니라. 在上位하여
난   행호환난   군자   무입이부자득언   재상위

不陵下하며 在下位하여 不援上이요 正己而不求於人이면 則無怨이
불릉하   재하위   불원상   정기이불구어인   즉무원

니 上不怨天하며 下不尤人이니라. 故로 君子는 居易以俟命하고 小
   상불원천   하불우인   고   군자   거이이사명   소

人은 行險以徼幸이니라. 子曰 射는 有似乎君子하니 失諸正鵠이어
인   행험이요행   자왈 사   유사호군자   실저정곡

反求諸其身이니라.
반구저기신

어쩌다 보니, 이틀 연속 장 대리가 신 차장보다 먼저 와서 기다리게 되었다. 어제야 전날의 지각이 송구스러워서 작심하고 집에서 일찍 나선 것이었지만 오늘은 좀 달랐다. 사실, 어제 퇴근 후 밤새 한숨도 자지 못하고 뜬눈으로 지샌 뒤, 새벽 지하철 첫차가 다니는 시간이 되자마자 사무실로 나왔기 때문이다.

"휴우……."

일부러 밤을 새려고 한 것은 아니었다. 어제는 오랜만에 새벽에 일어

나 아침을 여유 있게 시작하다 보니 하루 종일 일이 잘 풀렸다. 기분도 괜찮았다. '그 일'이 있기 전까지는……

일과를 마친 뒤, 장 대리는 고등학교 동창 모임에 참석하기 위해 어린 시절 부모님과 함께 살던 동네로 갔다. 약속 장소는 동창회를 주관하는 친구 녀석이 예약해 놓은 고깃집이었다. 가 보니 벌써 친구 몇 명이 자리를 잡고 고기를 구우며 술잔을 기울이고 있었다. 간단히 인사를 나누고는 장 대리 역시 그들 사이에 끼어 자리를 잡았다.

그 고깃집은 학창 시절에 앞을 지날 때마다 '맛있겠다'라고 침을 흘릴 뿐 차마 들어가 볼 엄두도 내지 못하던 집이었는데, 나이가 들고 사회생활을 하다 보니 이런 곳에서 모임을 다 하게 되었다는 생각에 장 대리와 일행들은 호기롭게 주문을 했다. 고기도 넉넉하게 시키고 술도 좀 과하다 싶을 정도로 양껏 시켰다. 다른 친구 한 명은 고기를 날라다 주고 구워 주던 종업원 아주머니께 만 원짜리를 팁으로 드리기까지 했다. 여기까지도 괜찮았다. 하지만 '그 일'은 그로부터 얼마 지나지 않아 터졌다.

한참 구운 고기 안주에 소주를 털어 넣고 있던 장 대리의 어깨를 누군가가 툭툭 치는 것이었다. 뒤돌아보니 장 대리 또래의 청년이었다.

"혹시, 장윤석?"

"누구?"

"나야 나. 못 알아보겠어? 동호!"

"아! 똥호!"

장 대리의 중학교 시절 같은 반이었던 동기 손동호였다. 못 본 지가 근 20년 가까이 된 친구였다. 사실 동기라고는 하지만 동호는 장 대리가 학창 시절 엄청나게 못살게 굴고 괴롭혔던 대상이었다. 그 당시 동호의 몸에서는 날마다 묘한 냄새가 났다. 어떨 때는 음식 냄새, 또 어떨 때에는 묵은 냉장고 냄새가 나기도 했다. 그런 동호를 장 대리를 비롯한 친구들은 놀리고 무리에서 따돌리기 일쑤였다.

"난 오늘 예약자 명에 '광양고등학교 반창회 모임'이라고 있기에 혹시나 했는데. 야, 이게 얼마만이야?"

동호는 정말로 반가운 듯 장 대리의 어깨를 연거푸 몇 번이고 힘주어 툭툭 쳤다. 그 손에 실린 힘이 뭔가 묘하게 예전의 그 '냉장고 냄새 나던', 그래서 장 대리를 비롯한 친구들이 '동호'라는 이름 대신 '똥호'라는 별명으로 부르던 그 아이가 아닌 듯했다.

"너는 여기 어쩐 일이니? 너도 모임 있어서 온 거야?"

그러자 동호는 만면에 웃음을 띤 얼굴로 말했다.

"나야 일하는 중이지."

그러면서 손으로 가리킨 것은 간판이었다.

'동호 숯불 갈비.'

그래, 그때는 왜 몰랐을까? 매일 등하교 할 때마다, 특히 보충수업을 마치고 자율학습에 들어가기 전 1,500원짜리 라면을 사 먹기 위해 분식집을 향해서 가다 참숯에 한우 양념갈비를 굽는 냄새에 홀려 한없이 들여다보곤 했던 그 갈비집의 상호가 '동호'였던 것을, 그때는 왜 몰랐을까?

잠시 밖으로 나와 함께 담배 한 대 피우며 동호가 들려준 바에 따르면 모 전문대 조리학과를 졸업한 뒤 아버지가 하던 갈비집을 물려받아 지금은 이곳 본점과 강남, 분당 그리고 대전에 3곳의 지점을 운영 중이라고 했다. 고기를 대규모로 소비하다 보니 아예 경기도 광주에 자체 육가공 시설을 보유하고 있으며, 냉장창고가 필요해서 경기도 이천에 육류 냉장 유통 회사까지 설립했다는 것이다.

"중부고속도로 타고 가다 보면 호법 IC 못 미쳐서 보이는?"

"응, 왜 DH냉동 간판 밑에 큰 태극기가 붙어 있는 창고 건물, 그게 우리 거야. 우리 아버지가 월남전 참전용사이시라 태극기 사랑이 그렇게 각별하시다. 하하하!"

동호는 또다시 장 대리의 어깨를 툭툭 쳤다. 이번에는 손으로 꽉 쥐기까지 했다. 담배를 다 태운 뒤 일행에게 돌아가려는 장 대리에게 동호, 아니 손 사장은 지나가는 투로 툭 던졌다.

"잘 살고 있지? 윤석이 넌 그때부터 공부도 잘했고, 애들도 잘 이끌었잖아."

"아, 그게……."

동호와는 거기서 끝이었다.

'잘 살고 있지?'

술을 꽤 마셨음에도 집으로 가는 버스를 타서 교통 카드를 단말기에 댈 때, 현관문 비밀번호를 누르고 텅 빈 오피스텔에 들어설 때도, 샤워기를 틀고 쏟아지는 물 아래 한없이 서 있을 때도 동호가 물은 그 물음이 귓가에서 끊임없이 맴돌았다.

'잘 살고 있지?'

'장윤석, 잘 살고 있지?'

그렇게 꼬박 밤을 새워 버리고 말았다.

머리가 띵해서 멍하게 회의실 한쪽 벽면을 차지하고 있는 화이트보드를 물끄러미 바라보고 있을 때, 문이 열리고 밝은 표정의 신 차장이 들어왔다. 그의 얼굴이 보이자마자 장 대리는 인사 대신 밤새 자기 자신에게 물었던 그 질문을 던졌다.

"차장님, 저, 잘 살고 있는 거겠죠?"

자리에 앉기도 전에 던져진 장 대리의 갑작스러운 질문에 신 차장도 조금은 당황한 듯했다. 그러나 그것도 잠시, 신 차장은 아무런 대꾸도 하지 않은 채 자리에 앉아서 『중용』을 꺼내 펼쳤다. 14장이었다. 장 대리도 일단은 같은 페이지를 펼쳐 놓았다. 그런데 신 차장은 가타부타 아무런 답도 하지 않은 채 14장 본문을 읽기 시작했다. 마치 장 대리의 질문을 받은 즉시 까먹어 버렸다는 표정으로. 장 대리 역시 신 차장이 읽는 소리를 듣고 떠듬떠듬 따라 읽었지만 내용이 머리에 들어오지 않았다. 사실, 해석이 되지 않아서인 이유가 가장 크긴 했지만.

다 읽자마자 신 차장의 설명이 바로 이어졌다. 진짜로 장 대리의 질문에는 답을 안 할 생각인 듯했다. 가뜩이나 수면 부족에 이런저런 생각까지 겹쳐 머리가 복잡했던 장 대리는 될 대로 되라는 심정으로 아예 책을 미묘하게 신 차장 쪽으로 툭 밀어 놓고 자신은 의자에 몸을 푹 파묻어 버렸다. 마치 별 관심 없는 보고를 받을 때 임원들이 그러는 것처럼. 그때였다.

"장 대리가 잘 살고 있는 거냐고 물었죠?"

신 차장은 질문을 잊은 것이 아니었다.

"네!"

장 대리는 벌떡 몸을 일으켜 세우면서 의자를 바짝 끌어 당겨 앉았다.

"근데, 그걸 왜 저한테 묻죠?"

그럼, 그렇지…… 장 대리는 다시 원래의 자세로 돌아갔다. 그러거나 말거나 신 차장의 이야기는 계속 이어졌다.

"공자께서 말씀하셨습니다. '君子(군자)는 素其位而行(소기위이행)이요 不願乎其外(불원호기외)니라.' 즉, '군자는 자신의 위치에 알맞게 처신할 뿐, 그 밖의 것은 바라지 않는다'는 얘기입니다."

조금 전 한자의 음을 읽고 문장마다 우리말로 뜻을 얘기해 줄 때 조금은 짐작하기는 했지만, 역시나 딱 그 문장을 들어 말하고 있었다.

"그러니까, '지금 현재 자기 모습에 만족하고 욕심 부리지 마라'는 말씀 아닌가요. 공자님 말씀은……."

장 대리는 '역시 별수 없다'는 듯 『중용』 14장을 풀어 설명하려는 신 차장의 말을 끊고 푸념을 늘어놓았다.

"역시, 달리 공자 왈, 맹자 왈 그러는 게 아닌가 보네요. 좋은 말씀, 옳은 말씀이기는 한데 별로 마음에는 썩 와 닿지가 않네요."

버릇없는 장 대리의 행동에 짜증이 날 법도 한데 신 차장은 표정의 변화 없이 그저 조용히 읽던 『중용』 책을 덮었다.

"공자님 말씀이 따분하다고 하니 그럼 요즘 사람, 얘기를 해 볼까요? 장 대리는 혹시 로버트 나델리Robert L. Nardelli라는 사람의 이름을 들어보았습니까?"

"아니요. 그게 누구죠?"

"몇 년 전에 '세계 최악의 CEO'로 뽑혔던 인물입니다."

"허허허! '세계 최악의 CEO'라…… 대단한 사람인가 보군요."

'세계 최고'를 얘기해도 별 감흥이 없을 마당에 '세계 최악'이라니…… 장 대리는 저도 모르게 헛웃음을 터뜨렸다.

"맞습니다. 강력한 리더십을 바탕으로 한 군대식 경영과 전성기 때의 잭 웰치를 능가할 정도로 과감한 비용 절감, 인력 감축을 시도한 덕분에 '최악의 CEO'라는 불명예스런 타이틀을 달게 됐지만, GE, 홈데포, 코카콜라, 크라이슬러 등 세계적인 회사의 임원 또는 최고경영자를 역임한 대단한 인물이었습니다."

그러나 신 차장의 설명에 따르면 그의 출신 환경은 지극히 평범했다고 한다. GE의 한 공장에서 일하던 기술자 아버지와 가정주부였던 어머니 사이에서 태어난 그는 학업 성적이 그다지 빼어난 학생도, 업무 실력이 눈에 띄는 직원도 아니었다고 한다. 쟁쟁한 아이비리그 출신들 사이에서 그의 출신 학교는 이름도 못 내밀 수준이었고, 그렇다고 딱히 다른 장기가 있는 것도 아니었다.

"그런데 그에게는 마음속에 담고 있는 '단 하나의 문장'이 있었습니다."

> 아침에 눈을 떠서 어제보다 나은 하루를 만들지 않으면 (당신의 오늘 하루는) 실패한 것이다.

나델리는 그다지 뛰어난 학생도, 탁월한 직원도 아니었지만, 매일매일 어제의 자신을 극복하기 위해 노력했고, 그러한 노력들은 곧바로 처음부터 대단하게는 아니지만 점차 빛을 발하기 시작했다고 한다.

"회사를 다니며 경영대학원(MBA)를 다녀 (다른 경쟁자들에 비해) 부족한 학벌을 충족시켰고, 업무에 있어서도 '나델리에게 맡기면 분명 이전보다는 더 나은 결과를 가져올 거야'라는 믿음을 상사들에게 심어 주며 승승장구할 수 있었죠. 언제나 늘 그에게 경쟁자는 명문대를 졸업하고 함께 GE에 입사한 부잣집 출신의 동료들이 아니었어요. 그에게 가장 강력한 경쟁자이자, 극복해야 할 대상은 바로 '어제의 나 자신'이었던 거죠. 지금 장 대리에게 중요한 것은 오늘의 장 대리가 어제의 장 대리보다 조금, 아주 조금이라도 더 나은 사람이 되어 있느냐는 것입니다."

신 차장의 말에, 계속 머릿속으로 동호만을 떠올리고 있던 장 대리의 머릿속에 처음으로 어제 이 무렵 사무실로 들어서던 자신의 모습이 떠올랐다.

'오늘의 나는 어제의 나에 비해 잘 살고 있는 것일까? 어제의 나에 비해 더 나은 내가 되어 있는 것일까?'

깊은 생각에 빠져 있던 장 대리를 다시 현실로 불러낸 것은 신 차장이 책을 펼치는 소리였다.

"자, 시간이 많이 지났네요. 간단하게라도 다시 『중용』14장을 살펴볼까요? 군자는 자신의 위치에 알맞게 처신할 뿐, 그 밖의 것은 바라지 않는다고 하였습니다. 이를 두고 별다른 욕심 없이 무조건 현실에 안주했다고 해석하면 큰 실수입니다. 그보다는 어느 때이고 그 상황에 맞게 마땅하게 처신했다고 보는 것이 맞습니다. 그러다 보니 한순간 윗자리에 있다고 다른 사람을 업신여기지 않고 반대로 아래에 있다고 잘된 다른 사람을 질투하고 끌어내리지 못해서 안달하지 않는 것이 군자의 마땅한 모습인 것이지요."

신 차장의 설명에 장 대리는 문득, 동호의 성공한 모습을 보며 뭐 하나라도 흉잡을 게 없는지 짧은 시간이지만 식당 곳곳을 샅샅이 살폈던 자신의 옹졸함에 부끄러워지기 시작했다.

"공자는 인류에게 가르침을 주는 큰 스승이셨지만, 또한 남의 제자가 잘되는 것으로도 유명한 분이었습니다. 배울 것이 있다고 하면 자신이 가르치던 제자에게도 배움을 구하기를 꺼려하지 않으셨죠. 남과의 비교에 쓰는 관심을 조금은 어제의 나, 일 년 전의 나, 어린 시절의 나와 비교하는 데 쓰는 것이 마땅할 듯하네요."

신 차장의 마지막 얘기에, 어제만큼은 아니지만 그래도 머릿속 대부분의 영역을 차지하고 있던 '동호', '동호갈비'와 현재 장 대리의 모습과 비교하며 들었던 온갖 생각들이 조금씩 사라져 가고 있었다. 거기에 신 차장이 책을 덮고 나가며 결정타를 날려 줬다.

"그리고 며칠 안 됐지만 요즘 보면, 장 대리 '아주' 잘 살고 있는 것 같아요. 어제보다, 처음 만났을 때의 모습보다 훨씬 더 멋지게!"

5
【정성】

나를 이루고 싶으면
남을 먼저 이뤄 주라

誠者 物之終始

지극한 정성, 줄여서 '성誠'이라는 것은 스스로 이루어지는 것이고, 세상의 도리, 줄여서 '도道'라는 것은 스스로 행하여지는 것입니다. 옛 성현들은 '성'을 일컬어 사물의 시작과 끝이라고 했습니다. 즉, 우리가 지극하게 정성을 다하지 않으면 세상만사가 제대로 이뤄지지 못하게 된다는 뜻입니다. 때문에 군자는 '성'함을 귀하게 여겨야 하는 것입니다. 그런데 '성'한 것은 자기 자신만 정성을 다하는 삶을 사는 것이 아니고, 나 이외의 다른 사람까지도 정성을 다하는 삶을 제대로 살 수 있도록 도와주고 장려해 주는 것을 말합니다. 대대로 정성을 다해 자기 자신을 완성시켜 나가는 것을 '인仁'이라 하고, 정성을 다해 남 또는 세상 만물을 이뤄 주는 것을 '지知'라고 하는데, 이 '인'과 '지'는 알고 보면 인간이 본래부터 갖고 있는 '성性'의 덕으로 사람이 안팎으로 품고 있는 모든 본연의 '도'입니다. 그러므로 '성誠'은 억지로 하기보다는 때에 따라,

때에 맞춰 적절하게 하는 것이 오히려 더 마땅할 때가 있습니다.

- 『중용』 제25장

誠者는 自成也요 而道는 自道也니라. 誠者는 物之終始니 不誠이면
성자　자성야　이도　자도야　　　성자　물지종시　불성

無物이라 是故로 君子는 誠之爲貴니라. 誠者는 非自成己而已也라
무물　　시고　군자　성지위귀　　　성자　비자성기이이야

所以成物也니 成己는 仁也요 成物은 知(智)也니 性之德也라 合內
소이성물야　성기　인야　성물　지　야　성지덕야　　합내

外之道也니 故로 時措之宜也니라.
외지도야　고　시조지의야

어쩌다 보니 장 대리는 3일 연속 신 차장보다 일찍 수업 장소에 들어서
고 있었다.

'내가 이렇게 성실한 학생이었나?'

장 대리는 속으로 왠지 으쓱한 기분이 들어 괜히 벽에 붙은 아크릴 화
이트보드도 톡톡 쳐 보고, 회의 테이블도 손으로 슥 닦아 보았다. 그런
순간도 잠시 정시가 되자 신 차장이 문을 열고 들어섰다.

"오늘도 일찍 왔네요?"

장 대리는 자리를 잡고 앉는 신 차장에게 인사 대신 다짜고짜 물었다.

"근데, 차장님, 언젠가는 꼭 여쭙고 싶었던 것이 있어요."

이번에는 정말로 허를 찌르는 타이밍이었다고 생각했는데, 신 차장은
놀라는 기색 없이 미소를 띠며 말했다.

"뭐죠?"

"차장님은 왜 업무상 별 관련도 없는, 인접 부서 직원일 뿐 평상시 잘
알지도 못하던 저를 돕겠다고 자청하고 나서셨어요?"

타이밍으로는 실패했으니, 질문의 내용으로 허를 찌르는 쪽으로 작전을 변경했다. 역시, 허를 찔려서 그랬을까? 신 차장은 잠시 고민에 빠진 듯했다. 그러나 그것은 장 대리만의 생각이었다. 신 차장은 그 순간에 중용 서른세장 본문을 머릿속으로 훑어 장 대리의 질문에 적합한 부분을 찾고 있는 중이었다.

"일단, 25장을 펴 봅시다."

여느 때처럼 장 대리가 해당 페이지를 펼치자마자 신 차장의 선독先讀이 시작되었다. 여전히 한 글자 한 글자의 음과 뜻은 알기 힘들었지만, 고작 며칠 안 된 사이 천천히 읽어 주는 신 차장을 따라 비슷하게 웅얼거릴 수 있는 수준은 되었다. 한 번 읽기를 마친 신 차장은 중간의 문장을 다시 한 번 읊조렸다. 그러고는 장 대리를 바라보며 말했다.

"제가 올해로 '공부'를 시작한 지가 30년이 됩니다."

"무슨 '공부' 말씀이시죠?"

"지금 하는 공부요. 우리가 흔히 말하는 『논어』니, 『맹자』니 하는 것들 말이죠."

"아! 그러니까 차장님은 30년을 공부해서 본인은 모든 것을 이뤘으니(仁), 저 같은 남을 이뤄 줌(知)를 통해 성誠을 이루려고 하시는군요."

그 말에 신 차장은 크게 손사래를 쳤다.

"자기를 이루다니요, 말도 안 되는 소리입니다. 저는 공부가 모자라도 한참 모자랍니다. 그나저나 『중용』 얘기는 잠시 덮어 두고 내가 재미있는 얘기 하나 해 줄까요?"

"무슨 얘기요?"

"여행 얘기요. 부산에서 저녁에 '부관釜關 페리'라는 배를 타면 일본의 시모노세키라는 도시에 내리게 됩니다. 제가 1997년도에 그 배를 타고 일본에 갈 때에 보았던 건데요……."

　신 차장은 대학생이었던 무렵 최소한의 돈을 갖고 일본으로 무전여행을 떠났는데 돈이 없다 보니 비행기는 언감생심 꿈도 못 꾸고 부산까지 가서 배를 타고 일본으로 향했다고 한다.

　"아침 일찍 시모노세키 항구에 내려서 시내 쪽으로 나서는데 신기한 모습을 발견했어요. 표지판, 이정표마다 한글이 병기되어 있는 겁니다."

　물론, 당시 우리나라에도 공항이나 항구 같은 곳에는 일본어 또는 한자 안내문이 있었다. 그러나 시모노세키는 시내 중심가로 들어가도 여전히 한글 안내가 적혀 있었다. 대학생이었던 신 차장은 괜히 표지판을 볼 때마다 으쓱하는 기분이 들었다고 했다.

　"그러다가 국도 2호선 진입로를 찾기 위해 행인에게 길을 물었는데, 마침 그분이 한국말을 능숙하게 구사하시던 재일교포셨어요."

　가야 할 방향을 물은 신 차장은 내친김에 표지판에서 본 한글에 대해 물었다. 그러자 재일교포 어르신의 입에서 나온 답은 뜻밖이었다.

　"여봐요, 학생. 저게 한국 사람들을 위해서 친절하게 한글로 표시해 놨다고 생각하면 오산이에요, 오산. 저건 다 일본 사람들을 위해서 해 놓은 겁니다."

　일본 땅에 적혀 있는 한글 간판이 한국인이 아닌 일본인을 위해서라니? 신 차장은 교포 어르신의 말이 잘 이해되지 않았다. 그런 신 차장의 표정 속에 담긴 생각을 알아챘는지, 어르신께서는 자신의 생각을 친절하게 설명까지 덧붙여 말해 주었다.

　"얼핏 보면, 한국 사람들이 길을 잘 찾게 도와주려고 저렇게 써 놓은 것같이 보일 수 있어요. 그런데 실정을 살펴보면 요즘 시모노세키가 많이 힘들거든."

이전에는 부산에서 페리 호를 타면 반드시 시모노세키 항구에 도착하도록 되어 있었다. 시모노세키는 한국에서 몰려드는 보따리장수, 학생 단체 여행객들로 붐볐다고 한다. 그러던 것이 부산에서 후쿠오카, 나가사키 등 규슈 지역의 여러 도시로 쾌속 페리가 운행되기 시작하면서 시모노세키로 오는 상인, 관광객이 뚝 끊기다시피 한 것이다.

"그러다 보니까, 한국 사람들이 많이 와서 돈 좀 펑펑 쓰라고 저렇게 '친절하게도' 한글로 간판을 적어 놓은 겁니다. 그러니, 학생! 절대로 감격할 필요 없어요."

교포 특유의 발음이긴 하지만 단호한 어조로 이야기하는 그의 말을 듣던 신 차장은 자기도 모르게 고개를 끄덕였다.

"그런데 그 이후 한국에 돌아와서 다시 『중용』을 읽는데 이 문장이 새롭게 다가오는 겁니다."

그 말과 함께 신 차장은 펼쳐 놓은 『중용』의 한 구절을 가리켰다.

"『중용』은 '성誠'이란 스스로 이루어지는 것이요, '도道'는 스스로 행하여지는 것이다, 라고 말합니다. 여기서의 '성'은 '정성'을 말합니다. 그런데 이 '정성(誠)'은 스스로 이뤄지기는 하지만, 그냥 혼자 스스로 이뤄지고 마는 걸로 끝나는 것이 아니라, 남까지 이루어 주어야 비로소 완전히 제대로 된 '성誠'이라고 말하고 있습니다."

"시모노세키의 시민들은 자신들을 찾은 한국인들이 편안하게 여행을 하도록 지극한 정성을 기울이는 것을 바탕으로 자신들이 이루고자 하는 목적을 이루려 한 것이었군요."

"굳이 쉽게 비교하자면 그렇게 이해하면 됩니다. 물론, 도올 김용옥 선생 같은 경우에는 이 25장의 한 구절인 '誠者自成也(성자자성야) 而道自道也(이도자도야)'를 통해 동양 철학을 평생 해야 할 학문으로 붙잡게 되었다며 극찬을 하기도 했는데, 저는 조금 가볍게 접근해서 담백하게 해석하고 싶습니다."

시모노세키 여행에서 발견한 간판 이야기 덕분에 어느 정도 갈피를 잡고 문장을 이해했다는 생각이 들었다가 책의 원문 문장을 보면 다시금 그 의미가 헷갈려지고는 했다. 장 대리는 확실히 해 둘 필요가 있다고 생각했다.

"그러니까, 차장님께서는 저를 이루게 함으로써 본인 스스로 성誠을 이루려 하시는 거란 말이죠?"

그러나 신 차장은 단호하게 고개를 가로저었다.

"아니오. 저는 그렇게 거창하고 대단한 사람이 아닙니다. 다만……."

"다만?"

"저는 저 스스로를 시험하고 있는 겁니다."

"시험하고 있다고요?"

"네."

장 대리는 왠지 함께 공부를 하며 '자기 스스로를 시험하고 있다'는 신 차장의 이야기가 썩 기분 좋게 들리지는 않았다.

"시험이라니 어떤 시험 말인데요?"

묻는 말투가 영 퉁명스러웠다. 그러나 신 차장은 그런 장 대리의 감정을 별로 개의치 않는 듯했다. 아니, 장 대리의 질문에 오늘은 그다지 성실하게 답해 줄 생각이 별로 없는 것 같았다.

"나중에 얘기해 줄 기회가 있을 겁니다."

그저 이 말로 마무리하려는 듯했다. 뭔가 찜찜하고 아쉬웠지만 신 차장이 다 생각이 있어서 그러는 것이려니 생각하고 장 대리는 더 이상 묻지 않았다. 언젠가 신 차장의 생각과 과거를 속 시원히 들어 볼 수 있는 날이 곧 오리라고 기대하며……

6
【선택】

무엇을 받을지는 주는 사람이 아니라
받는 나에게 달렸다

萬物並育而不相害 道並行而不相悖

공자께서는 요임금과 순임금을 근본이 되는 조상으로 삼아 그 뜻을 풀어 널리 설명하시었고 문왕과 무왕의 도를 물려받으셨으며, 위로는 하늘이 내려준 때를 따르시고, 아래로는 (생명화육生命化育의 근본인) 지리와 풍토를 따르셨습니다. 공자의 높고 넓으며 밝은 도는, 비유하자면 하늘과 땅이 만물을 실어 주지 않거나 천하를 덮어 주지 않음이 없는 것과 같았고, 비유하자면 사시가 서로 교대로 운행함과 같으며, 해와 달이 서로 번갈아 가며 밝음과도 같았습니다. 만물은 함께 자라나면 서로 해치지 않고, 도는 함께 실행하면 서로 어긋나는 일이 없습니다. 작은 덕은 냇물처럼 흐르고, 큰 덕은 돈독하게 조화를 이뤄 내니, 이것이야 말로 천지가 위대한 이유이고, 그를 닮은 공자가 위대한 이유입니다.

– 『중용』 제30장

仲尼는 祖述堯舜하시고 憲章文武하시며 上律天時하시고 下襲水
중니　　조술요순　　　　헌장문무　　　　상률천시　　　　하습수

土하시니라. 辟(譬)如天地之無不持載하며, 無不覆幬하며 辟如四時
토　　　비　여천지지무부지재　　　무불부도　　　비여사시

之錯行하며 如日月之代明이니라. 萬物並育而不相害하며 道並行
지착행　　　여일월지대명　　　만물병육이불상해　　　도병행

而不相悖라 小德은 川流요 大德은 敦化하나니 此天地之所以爲大
이불상패　소덕　천류　대덕　돈화　　　차천지지소이위대

也니라.
야

"어제는 잘 끝났나요?"

문을 열고 들어서는 장 대리에게 신 차장이 인사 대신 물었다. 어제 있었던 워크샵에 대해 묻는 것인 듯했다. 그 일이라면 두말할 것도 없었다.

"최악이었어요. 엉망진창이었죠."

과장이 아니라 실제로 그랬다. 어제는 장 대리의 팀이 속한 부문 전체의 일일 워크샵 날이었다. 오전 업무를 마친 뒤 회사 근처의 한 가든형 식당으로 옮겨 오후에는 반기 업무 점검 회의를 한 뒤 저녁에는 부문 전체 회식을 한다는 것이 어제의 계획이었다. 위험 신호는 오후 회의 때부터 조금씩 울리기 시작했다.

'매출 신장을 위한 사업소 관리 방안'에 대해 장 대리가 보고할 때였다. 실행 부서인 영업관리팀의 차석 서 차장이 장 대리의 보고 내용에 문제를 제기하고 나섰다. 계획이 두루뭉술하고 매출 신장 효과가 의심된다는 것이었다. 그러자 장 대리와 같은 영업전략팀의 차석이자 보고서 작성을 실질적으로 주도한 박 차장이 반박하고 나섰다. 잠시 설전이 오

고 갔지만, 부문장이신 상무님께서 '일단 실행해 보고 문제점이 발견되면 조금씩 고쳐 나가는 걸로 하자'고 마무리해 주면서 일단락되는 듯 보였다. 그러나 진짜 사달은 모든 회의를 마친 저녁 식사 자리에서 벌어졌다. 술잔이 몇 차례 돈 뒤 오후 회의 때 장 대리의 보고 내용에 문제 제기를 했던 서 차장이 장 대리를 오라 해서 술을 권하면서부터였다. 술기운이 오른 서 차장은 다시 조목조목 문제점을 말하기 시작했고 지나가다 그 소리를 들은 박 차장이 자리에 합석해서 서 차장의 의견에 반론을 제기하다가 말싸움으로 번져 버렸다.

"넌 왜 아까 상무님께서 정리해 주신 얘기를 다시 꺼내고 난리야!"

"같이 일하던 후배를 불러서 일하는 방법에 대해 얘기해 주던 건데, 너야말로 왜 끼어들고 난리야!"

실제로 서 차장은 장 대리가 신입 사원 시절 사수로 모셨던 바로 위 고참이었다.

"딴 팀으로 갔으면 그만이지 왜 자꾸 참견이야?"

서 차장은 작년 말 조직 개편에 따라 영업관리팀으로 옮겨간 이후로도 계속해서 장 대리 팀의 일에 '감 놔라 대추 놔라'며 참견하기는 했다.

"너네 팀이 똑바로 했으면 내가 귀찮게 참견할 일도 없었지. 나 떠난 이후로 너희가 한 일 중에 제대로 한 게 뭐 하나라도 있어?"

실제로 서 차장이 떠나간 뒤로 장 대리가 몸담고 있는 영업전략팀의 업무 능력이 많이 떨어졌다는 이야기가 돌기도 했다. 당연한 얘기이지만 그 이야기는 박 차장이 가장 싫어하는 얘기였다.

"뭐? 너 이자식이!"

결국 두 사람은 멱살잡이를 했고, 가운데 낀 장 대리는 이도 저도 할 수 없는 상황에 처해 버리고 말았다. 한참의 실랑이 끝에 양 팀 팀장이 만류하면서 상황은 마무리되는 듯 보였으나 화살은 엉뚱하게 장 대리에게 쏟아졌다.

"넌 영업전략팀이야? 서 차장 팀이야?"

"오라, 너 내가 떠났다고 안면 싹 바꿔서 박 차장한테 붙겠다 이거지?"

박 차장은 박 차장대로, 서 차장은 서 차장대로 장 대리의 처신에 불만을 갖고 비난을 퍼붓기 시작했다.

"힘들었겠네요."

"힘들다 뿐입니까…… 죽겠습니다. 오늘 다들 출근하시면 두 사람 얼굴을 어떻게 쳐다봐야 할지 자신도 없고요. 처신하기 곤란해서 죽겠습니다."

신 차장은 울상을 짓고 있는 장 대리를 빙긋이 쳐다보더니 책을 펼쳤다. 장 대리 역시 더 푸념해 봐야 바뀔 것은 없으리라는 생각에 신 차장이 펼쳐 놓은 페이지를 힐끔 살펴 자신의 책 역시 같은 페이지를 펼쳤다. 책의 거의 마지막인 『중용』 30장이었다.

늘 그랬듯이 신 차장이 먼저 읽고 장 대리가 따라 읽었다. 다 읽자마자 장 대리가 물었다.

"요임금과 순임금이야 '요순시대'니 뭐니 해서 들어 본 것 같은데, 문왕과 무왕은 또 누구인가요?"

"먼저 무왕부터 설명하자면 은殷나라의 폭군 주왕을 물리치고 주周나라를 건국한 인물입니다."

"그럼, 문왕은요?"

"무왕의 아버지로 주나라 건국의 기틀을 마련했다고 평가를 받는 인물입니다. 우리가 아는 주역 64괘를 만들었다고 전해지는 현인賢人이기도 하고요."

"그러니까 공자님은 요임금, 순임금, 문왕, 무왕에게서 모두 배웠다는 말이로군요. 박 차장, 서 차장 같은 직속 선배를 네 명이나 둔 셈이네요."

"간단히 보자면 그런 셈이죠."

"요임금과 순임금은 서로 다투지 않았나 보죠? 문왕과 무왕이야 부자지간이니 뭐 다투고 말고 할 게 없었겠지만……."

그 이야기와 함께 고개를 숙이고는 다시 한 번 깊은 한숨을 내쉬는 장 대리를 보며 신 차장은 알 수 없는 미소를 지었다. 그때였다. 장 대리의 귀에 신 차장이 오늘 읽은 『중용』의 내용이 아닌 다른 글을 읊는 소리가 들려왔다.

위나라의 공손조라는 인물이 자공에게 물었다. "공자는 어디서 배웠습니까?" 그러자 자공이 답하기를, "문왕과 무왕의 도가 아직 땅에 떨어지지 않아 사람에게 남아 있으니 주나라의 문물제도에서 어진 이는 그 큰 것을 배워서 알고, 어질지 못한 이는 그 작은 것을 배워서 압니다. 문왕과 무왕의 도가 아닌 것이 없으니 스승께서는 어디선들 배우지 아니하겠으며 또한 어찌 일정한 스승이 있겠습니까?"라고 했다.

－『논어』「자장子張」편, 제22장

衛公孫朝 問於子貢曰 仲尼焉學 子貢曰 文武之道 未墜於地 在人 賢
위 공 손 조 문 어 자 공 왈 중 니 언 학 자 공 왈 문 무 지 도 미 추 어 지 재 인 현

者識其大者 不賢者識其小者 莫不有文武之道焉 夫子焉不學 而亦
자 지 기 대 자 불 현 자 지 기 소 자 막 불 유 문 무 지 도 언 부 자 언 불 학 이 역

何常師之有
하 상 사 지 유

"『논어』의 「자장」편에 나오는 말씀입니다."

읊기를 마친 신 차장은 어느새 고개를 들고 자신을 바라보고 있는 장 대리에게 설명을 이어 나갔다.

"여기서도 여전히 문왕과 무왕이 나옵니다."

"누구에게서 배웠는지가 예나 지금이나 중요한 듯하네요. 쟤는 누구 라인이네, 또 쟤는 누구 라인이네 따지는 것이 알고 보면 역사와 전통이 오래된 것이로군요."

'라인'이라는 말에 신 차장은 설명하다 말고 '푸흡' 하고 웃음을 터뜨렸다. 함께 공부를 하며 처음 보는 인간적인 모습이었다. 그러나 그것도 잠시, 신 차장은 웃음기를 거두고 진지하게 설명을 이어 나가기 시작했다.

"맞습니다. 과거에는 오히려 지금의 우리보다 더 누구의 문하에서 배운 제자이고, 누구와 동문수학同門修學한 사이였으며, 누구를 법法받았는지가 중요한 시대였습니다. 하지만 정말로 여기서 우리가 신경 써서 읽어야 할 구절은 마지막 문장입니다. '스승께서는 어디선들 배우지 아니하겠으며 또한 어찌 일정한 스승이 있겠습니까?'라는 문장 말이죠."

그 말에 장 대리는 비아냥거리듯 물었다.

"아니, 공자는 일정한 스승도 없이 아무 데서나 배운 사람이었나 보죠?"

그러자 신 차장은 고개를 깊이, 정말로 깊이 가로저었다. 장난스럽게 질문한 장 대리 스스로가 다 민망할 정도였다. 어떻게 보면 정말로 화가 난 듯 보이기도 했다. 괜히 장난을 쳤나 싶었다.

"장 대리 말과 비슷하기는 한데, 달리 표현하자면 세상 모든 이를 스승 삼아, 어떠한 상황, 어떠한 환경에서도 배우고 익혔던 분이라고 하는 것이 맞겠네요."

화난 것이 분명해 보였다. 장 대리는 얼굴에서 장난기를 지우고 신 차장의 설명에 귀를 기울였다.

"다시 『중용』 30장으로 돌아가 볼게요."

"네."

신 차장의 설명에 따르면 공자는 앞서 얘기했듯 요순 임금으로부터 시작해서 문왕과 무왕에 이르기까지 숱한 선인들로부터 배우고 그를 이었다고 했다. 그러나 누구도 공자를 그들의 제자라거나 그들의 문하門下라고 하지는 않았다.

"오히려 이 30장은 일부 학자들로부터는 공자를 지나치게 높이고 심지어 신성시하기까지 했다고 비판을 받는 장이기도 합니다. 하지만 달리 생각해 보면 공자가 그런 존경과 숭상을 받을 수 있었던 데에는 위 사람들에게서 배우고 그 뜻을 잇되 어느 한쪽으로 편벽하지 않고 자신의 중심을 잡아 정진해 나아갔던 모습이 있었기에 가능했습니다."

아무래도 돌아가는 분위기가 서 차장이나 박 차장이 아니라 장 대리 자신에게 달려 있다는 얘기를 하려는 듯했다. 예감은 적중했다.

"물론, 서 차장이나 박 차장 모두 조금은 어른답지 못했습니다. 그러나 세상에는 제대로 된 어른들만 있는 것이 아닙니다. 매사에 배울 만한 제대로 된 선배, 스승, 어른이 있는 반면, 나이만 차고 경력만 많지 실제 속은 비어 있는 그런 이들도 허다합니다."

그 말과 동시에 장 대리의 머릿속으로는 몇몇 선배들의 이름과 모습이 순식간에 스쳐 지나갔다.

"그럴 때……."

"결국은 제가 중심을 잡고, 취할 것은 취하고 버릴 것은 버려야겠군요."

"맞습니다."

다행히 신 차장의 표정이 아까보다는 조금 풀린 것 같았다. 그때 마침 수업을 마쳐야 할 시간이 되었다. 신 차장이 책을 덮고 일어서며 말했다.

"『논어』의 「술이述而」편을 보면 이런 얘기가 나옵니다. '三人行(삼인행) 必有我師焉(필유아사언)이니'……."

"아! 알아요! 그 말. '세 사람이 함께 길을 가면 반드시 나의 스승이 있다' 이거 맞죠?"

오랜만에, 아니 처음으로 아는 것이 나온지라 장 대리가 성급하게 말을 끊고 나섰다. 신 차장은 살며시 웃으며 고개를 끄덕였다. 확실히 이제는 화가 어느 정도 풀린 듯했다.

"잘 아네요. 그런데 많은 사람들이 거기까지만 알고 바로 뒤에 이어지는 문장은 잘 모르는 것 같아요. 장 대리는 아냐요?"

알 리가 없었다. 성급하게 아는 체를 한 것이 조금은 후회가 됐다.

擇其善者而從之(택기선자이종지) 其不善者而改之(기불선자이개지)'라 하였습니다. 즉, '그 좋은 것, 훌륭한 것은 택하여 따르거나 배우고, 그 좋지 않은 것, 나쁜 것은 반면교사反面教師로 삼아 나 자신을 고쳐야 한다'는 뜻입니다."

"결국 또 저한테 달렸다는 뜻인가요?"

"안타깝지만 그렇습니다. 지금 저 문을 나가면 아마도 서 차장과 박 차장이 각자의 자리에 앉아 있을 겁니다. 장 대리는 오늘도 그들을 마주쳐야 하고, 또 어떤 일은 그들과 함께해야 할 수도 있습니다. 그럴 때 어떤 관계를 만들어 갈지, 그들로부터 무엇을 배우고 무엇은 버릴 것인지는 전적으로 두 차장들이 아닌 장 대리 자신에게 달려 있습니다."

"휴…… 어렵겠군요."

"네, 유감입니다만, 조직 생활의 특성상 무척이나 어려울 겁니다. 하지만 오늘 저와 『중용』30장을 함께 읽은 장 대리는 어제와는 조금은 다른

'선택'을 하리라 기대합니다."

"네……."

장 대리는 기어들어 가는 소리로 겨우 답하고는 문을 열고 두 차장이 출근해서 앉아 있는 사무실을 향해 나아갔다. 그 뒤에서 신 차장은 아무 말 없이 물끄러미 그런 장 대리의 뒷모습을 바라만 보고 있었다.

7
【성찰】

달리 보면 모두가
성인이 될 수 있다 1

唯天下至聖 1

오직 천하의 지극한 성인이어야만 능히 총명하게 예지를 발휘하여 사람들 앞에 나설 수가 있는 법입니다. 천하의 지극한 성인은 관대하고 넉넉하고 따뜻하고 부드럽기에 사람들의 허물을 용납할 수 있으며, 늘 분발하고 강하고 날카롭고 굳세기에 족히 권력을 붙잡을 수 있습니다. 또, 천하의 지극한 성인은 단정하고 장중하며 중심을 잡아 바르기에 다른 사람의 공경을 받을 수 있으며, 문자와 이치를 치밀하게 살피기에, 백성들의 분별력을 키우기에 충분한 것입니다. 지극한 성인의 도는 넓고 깊은 샘처럼 얼핏 보면 말라 있는 듯하나 때가 되면 솟아 넘치는 법입니다. 두루 퍼져서 넓은 것은 하늘과 같고, 깊은 것은 심연과도 같으니, 지극한 성인은 그 모습을 나타내면 백성들 가운데 공경하지 않는 이가 없었고, 한번 말하면 백성 가운데 믿지 않는 이가 없으며, 뜻을 펴서 행하면 백성들 가운데 기뻐하지 않는 이가 없었던 것입니다.

그러므로 명성이 세상에 널리 퍼져 오랑캐 땅에까지 미치고, 배와 수레가 미치는 곳과 사람의 힘이 미치는 곳과 하늘이 덮어 주거나 땅이 실어 주는, 즉 우리가 알고 있는 천지의 모든 곳에서 밤낮으로, 사시사철로 모든 혈기가 있는 사람들이 그를 존경하고 사랑하고 아꼈던 것입니다. 그래서 그런 천하의 지극한 성인이었던 공자를 '하늘과 어울린다'라고 칭송했던 것입니다.

－『중용』제31장

唯天下至聖이야 爲能聰明睿知(智) 足以有臨也니, 寬裕溫柔 足以有
유 천 하 지 성　　　위 능 총 명 예 지　　족 이 유 림 야　　관 유 온 유 족 이 유

容也며 發强剛毅 足以有執也며 齊莊中正이 足以有敬也며 文理密
용 야　　발 강 강 의 족 이 유 집 야　　재 장 중 정　　족 이 유 경 야　　문 리 밀

察이 足以有別也니라. 溥博淵泉하여 而時出之니라. 溥博은 如天하
찰　족 이 유 별 야　　부 박 연 천　　　이 시 출 지　　　부 박　　여 천

고 淵泉은 如淵하니 見而民莫不敬하며 言而民莫不信하며 行而民
연 천　　여 연　　　현 이 민 막 불 경　　　언 이 민 막 불 신　　　행 이 민

莫不說이니라. 是以로 聲名이 洋溢乎中國하여 施及蠻貊하여 舟車
막 불 열　　　시 이　성 명　　양 일 호 중 국　　이 급 만 맥　　　주 거

所至와 人力所通과 天之所覆와 地之所載와 日月所照와 霜露所隊
소 지　　인 력 소 통　천 지 소 부　　지 지 소 재　　일 월 소 조　　상 로 소 추

(墜)에 凡有血氣者莫不尊親하나니 故로 曰配天이니라.
범 유 혈 기 자 막 부 존 친　　　고　　왈 배 천

"좋은 아침입니다!"

문을 열고 들어서는 장 대리의 말투와 표정 모두 밝았다. 아무래도 어제 걱정했던 것과는 달리 서 차장, 박 차장과 이야기가 잘 풀린 것 같았다.

"역시, 차장님 말씀대로 모든 것은 저에게 달려 있었던 것 같아요. 하

하하."

신 차장은 이미 다 전해 들어 알고 있었지만, 처음 듣는 얘기인 척 5분도 넘게 이어진 장 대리의 무용담을 잠자코 들어줬다. 그렇게 '캔커피 두 개'와 '담배 세 개피'를 활용해 문제를 해결한 장 대리의 자기 자랑이 끝나고 오늘의『중용』수업은 시작 시간으로부터 한참이 지나서야 시작되었다.

"자, 오늘은 어제에 이어 31장을 읽어 보도록 하죠."

신 차장은 해당 구절을 먼저 읊으면서 뒤이어 책을 펼쳤다. 아무래도『중용』을 통째로 완전히 다 외운 듯했다. 31장은 길지도 그렇다고 짧지도 않은 분량의 문장이었다. 그런데 원문을 다 읽은 신 차장이 문장 해석까지 마치자마자 곧바로 장 대리의 자세가 흐트러졌다. 의자를 비스듬하게 돌리더니 엉덩이를 쑥 빼서는 엉거주춤한 자세로 바꾸고는 일부러 걸렁한 말투까지 써서 말했다.

"그것 봐요. '오직 천하의 지극한 성인'이어야 할 수 있다잖아요. 애초에 우리가『논어』니『맹자』니,『중용』이니 이런 걸 갖고 공부하기 시작한 것부터가 무리였다니까요?"

순간 어제 신 차장이 약간 언짢아했던 것이 생각나서 '아차!' 싶었지만, 그건 장 대리의 생각이었을 뿐 역시나 신 차장은 별로 신경을 안 쓰는 듯했다. 대답 역시 그러했다.

"그러게요."

에이, 도발을 했는데 이러면 재미가 없어진다. 장 대리는 급격히 맥이 풀려서 다시 자세를 고쳐 앉아 신 차장의 설명에 귀를 기울였다. 그런데 뒤이은 신 차장의 설명은 뜻밖이었다.

"오늘 읽은 이 31장은 말 그대로 공자에 대한 찬양문입니다. 공자 같은 성인만이 세상의 이치를 깨달아 그를 분별하여 높기로는 하늘에 닿고 넓기로는 땅에 비할 만큼 넓어 사람들의 존경을 받고 하늘과 어울릴 수 있다고 칭송한 글이죠. 장 대리가 그렇게 생각하는 것도 일리가 있습니다."

'어라?'

다시금 장 대리의 삐딱한 생각에 흥미가 샘솟기 시작했다. 그저 심심해서 도발했던 것만은 아니었다. 아까 신 차장이 읽는 것을 따라 읽으면서도 속으로는 계속 '뭐야! 이건…… 공자가 무슨 신神도 아니고!'라는 생각에 거부감이 들었던 것이다. 그런데 어찌된 일로 신 차장이 맞장구를 쳐준 것이다. 아니 한발 더 나아가 『중용』의 내용을 비판하고 있었다.

"많은 이들이 『중용』의 31장을 읽을 때에는 주로 맨 마지막 문장 '그래서 공자를 하늘과 어울린다, 또는 하늘에 버금간다(故曰配天)'에 주목해서 자사가 공자를 칭송하기 위해 쓴 글로 이 장을 해석하고는 합니다. 그런데 저는 오늘 첫 문장에 오히려 더 주목하고 싶네요."

"첫 문장이라 하면, '唯天下至聖(유천하지성)' 말씀이신 건가요?"

"네. 맞습니다. 풀이하자면 '오직 천하의 지극한 성인이어야……' 정도로 해석할 수 있겠네요."

"뭐 별 내용도 아닌 문장 같은데…… 이걸 왜 중요하다고 생각하신 거죠?"

"그 문장 하나 때문에 이후에 적힌 나머지 내용들 전체의 성격이 변해버렸기 때문에 그렇습니다."

"성격이 변했다면……."

"그걸 설명하기 전에 먼저, 장 대리는 중국의 취푸라는 곳을 아나요?"

"취푸요?"

"우리나라 발음으로 한자를 읽으면 '곡부曲阜'라고도 불리는 곳입니다. 중국 산둥 성에 있는 조그마한 도시이지요."

"조그마한 도시요? 그러면 알 리가 없죠. 중국이라고는 출장 차 베이징이랑 상하이밖에 간 적이 없어요. 그것도 그나마 회의하고 거래처 방문하느라 반나절 둘러본 것이 전부이지만. 왜요? 취푸에 무슨 중요한 것이라도 있나요?"

"없습니다. 다만……."

"다만?"

"지금으로부터 2,800년쯤 전인 춘추전국시대에 그 지방을 중심으로 노魯나라라는 작은 제후국이 하나 건국되었지요. 그리고 그 노나라에서 한 인물이 태어납니다."

"공사부로군요!"

"맞습니다. 공자의 탄생지로 알려진 곳이 바로 취푸 지역이지요."

"와! 그러면 공자와 관련된 유적, 유물들이 많겠군요."

"근데 그렇지도 않습니다."

대학생 시절과 사회인 시절 두 차례에 걸쳐 취푸를 방문했었다는 신 차장의 설명에 따르면, 중국에 중화인민공화국이 들어서면서 핍박을 우려한 공자의 직계 자손들은 대만으로 이주해 버렸고, 이후 취푸의 공자와 관련된 유적들은 1960년대 문화대혁명 시절에 파괴되거나 훼손된 뒤 아직 제대로 복원되지 못한 곳들이 많다고 했다.

"그래도, 공자를 모시는 사당인 '공묘孔廟', 직계 자손들이 거주하며 유적들을 관리해 오던 살림집 겸 사무실인 '공부孔府', 그리고 공자를 포함한 일가족의 무덤이 있는 가문의 숲인 '공림孔林' 등 3대 주요 유적과 청나라 강희제의 스승이었던 공상임이 20년간 초막 생활을 한 것으로 알려진 '석

문사石門寺' 주나라 문왕의 넷째 아들로 형인 무왕을 도와 주나라를 건국한 주공을 모신 '주공묘周公廟' 등 많은 유적들을 만나 볼 수 있습니다."

"그런데 갑자기 왜 취푸 관광 안내이신가요?"

"그곳에 가면 공자에 대해 실로 지극하게 찬양한 글귀를 만나 볼 수 있기 때문에 그렇습니다. 오늘 읽은 이『중용』31장은 미치지도 못할 정도예요."

그 말과 동시에 신 차장은 자신의 스마트폰을 꺼내 들어 사진 한 장을 보여 줬다. 2003년도에 찍은 사진이었다. 돌로 만든 비석 위에 황금색 글씨가 큼지막하게 새겨져 있었다.

"공림 내부에 있는 공자묘에 세워진 공사부의 비석입니다."

신 차장이 읽어 준 바에 따르면 비석에 쓰인 글자는 '大成至聖文宣王墓(대성지선문선왕묘)'라는 글귀였다.

"뜻은 잘 모르겠지만, 대충 해석되는 글자만 봐도 어마어마한 소리네요."

장 대리의 말에 신 차장이 맞장구를 쳤다.

"맞습니다. 원래 공사부는 사후에 '천하의 지극한 성인' 즉, '天下至聖(천하지성)'이라 추앙되었는데, 당나라 현종玄宗이 '학문을 세상에 널리 펼친 공으로 치면 공사부의 치적은 가히 일국의 왕을 능가하는도다'라고 칭송하며 '文宣王(문선왕)'이라 추존했고, 송나라 진종眞宗이 그 호칭을 한 단계 더 높여 '至聖文宣王(지성문선왕)'이라 칭했습니다. 이후 원나라 성종成宗이 칭송과 찬양의 정점을 찍은 현재와 같은 시호를 붙인 후 굳어져 오늘에까지 이르게 되었다고 합니다."

"조금은 거부감이 드는데요?"

"그 말 역시 일리가 있습니다. 그래서 제가 첫 문장인 '오직 천하의 지극한 성인이어야(唯天下至聖)'라는 문장을 주목해야 한다고 말씀드린 겁니다."

신 차장은 아예 책을 덮어 놓고 말로 설명을 이어 갔다.

"『중용』을 포함한 사서삼경, 더 나아가 동양 고전에서 이야기하는 군자, 성인, 현인, 대인배가 되기 위한 길은 일반인들이 실천하거나 따라가기 힘들 만큼 어려운 것들이 대부분입니다. 때문에 일반인들은 지레 부담을 느껴 배우기를 꺼려 하거나 배우더라도 실천하기를 주저하는 경우가 많습니다. 그래서 이 장에서는 아예 단서를 달아 놓은 것입니다. 세계 4대 성인으로 꼽히는 '공자 정도는 돼야 이룰 수 있는 것이다'라고 말이죠."

"그러니까 우리 같은 사람들은 아예 꿈도 꾸지 말라는 거네요."

"아니죠. 그 반대입니다. 배우고 익히는 사람으로서 지금은 아니지만, 그래서 지금의 기준으로 보면 불가능해 보이기도 하지만, 끊임없이 노력해 나아가야 하는, 어찌 보면 우리가 도달해야 할 경지를 말해 주는 겁니다."

그러더니 신 차장은 갑자기 눈을 감고 무언가를 읊기 시작했다. 무슨 마법사의 주문과도 같았다.

아제아제 바라아제 바라승아제 모지 사바하(揭諦揭諦 波羅揭諦 波羅僧
揭諦 菩提 娑婆訶)

"아이, 갑자기 무섭게 무슨 주문을 외우고 그러세요."

"불교의 수많은 경전 중 대표적인 경전으로 꼽히는 『반야심경般若心經』의 마지막 구절입니다. 우리말로 풀이하자면, '가자, 가자, 피안으로. 피안으로 아주 가자. 영원한 깨달음으로!' 정도로 해석할 수 있죠. 불자佛子

로서 추구해야 하는 해탈의 경지를 설명하고 있는 글귀입니다. 저는 이 31장을 읽을 때마다 『반야심경』의 이 구절이 생각납니다."

"지극한 성인에 도달하는 것이 해탈의 경지라……."

"네. 그래서 어떤 사람들은 이 31장을 읽으면 사서삼경 중에서는 드물게 기독교나 불교와 같은 종교의 경전을 읽는 것 같은 느낌을 받는다는 사람도 있고, 저 역시 이 장을 읽을 때마다 유학이 학문에서 경계를 넘어 종교의 영역으로 접어드는 찰나를 보는 것과 같은 느낌을 받고는 합니다."

설명을 마친 신 차장은 지그시 눈을 감았다. 진짜로 31장에서 성인의 반열, 해탈의 경지를 향해 가는 인간의 여정을 음미하는 듯했다. 장 대리는 앞에 펼쳐진 31장 본문을 이리저리 살펴보았다. 아무래도 아직까지 그런 느낌을 갖게 되려면 한참 먼 것 같았다. 몇 분 뒤, 8시 정각이 되었음을 알리는 장 대리의 휴대전화 소리가 울리자 신 차장은 감았던 눈을 살며시 뜨며 말했다.

"내일은 제가 아침 일찍 외근을 나가야 해서 집에서 바로 그곳으로 출근할 예정입니다. 오전 중에는 돌아올 예정이니, 어때요? 내일 회사 앞 공원에서 간단하게 도시락 같은 걸 먹으며 공부하는 건?"

이런 제안을 마다할 수는 없다. 장 대리로서는 내일 하루 정도는 늦잠을 잘 수 있는 절호의 기회가 생긴 셈이었다. 힘차게 대답하는 걸로 오늘의 수업을 마쳤다.

"네!"

8
【지성】

달리 보면 모두가
성인이 될 수 있다 2

唯天下至聖 2

오직 천하에 지극한 성실함으로써만 능히 천하의 큰 줄기를 계획할 수
있으며, 천하의 커다란 근본을 세우며 천지에서 이뤄지는 성장과 변화
의 모습들을 알 수 있으니, 어찌 (지극한 성실함을 제외한) 다른 것에 의
지하겠습니까. 간절할 정도로 지극한 그 어짊은 고요하고 깊은 못과 같
으며, 넓고 큰 하늘과도 비슷합니다. 만일 진실로 총명하고 성스러운
지혜가 있어 하늘의 덕에 통달한 사람이 아니면 (또한) 그 누가 이것을
알겠습니까. 지극한 성실함이 지극한 성인을 만드는 것이요, 지극한 성
인만이 지극한 성실함을 알아볼 수가 있는 법입니다.

- 『중용』 제32장

唯天下至誠이야 爲能經綸天下之大經하며 立天下之大本하며 知天
유 천 하 지 성　　　위 능 경 륜 천 하 지 대 경　　　입 천 하 지 대 본　　　지 천

地之化育이니 夫焉有所倚리오. 肫肫其仁이며 淵淵其淵이며 浩浩
지 지 화 육　　　부 언 유 소 의　　　준 준 기 인　　　연 연 기 연　　　　호 호

其天이니라. 苟不固聰明聖知達天德者면 其孰能知之리오.
기 천　　　　　　구 불 고 총 명 성 지 달 천 덕 자　　　기 숙 능 지 지

　장 대리는 오늘 아침에 적어도 30분 이상 늦잠을 푹 잘 수 있겠다고 생
각했다. 그런데 불과 며칠 되지도 않았는데 새벽에 일어나는 것이 몸에
배였는지, 평상시 아침 7시 수업이 있을 때 일어나야 하는 시간에 저절
로 눈이 떠져서 씻고 출근했다. 그러다 보니, 오히려 평상시보다 조금 더
빠른 시간에 사무실에 들어서게 되었다. 크게 바쁜 일도 없었던지라, 내
친김에 스마트폰 사전 앱을 동원해 가며 오늘 읽기로 한 부분을 혼자 읽
어 보았다. 역시나 쉽게 이해되지 않았다. 아니 사실은 전혀 무슨 말인지
조차 감을 잡을 수가 없었다. 대단히 거창한 무언가를 얘기하는 것 같기
는 한데 그게 또 무엇인지는 잘 이해가 가지 않았다.

　12시가 거의 다 된 시간, 장 대리는 신 차장과 만나기로 한 회사 앞 공
원의 팔각정에 걸터앉아 복사해 온 『중용』32장을 꺼내 다시 읽어 보았
다. 샤프 펜슬로 한자 밑에 달아 놓은 음을 읽어 보아도, 그 밑으로 인쇄
된 한글 번역문을 보아도 무슨 말인지는 알겠으나, 무슨 뜻으로 쓴 글인
지를 당최 알 수가 없었다.

　'도대체가 뭔 말인지……. 이건 뭐 봐도 봐도 더 어렵기만 하니…… 참
나…….'

　그때였다.

　"맞아요. 그래서 『중용』 중에서도 논란이 많은 장 중에 하나이지요."

　혼자서 중얼거린다고 생각했는데, 그게 꽤 크게 말한 듯했다. 어디서
부터 들었는지는 모르겠지만, 신 차장이 바로 뒤에 서 있었다. 양손에는

도시락과 음료수가 들어 있는 종이백이 꽤 묵직했다.

"일단, 배고플 테니 이것부터 먹읍시다."

"우아!"

펼쳐 놓고 보니, 이건 도시락이 아니라 진수성찬이 따로 없었다. 밥은 따로이고 반찬만 2단으로 되어 있었는데, 그 반찬도 돈까스나 소시지 구이처럼 일반적인 단체 급식 도시락에서 흔히 볼 수 있는 그런 것들이 아니라, 이천산 쌀밥에 한우 구이, 신선한 샐러드, 모듬회 등의 고급 요리들이었다. 신 차장은 함께하면 할수록 참 그 속을 알 수가 없는 사람이었다. 어느 때 보면 그저 평범한 회사원 같기도 하고, 또 어떤 때 보면 동네 형님같이 푸근하고 친근한 느낌도 주다가, 회사 내에서 중요한 업무를 처리할 때 보면 그 눈빛에 살기가 등등할 때도 있었고, 어떤 때에는 그 취향이 지극히 소박하다가 또 어떤 때에는 오늘과 같은 미식가 수준의 취향을 자랑했다.

"와! 뭐부터 손을 대야 할지를 모르겠네요."

장 대리는 젓가락으로 반찬들을 이리저리 뒤적여 가며 감탄을 거듭했다.

"그럼, 이 회부터 먼저 먹어 보세요."

신 차장은 자신의 반찬 칸에 있던 선어회를 하나 집어서 장 대리의 도시락에 놓아 주었다. 별것 아닐 수도 있지만, 장 대리는 그런 그의 마음 씀씀이가 너무나 고마웠다.

"공자께서 좋아하신 음식입니다."

"네? 뭐가요?"

"방금 제가 건네 준 바로 그것 말이죠."

"어느 것이요? 이 회요?"

"네."

신 차장은 갑자기 밥을 먹다 말고 한문 구절을 읊기 시작했다.

食不厭精 膾不厭細 食饐而餲 魚餒而肉敗 不食 色惡不食 臭惡不食
사 불 염 정 회 불 염 세 사 의 이 애 어 뇌 이 육 패 불 식 색 악 불 식 취 악 불 식

失飪不食 不時不食 割不正 不食 不得其醬 不食 肉雖多 不使勝食氣
실 임 불 식 불 시 불 식 할 부 정 불 식 부 득 기 장 불 식 육 수 다 불 사 승 사 기

唯酒無量 不及亂이 沽酒市脯 不食 不撤薑食 不多食 祭於公 不宿肉
유 주 무 량 불 급 란 고 주 시 포 불 식 불 철 강 식 부 다 식 제 어 공 불 숙 육

祭肉 不出三日 出三日 不食之矣 食不語 寢不言 雖疏食 菜羹 瓜祭
제 육 불 출 삼 일 출 삼 일 불 식 지 의 식 불 어 침 불 언 수 소 식 채 갱 과 제

必齊如也
필 재 여 야

— 『논어』「향당」편 제8장~제11장

보면 볼수록 신기했다.

'어떻게 사람이, 한글도 아니고 한문으로 된 문장을 저렇게 줄줄 외울
수가 있지?'

장 대리가 신기해하거나 말거나 신 차장은 곧이어 방금 전 읽은 문장
의 뜻까지 한글로 풀이해 주었다.

"방금 읊은 글은 『논어』「향당」편에 나오는 글입니다. 「향당」편은 공
자의 평소 삶의 모습과 습관 등을 적은 글로 『논어』의 다른 부분과는 조
금은 다른 글입니다. 뜻은 다음과 같습니다."

[스승(공자)께서는] 밥은 희게 도정한 걸로 지은 걸 좋아하셨고, 회는 가
늘게 뜬 것을 좋아하셨습니다. 밥이 쉬어 맛이 변하거나 생선이 상하고
고기가 오래된 것은 드시지 않으셨습니다. 색이 변한 것도 드시지 않으

셨습니다. 냄새가 나는 것은 드시지 않으셨습니다. 잘못 삶은 것은 드시지 않으셨습니다. 철 지난 것은 드시지 않으셨습니다. 썬 모양이 나쁜 것은 드시지 않으셨습니다. 맞는 간장이 아니면 드시지 않으셨습니다. 고기는 많아도 밥보다 많이 드시지는 않으셨습니다. 술은 제한하지 않지만 만취하지 않으셨습니다. 시장의 점포에서 파는 술이나 포는 쓰지 않으셨습니다. 생강을 골라내고 고기만을 드시지 않으셨습니다. 과식을 하지 않으셨습니다. 군주의 세사에서 분배받은 고기는 그날 중에 처분하셨습니다. 집안의 제사 때 쓴 고기도 사흘 안에 처분하고 사흘이 지난 것은 드시지 않으셨습니다. 식사 때는 말을 많이 하지 않으셨습니다. 잠자리에 들어서는 말을 하지 않으셨습니다. 평상시와 똑같은 밥이나 국이나 과일이라도 제사에 쓸 때는 반드시 조심조심 삼가하여 올리고 소홀히 하지 않으셨습니다.

"나 참, 알고 보니 『논어』라는 책은 별걸 다 기록해 놓았군요."
"맞습니다. 참 별걸 다 기록해 놓았죠. 하지만 달리 생각해 보면……."
"달리 생각해 보면요?"
신 차장의 설명은 다음과 같았다. 과거 공자 시대의 교육이라는 것이 지금처럼 정해진 공간(학교), 정해진 시간(수업 시간)에 정해진 절차(커리큘럼 또는 학제)로만 이뤄진 것이 아니라 스승이 제자들과 함께 생활을 하며 길을 걷거나, 밥을 먹다가 또는 차를 마시며 대화를 하거나 심지어 술을 마시는 가운데에서도 이뤄졌기 때문에, 『논어』「향당」편의 내용이 어찌 보면 참 시시콜콜 사소하고 평범한 내용을 적어 놓은 것 같아 보여도 다 나름대로 공자의 가르침을 전하고 있었다.
"생활을 통한 교육을 한 셈이로군요. 마치 오늘의 저희처럼 말이죠."

그 말과 함께 장 대리는 신 차장이 놓아 준 '공자가 좋아하셨다는' 회 한 점을 간장에 찍어 입에 넣었다.

"자, 이 32장의 말씀은 말이죠……."

한참 맛있게 밥을 먹는 와중에 신 차장이 입을 열었다. 그와 동시에 장 대리는 젓가락질을 멈추고 사무실에서 복사해 온 『중용』 문장을 펼쳐 놓으려 하였지만, 신 차장은 장 대리의 손목을 지그시 누르며 만류했다.

"밥 먹다 얹혀요. 오늘은 문장을 보지 말고 이야기나 나눕시다."

종이는 덮어 놓은 채 신 차장은 말로 32장의 내용을 설명했다.

"32장은 앞의 31장과 대구를 이뤄 서로 그 뜻이 이어지는 장입니다. 앞장에서는 지극한 성(至聖)의 덕德됨을 말한 것이고, 이 32장은 지극한 성의 도道를 말하고 있는 것이지요. 별개의 이야기를 하고 있는 것 같지만, 『중용집주中庸集註』의 주석을 살펴보면 지성至聖이라야 '지성의 도道'를 알아보고, 지성이라야 '지성의 덕德을 행할 수 있다고 하였으니, 31장이나 32장 모두 같은 얘기를 하고 있다는 것을 알 수 있죠."

"공자가 대단하신 양반이라는 것 말이죠."

"네. 그리고 우리 역시 그를 지향점으로 삼아 정진해 나아가야 한다는 것도 함께요."

장 대리는 공자께서 즐겨 드셨다던 회 한 점을 더 집어서 입으로 가져갔다. 이번에는 아까와 달리 그리 맛있지 않았다. 아니 무슨 맛인지 그 자체를 알 수가 없었다. 마치 공부를 하면 할수록 점점 더 어려워지는 『중용』의 내용들처럼.

9
【배움】

배우는 일을 부끄러워하면
모든 것이 끝난다

君子 尊德性而道問學

성인의 도라는 것은 실로 대단히 큰 것입니다. 넘실넘실 (충만)하게 만물을 발육시켜 그 높음이 하늘에 다다르도록 하기에 충분합니다. 아니, 충분한 것은 물론 남음이 있도록 클 정도인 것이 사실입니다. 우리는 흔히, '예의(큰 예)라 하는 것은 대략 삼백 가지요, 위의(작은 예)라 하는 것이 삼천 가지쯤 된다'라 하는데 그 수많은 예의 또는 '도'는 죄다 (훌륭한) 사람이 와야지만 행하여진다고 하였습니다. 때문에 '만일 지극한 덕(을 가진 사람)이 아니면, 지극한 도가 모이지 않는다'고 한 것이기도 합니다. 그러므로 군자는 덕성을 높이 받들고 문학(학문)으로 말미암으니, 광대함을 지극히 하고 정미함을 다하며, 고명함을 다하고 중용을 따르며, 옛것을 잊지 않고 새로운 것을 알며, 두터움을 돈독히 하여 예를 높이는 것입니다. 이런 까닭으로 윗자리에 있어도 교만하지 않고, 아랫사람이 되어서는 배반하지 않는 것입니다. 나라에 도가 있을 때는 말로 정사에 직간하여도 높은 자리에 갈 수 있고, 나라에 도가 없을 때에는 침묵하여도 족히 몸을 용납할 수가 있으니, 『시경』「대아大雅」의 '증민烝民' 편에 이르기를 '이미 (도리에) 밝은데 (이치까지) 밝아 그 몸을 잘 보전한다'라 하였으니 바로 이것을 두고 말한 것입니다.

－『중용』제27장

大哉라 聖人之道여 洋洋乎發育萬物하여 峻極于天이로다. 優優大
대 재　　성인지도　　　양양호발육만물　　　준극우천　　　　　　우우대

哉라 禮儀三百이요 威儀三千이로다. 待其人而後에 行이니라. 故로
재　　예의삼백　　　위의삼천　　　대기인이후　　행　　　　고

曰苟不至德이면 至道不凝焉이라 하니라. 故로 君子는 尊德性而道
왈구부지덕　　　지도불응언　　　　　고　군자　　존덕성이도

問學이니 致廣大而盡精微하며 極高明而道中庸하며 溫故而知新하
문학　　　치광대이진정미　　　극고명이도중용　　　온고이지신

며 敦厚以崇禮니라. 是故로 居上不驕하며 爲下不倍라 國有道에 其
　　돈후이숭례　　　시고　거상불교　　　위하불배　　국유도　　기

言이 足以興이요 國無道에 其黙이 足以容이니 詩曰 旣明且哲하여
언　　족이흥　　　국무도　　기묵　족이용　　　시왈 기명차철

以保其身이라 하니 其此之謂與인저.
이 보 기 신　　　　기 차 지 위 여

　함께 자리한 지 5분이 넘어가고 있었는데 신 차장은 아무런 말이 없었다. '책 몇 페이지를 펼쳐 보라'는 얘기도 하지 않았고, '어제는 어땠느냐'는 말도 하지 않았다. 장 대리 역시 마찬가지였다. '오늘은 어디를 읽을까요?'라고 물어보지도 않았고, '어제는 어떤 놈이 열받게 했고, 어떤 놈이 멍청한 짓을 했는지'를 일러바치지도 않았다. 두 사람이 이렇게 제법 긴 침묵을 이어 가고 있는 까닭은 다름이 아니라 어젯밤 장 대리가 신

차장에게 보낸 카톡 한 통 때문이었다.

> 장윤석 : 차장님…… 공부 그만하고 싶습니다.
> 신율교 : 왜요? 무슨 일이 있나요?
> 장윤석 : 그냥요…….
> 신율교 : 흠…… 일단 내일 만나서 얘기합시다.

아침에 만나면 바로 무슨 얘기인가를 하던지, 이도 저도 아니면 '왜 그런 생각을 하게 됐는지?' 자초지종이라도 물을 줄 알았는데, 신 차장은 아무 말도 없이 깊은 생각에 잠겨 있었다. 오히려 장 대리가 조급해졌다. 만나면 바로 신 차장이 다급히 '왜 공부를 안 하고 싶으냐?'고 물을 것이고 그러면 그 물음에 '이러저러 해서 공부를 더 못하겠습니다'라고 답하겠다고 생각했는데, 다급한 질문은커녕 침묵한 채 미동도 없이 앉아 있는 신 차장의 모습에 장 대리가 오히려 안절부절못할 지경이 되었다. 결국 먼저 입을 열어 버렸다.

"차장님, 왜 제가 공부를 못하겠느냐면요, 회사 애들이 놀려요. '너 나머지 공부하냐?'고요. '네가 신 차장 꼬봉이냐?'는 녀석들도 있고요. 밑에 신입사원 애들도 있는데…… 걔들도 입문 교육 마치고 OJT까지 다 마치고 현업 배치된 마당에 여태 연수 중이냐고 놀려대는 통에 부끄러워서 못하겠어요."

장 대리는 '휴우' 하고 깊은 숨을 내쉬었다. 그제야 신 차장이 감았던 눈을 뜨고는 말했다.

"장 대리 혹시 퇴계 이황 선생 알아요?"

입을 연 신 차장의 입에서는 『중용』의 내용도, '생각을 고쳐먹어라'는 훈계도 아닌 대학자의 이름 하나가 튀어나왔다. 다행히 장 대리도 익히 잘 아는 역사적 위인이었다.

"알죠! 제가 아무리 이과 출신이라지만…… 5천 원짜리 지폐에 그려진 조선시대 학자잖아요."

"비슷하게 맞췄네요. 근데, 5천 원은 율곡 이이 선생이고, 1천 원짜리 지폐에 그려진 분이 퇴계 선생이죠. 아무튼 우리나라는 물론이고 일본 학계에서 오히려 더 숭앙받는 위대한 학자 가운데 한 분이시죠."

장 대리는 신 차장이 공부를 때려 치겠다는 자신에게 왜 갑자기 퇴계 이황 선생의 이야기를 꺼내는지, 그 의도가 궁금했다. 신 차장 역시 이번에는 뜸을 들이지 않고 바로 이야기를 이어 갔다.

"퇴계 선생께서는 환갑을 바라보던 때인 1558년 12월 고봉 기대승이라는 젊은 학자에게 편지 한 통을 받게 됩니다."

신 차장은 아예 오늘은 중용 공부를 할 생각이 없어 보였다. 무엇보다 '자퇴하겠다'는 장 대리를 회유하거나 윽박질러서라도 눌러 앉힐 생각이 없는지, 퇴계와 고봉의 이야기만을 계속 이어 나갔다.

신 차장의 이야기에 따르면, 퇴계 선생이 고봉으로부터 첫 편지를 받을 무렵 그의 나이는 58세, 성균관 대사성(정3품)으로 재직 중이었는데, 연말에는 공조참판을 제수받았다고 한다. 반면 고봉의 나이는 32세로 퇴계 선생보다는 근 스물여섯 살 가까이 어려 나이 차로만 보면 부자지간 뻘이었다. 게다가 그는 그해 가을에 막 과거에 급제하여 종9품으로 이제 겨우 공직을 시작한 터였다.

"한마디로 이제 막 행정고시 패스하고 신규 배치된 5급 사무관(고봉)이 서울대 총장을 역임하고 건설교통부 차관에 임명된 거물급 인사(퇴계)에게 편지를 보낸 셈이었죠."

"그야, 공직에 나서게 되었으니 잘 좀 봐 달라는 청탁 편지였겠죠. 아니면, 고봉 아버지랑 퇴계 선생이 친구였나?"

"아닙니다. 두 사람은 그런 관계가 아니었습니다."

퇴계와 고봉은 이후 1570년 퇴계가 작고할 때까지 약 100여 통의 편지를 주고받았다고 한다. 그 내용 중에는 퇴계의 가르침을 받으며 학문에 정진하고 싶었던 고봉의 염원이 담긴 글도 있었고, 젊은 나이였음에도 두드러졌던 고봉의 탁월한 재능에 대해 감탄하고 격려하는 퇴계의 글도 있었지만, 가장 중요한 내용 중 하나는 이른바 '사단칠정론四端七情論'을 두고 두 사람이 자신의 이론을 주장하고 상대의 주장을 논박하는 내용이었다.

"말 그대로 두 학자 간에 한 발자국도 물러서지 않는 이론 다툼이 편지를 수단으로 펼쳐지게 됩니다."

두 사람의 나이나 사회적 지위 차이를 고려했을 때 그랬다는 것이 장대리로서는 조금 믿기 힘들었다. 그러자, 그런 생각을 표정으로 읽었는지 신 차장이 무언가를 암송해서 들려줬다.

"사단은 이理가 발하여 기氣가 따르고 칠정은 기가 발하여 이가 탄다"는 두 글귀가 매우 정밀하지만, 저의 생각에는 이 두 구절의 뜻이 칠정은 이와 기를 겸유하고 사단은 이가 발한 한쪽만을 가진 것이 될 뿐이라고 여겨집니다. 그러므로 저는 이 두 글귀를 "정情이 발할 때는 혹 이가 움직여 기가 함께하기도 하고, 혹 기가 감응하여 이가 타기도 한다"라고 고치고 싶은데, 이와 같이 말을 만드는 것이 또 선생의 생각에 어떠할지 모르겠습니다.

– 퇴계 이황의 제2서

"이 문장은 퇴계 선생이 고봉의 편지를 받고 그의 지적을 받아들여 자신의 생각을 고쳤음을 말해 주는 내용입니다."

"아니, 천하의 퇴계 이황 선생이 말인가요?"

"네, 여러 번 그러셨죠. 이를 통해 자신의 학설을 보다 정교하게 만들어 가셨습니다."

"그랬군요……."

"자, 다시 물을게요. 그렇다면 퇴계가 고봉보다 못한 사람이었습니까? 반대로 물을까요? 고봉이 퇴계보다 못한 사람이었을까요?"

장 대리는 아무런 대답도 하지 못했다.

"고봉은 퇴계를 존경하며 한 수 가르침을 구했고, 퇴계 역시 고봉을 존중하며 그로부터 배울 점을 찾았습니다."

신 차장의 질문은 계속 이어졌다.

"장 대리 혹시 '잭 웰치'라는 사람 압니까?"

"전 GE 회장 말씀이신가요?"

"맞아요. 그럼 '스콧 맥닐리'라는 사람도 아나요?"

잭 웰치에 비해 조금은 생소한 이름이었다. 언젠가 들어본 것도 같은데, 정확하게 누구인지는 가물가물했다.

"선 마이크로시스템즈의 CEO였습니다."

"아! 맞다."

"두 사람은 서로가 서로에게 멘토와 멘티 관계였습니다. 주기적으로 만나서 번갈아 가며 상대에게 멘토링을 해 주었죠."

이름값으로 보나, 경륜으로 보나 잭 웰치가 일방적으로 스콧 맥닐리를 가르쳤다면 이해가 가겠지만, 서로의 멘토가 되어 주었다니 장 대리는 그 관계가 잘 이해가 가지 않았다.

"두 사람이 나이 차가 꽤 나지 않나요? 경영하는 회사 규모도 차이가 있고요."

"퇴계와 고봉보다는 적지만 잭 웰치가 1935년생이었고, 스콧 맥닐리가 1954년생이었으니까 나이 차이가 꽤 나는 편이었죠. 기업 규모 역시 당시 GE는 시가 총액만 600조 원에 임직원수 20만 명 이상을 자랑하는 엄청난 회사였죠. 그러나 배움의 관계가 겉으로 보이는 나이 차이나, 외형적인 모습만으로 결정되는 것은 아닙니다."

실제로 기업 경영 전반에 걸친 문제에 대해서는 잭 웰치가 스콧 맥닐리의 스승이 되어 주었지만, IT 분야나 신기술 부분에 대해서는 거꾸로 맥닐리가 잭 웰치의 스승 역할을 했다고 한다.

장 대리는 정면을 주시한 채 깊은 생각에 빠져 있었다. 잠깐 동안의 정적이 흘렀다. 잠시 숨을 고른 신 차장은 덮어 두었던 『중용』을 다시 펼쳤다.

"자, 일단 왔으니 오늘까지는 같이 공부를 해야겠지요? 27장을 펴 봅시다. 원래는 내일 읽으려던 장이었는데, 오늘 읽는 것이 더 낫겠다 싶어 순서를 바꿨습니다."

그러고는 원문을 읽기 시작했다. 평상시와는 달리 장 대리는 따라 읽지 않았다. 그러거나 말거나 신 차장은 원문을 다 읽고 해석한 설명까지 일사천리로 마쳤다.

"오늘 읽은 『중용』 27장에도 쓰여 있지만, 진정한 군자, 제대로 된 학자는 세상이 얼마나 넓고, 그 안에서 공부해야 할 것들이 얼마나 많은지를 깨달은 사람들이었습니다. 때문에 그들은 죽을 때까지 자기 자신의 학문을 다 이뤘다고 말하지 않았고, 그 학문의 깊이를 더 해 나가기 위해 세상 모든 이의 제자가 되어 그로부터 배우기를 부끄러워하지 않았던 것입니다."

신 차장도 할 말이 많은 듯했다. 장 대리가 고개를 푹 숙인 채 아무런 대꾸도, 반응도 하지 않고 있음에도 이야기는 그칠 줄을 몰랐다.

"인류의 성인이자 대 스승이라고 불리는 공자조차도 자신의 제자로부터 배웠다고 고백하는 마당에, 장 대리가 신 차장이라는 사람과 함께 공부하는 것이 무슨 흉이 되겠습니까?"

그럼에도 장 대리의 반응은 별 다를 바가 없었다. 신 차장은 『중용』을 덮고 문을 열고 나가며 마지막으로 말했다.

"어찌되었든, 결국 모든 것은 장 대리가 결정하기에 달렸습니다. 나는 내일 아침에도 여전히 7시 정각이 되면 이곳에 『중용』을 펼쳐 놓고 앉아 있을 것이고, 저 문을 열지, 말지는 장 대리에게 달려 있지요. 마음 편히 생각하세요."

10
【배려】

제대로 된 리더십은
보이지 않으나 날로 밝아진다

君子之道 闇然而日章

『시경』「위풍威風」의 '석인碩人' 편에 이르기를 "비단옷을 입고 오히려 홑옷을 입었네"●라 하였으니 성인, 군자들은 자신들의 잘난 모습이 과도하게 드러남을 싫어해서 그리한 것이었습니다. 그러므로 군자의 도는 (얼핏보면) 어두운 듯하나 날로 빛나고, 소인의 도는 또렷한 듯하지만 날이 갈수록 사라지나니, 군자의 도는 담박하면서도 사람들이 싫어하지 않으며, 간략하면서도 쓰는 글 한 글자 한 글자, 하는 말 한마디마다 아름다움이 있고, 온화하면서도 조리가 있으니, 먼 것도 가까운 것으로부터임을 알며, 바람이 불어오는 곳도 결국 스스로부터임을 알며, 작고 숨겨져 있는 것들도 결국에는 드러나게 되어 있는 것을 안다면, 가히 더불어 덕에 들어갈 수 있을 것입니다. 『시경』「소아小雅」의 '정월

● 원래의 시는 '비단옷을 입고 홑옷을 덧입으셨네(衣錦裳衣).'

正月' 편에 이르기를 "물속에 잠겨서 비록 엎드려 있으나 너무도 뚜렷하게 드러나네"라 하였으니 군자는 자기 내면부터 살피되 부끄러움이 없고 미워함 역시 없으니, 군자가 미치지 못하는 것은 우리 같은 일반 사람들의 눈으로는 보지 못할 그런 경지의 것들 정도밖에 없을 것입니다. 『시경』「대아大雅」의 '억抑' 편에 이르기를 "그대가 집 안에 있는 것을 보니, 방의 어두운 구석에서도 오히려 부끄러울 바가 없더라"라고 했습니다. 이처럼 군자는 움직이지 않아도 공경을 받고, 굳이 말하지 않아도 믿음을 받는 법이며, 또한 『시경』「상송商頌」의 '열조烈祖' 편에 이르기를 "신에게 나아가 빌 때, 굳이 이런저런 말을 하지 않고 주문도 외우지 않는다[그리해도 백성들이 별 불만 없이 그를 믿고 따르며, 그에게 제사(권력)를 맡기네]●"라고 했습니다. 그러므로 군자는 다스릴 때에 상을 남발하지 않아도 백성들이 스스로 서로에게 선함을 권유하며, 노하지 않아도 백성들이 그의 말을 무서운 형벌보다도 훨씬 더 두려워하는 것입니다. 『시경』「주송周頌」의 '열문烈文' 편에 이르기를 "감춰져서 드러나지도 않은 덕이건만, 천하의 모든 제후들이 그를 본받는도다"라고 하였는데, 그런고로 군자는 굳이 드러내 알리려 하지 않고, 독실함과 공경함만 잃지 않아도 천하가 평정되는 것입니다. 『시경』「대아大雅」의 '황의皇矣' 편에 이르기를 "내가 간직한 밝은 덕은 큰 소리나 빛으로 드러나는 것이 아니다"라 하였으니 때문에 공자께서는 "소리나 모습 같은 드러나는 외양은 실상 백성들을 교화하는 데 있어서 대단치 않은 (별로 그다지 효과가 없는) 것이다"라고 하신 것입니다. 마지막으로 『시경』「대아大雅」의 '증민烝民' 편에는 이런 글이 적혀 있습니다. "덕은 작

● 원래의 시는 다음과 같다. '신령의 강림하심을 말없이 빌고, 시국에 대해서도 다투는 일이 없네(鬷假無言, 時靡有爭).'

은 솜털처럼 가볍네." 즉 털이라면 오히려 비교라도 할 수 있지만, 하늘의 일은 소리도, 냄새도 없이 지극하기만 한 것입니다.

－『중용』제33장

詩曰 衣錦尙絅이라 하니 惡其文之著也라 故로 君子之道는 闇然而
시왈 의금상경   오기문지저야   고   군자지도는 암연이

日章하고 小人之道는 的然而日亡하나니 君子之道는 淡而不厭하
일장   소인지도   적연이일망   군자지도   담이불염

며 簡而文하며 溫而理니 知遠之近하며 知風之自하며 知微之顯이
  간이문   온이리   지원지근   지풍지자   지미지현

면 可與入德矣리라. 詩云 潛雖伏矣나 亦孔之昭라 하니 故로 君子
  가여입덕의   시운 잠수복의   역공지소   고   군자

는 內省不疚하여 無惡於志하나니 君子之所不可及者는 其唯人之
  내성불구   무오어지   군자지소불가급자   기유인지

所不見乎인저. 詩云 相在爾室한대 尙不愧于屋漏라 하니 故로 君子
소불견호   시운 상재이실   상불괴우옥루   고   군자

는 不動而敬하며 不言而信이니라. 詩曰 奏假(格)無言에 時靡有爭이
  부동이경   불언이신   시왈 주격   무언   시미유쟁이

라 하니 是故로 君子는 不賞而民勸하며 不怒而民威於鈇鉞이니라.
       시고 군자   불상이민권   불노이민위어부월

詩曰 不顯惟德을 百辟其刑之라 하니 是故로 君子는 篤恭而天下平
시왈 불현유덕   백벽기형지   시고 군자   독공이천하평

이니라. 詩云 予懷明德의 不大聲以色이라 하여늘 子曰 聲色之於以
     시운 여회명덕   부대성이색   자왈 성색지어이

化民에 末也라 하시니라 詩云 德輶如毛라 하나 毛猶有倫하니 上天
화민   말야   시운 덕유여모   모유유륜   상천

之載 無聲無臭아 至矣니라.
지재 무성무취   지의

"아 진짜……."

장 대리는 언제 '공부를 그만두겠다'고 선포했었느냐는 듯 아무렇지도 않게 직원 고충 상담실 문을 열고 들어왔다. 신 차장 역시 '공부 다시 하는 건가요?' 따위의 질문은 하지 않았다. 그저 늘 그랬듯이 장 대리가 스스로 이야기를 꺼내 놓을 때까지 마냥 기다리고만 있었다. 그 기다림의 시간은 역시 채 15초가 걸리지 않았다.

"차장님, 새로 오신 저희 팀장님 잘 아시죠? 차장님 입사하실 때 사수였다고 하던데."

"송 부장님 말씀이시죠? 잘 알죠. 바로 위 고참으로 모시고 3년을 꼬박 함께 일했으니까요."

그러자 장 대리는 잘됐다는 표정으로 의자를 바짝 앞으로 당기며 물었다.

"그런데 그분 도대체 왜 그러시는 거예요? 완전 꼴통에 사이코 같아요."

장 대리는 자기 입으로 '송 부장'이라는 단어를 말해 놓고는 '송 부장'이라는 말만 들어도 분을 못 참겠다는 듯 치를 떨었다. 신 차장은 그 사정을 알 만하다는 표정으로 장 대리가 그 뒤로도 5분 넘게 송 부장의 '만행'과 장 대리 자신에게 어떻게 대했는지를 온갖 수식어와 몸짓을 섞어가며 전하려 노력하는 모습을 지켜보고만 있었다.

흥분한 장 대리도 그랬지만 신 차장 역시 『중용』 책은 펼쳐 놓지도 않은 채였다. 여전히 장 대리는 '『중용』을 공부할 마음이 없다'는 듯 '송 부장의 악행'에 대한 험담을 늘어놓기 바빴다. 송 부장을 잘 아는 신 차장 역시 충분히 공감할 만한 내용이었다. 물론 장 대리에게 내색은 하지 않았지만……

"무슨 콤플렉스가 있는지, 자기 빼놓고 부서원들끼리 차 한잔만 마시고 와도 생난리가 나요."

"자기는 위 고참들한테 버릇없이 굴면서, 저희보고는 예의를 깍듯이 챙기라 그러고요."

"자기 일 안 풀리면 신경질을 어찌나 부리던지……."

"뭐 하나 그냥 넘어가는 법이 없어요. 꼭 딴지를 걸던지 말을 덧대려고 안달이 났어요. 자기 존재감을 부각시키려고 난리죠."

"어제만 하더라도 자기 회의 마치고 나올 때까지 대기하고 있으라 해서 저녁도 못 먹고 9시까지 기다렸는데, 자기는 회의 참석자들이랑 밥 먹으러 나갔다가 그 길로 퇴근해 버렸더라고요."

한참을 퍼붓고 나니 이제 좀 분이 풀렸는지 장 대리는 진정을 하는 듯했다. 그 틈을 타 신 차장은 『중용』의 맨 뒷부분을 펼쳐 읽기 시작했다. 33장이었다. 장 대리 역시 오늘은 예전처럼 신 차장이 읽는 소리를 따라서 읽었다. 읽기를 마친 신 차장은 바로 설명을 이어 갔다. 다시 또 장 대리가 송 부장의 험담을 늘어놓을 타이밍을 주지 않기 위해서였다.

"33장에 나오는 '衣錦尙絅(의금상경)'이라는 글귀는 제가 『중용』 서른세 장 전체에서 가장 좋아하는 글귀입니다. '비단 옷을 입고도 그 위에 얇은 홑치마를 덧입는다'는 뜻입니다."

"아니, 예뻐 보이려고 그 비싼 돈을 들여 비단옷을 사 입어 놓고 왜 구태여 치마로 가리는 거죠?"

"본질적인 가치는 추구하되, 그것이 너무 두드러져서 겉모습에만 치중한 것처럼 보이는 일을 염려했기 때문입니다."

"최근 빈발하고 있는 증오 범죄 또는 질투 범죄 등을 걱정해서였던 것은 아닐까요?"

장 대리는 조금 엉뚱하게도 범죄 얘기를 갖다 붙였다. 그러나 신 차장은 결코 그를 무시하지 않았다.

"정확하지는 않지만 일리 있는 생각입니다. 내가 가진 것을 지나치게 앞세우다 보면, 그를 원하지만 가지지는 못한 다른 사람들은 상실감과 아쉬움에 빠져들게 됩니다. 그것이 지나치게 되면 '가진 자에 대한 질투' 또는 '복수'까지 생각하게 되는 거죠. 상대방이 그렇게 되지 않도록 자기 스스로를 살피고 조심해야 한다는 것을 말씀하고 있는 게 바로 중용 33장의 말씀입니다."

"정말 '성인군자가 따로 없다'는 말이 괜한 말이 아니로군요. 남들에게 보이는 부분까지 배려해야 한다니. 요즘 같은 자기 PR 시대에는 별로 인기 없을 멘트네요."

신 차장은 긍정도 부정도 하지 않은 채 묘한 웃음을 지으며 말했다.

"보이는 부분에만 집착하는 것에 대한 경계는 과거의 스승, 우리 조상들이 전하는 가르침의 근간이었습니다."

그러더니 계속 이야기를 이어 갔다.

"아까 송 부장님에 대해 말씀하셨죠? 한때지만 제가 선배로 모셨던 분이라서 그분에 대해 직접적으로 말씀드리기는 조금 그렇고……."

'역시나' 싶었다. 장 대리가 보기에 신 차장은 다른 것은 다 좋은데 너무 중간만을 취하려는 점이 아쉬웠다. 속에 애늙은이 수십 명은 들어찬 것처럼, '이것도 나름 좋다, 저것도 나름 의미가 있다'는 식이었다. 한참을 그런 생각을 하고 있는데, 신 차장이 한문 문장을 읊는 소리가 들려왔다.

太上不知有之 其次親而譽之 其次畏之 其次侮之 信不足焉 有不信
태 상 부 지 유 지 기 차 친 이 예 지 기 차 외 지 기 차 모 지 신 부 족 언 유 불 신

焉 悠兮其貴言 功成事遂 百姓皆謂我自然
언 유 혜 기 귀 언 공 성 사 수 백 성 개 위 아 자 연

당연히 장 대리의 귀에는 중화권 스타가 중국 노래를 부르는 소리처럼 들렸다. 그런 장 대리를 배려해서 신 차장은 곧바로 한글로 그 뜻을 이야기해 주었다.

> 가장 훌륭한 지도자는 사람들에게 그 존재 정도만 알려진 지도자이고, 그다음은 사람들이 가까이하고 칭찬하는 지도자이며, 그다음은 사람들이 두려워하는 지도자이고, 가장 좋지 못한 것은 사람들의 업신여김을 받는 지도자이다. 지도자에게 신의가 모자라면 사람들의 불신이 따르게 된다. 훌륭한 지도자는 말을 삼가고 아낀다. 지도자가 할 일을 다 하여 모든 일이 잘 이루어지면, 사람들은 말하기를 '이 모두가 우리에게 저절로 된 것이다'라고 할 것이다.

"노자의 『도덕경』 제17장에 나오는 말씀입니다. 오늘 읽은 33장의 말미에도 이와 비슷한 의미의 문구가 나옵니다."

"혹시, '上天之載 無聲無臭 至矣(상천지재 무성무취 지의)'인가요?"

"네, 맞습니다. '하늘의 일은 소리도, 냄새도 없이 지극하기만 한 것이다'라는 뜻의 구절이죠. 이치가 통하고 올바른 길을 걸어가는 무릇 바른 지도자라면 존재하지 않는 듯하면서도 그가 있음으로 해서 조직이 저절로 잘 움직이는 그런 지도자여야 한다는 말이죠. 송 부장이 이중에 어떤 지도자인지는 장 대리도 잘 살펴보면 알 테니 그걸로 갈음하겠습니다."

장 대리는 송 부장이 어떤 리더일지 생각해 보았다.

'조직을 저절로 잘되게 만드는 지도자일까?'

그건 아닌 것 같았다. 늘 나서서 드러나기를 좋아했고, 자신의 이름을 앞세우기를 원했으며, 자신에 대한 의전에 지나칠 정도로 관심이 많았다. 적어도 가장 훌륭하거나 그 바로 다음의 지도자는 아닌 듯했다. 그때였다.

'衣錦尙絅(의금상경)!'

그는 왜 신 차장이 오늘 송 부장에 대한 자신의 푸념을 듣자마자 『중용』 33장을 읽기 시작했는지, 송부장의 험담에 동참해 달라는 자신에게 왜 노자의 『도덕경』 17장을 읊어 주었는지가 이해되었다.

"진정한 지도자라면 마땅히 속에 비단옷을 입더라도 겉으로 홑치마를 입어 지나치게 자신의 드러남을 경계해야 하는 거로군요!"

"그렇습니다. 혹시 장 대리 수프 좋아합니까?"

'이런!'

신 차장은 또 엉뚱한 이야기를 꺼냈다. 이러면 또 말려들어 가게 되어 있다. 이럴 때는 일부러 엇나가는 수밖에 없었다.

"아니요, 싫어하는데요. 저는 국물 요리는 다 싫어합니다."

"며칠 전 도시락에 들어 있는 된장국을 홀홀 마시기에 국물 요리는 좋아하는 줄 알았는데……."

'아차!'

그러거나 말거나 신 차장의 이야기는 계속되었다. 어차피 장 대리가 수프를 좋아하든 싫어하든 그건 별로 중요한 문제가 아닌 듯했다.

"그럼 캠벨 수프 컴퍼니(Campbell Soup Company, 이하 '캠벨')라는 회사는 잘 모르겠군요."

이실직고하는 수밖에 없었다.

"아니요…… 잘 알아요. 마트에 가면 쌓여 있는 빨간색 캔 수프를 만드는 회사를 말씀하시는 거죠? 제가 어릴 때 외삼촌이 미제 물건을 떼다 파는 일명 '남대문 도깨비 시장'에서 장사를 하셔서 많이 가져다 먹었죠."

"그랬군요. 캠벨은 1869년에 설립된 세계 최대의 캔 수프 제조 회사이자 미국의 대표적인 식품 기업이었죠."

"100년도 훌쩍 넘은 회사였군요."

"네. 역사만 오래된 것이 아니라, 몇 조 단위의 매출과 수천 억 원대의 영업이익을 내는 초우량 기업 가운데 한 곳이었습니다."

"네? '이었습니다'라뇨? 왜 과거형이죠? 캠벨이 망하기라도 한 건가요?"

"비슷합니다. 망하지는 않았지만, 망할 뻔했습니다."

이어지는 신 차장의 설명에 따르면, 캠벨은 오랜 기간 승승장구해 오면서 내부 구성원들 사이에 '우리 회사는 절대로 망하지 않는다'라는 보이지 않는 일종의 '공통된 맹목적 믿음'이 있었다고 한다. 그래서 경쟁자들은 하루가 다르게 신제품을 만들어 내며 변해 가는 고객의 입맛에 맞추기 위해 노력했지만, 캠벨은 그렇게 하지 않았다. 모두들 이제까지 해오던 방식만을 고집해서 전례에 따라 매뉴얼에만 의존해, 지난 수십 년간 만들어 온 제품들을 그대로 만들어 파는 것 정도에 만족했다고 한다. 그러다 보니 2001년도에 갤럽이 「미국 포춘Fortune」 500대 기업의 임직원들을 대상으로 실시한 '업무 몰입도 조사(Job Satisfaction Survey)'에서 캠벨은 전체 조사 대상 중 거의 꼴등을 차지하고 말았다. 덕분에 1999년도 대비 2000년도 캠벨의 시가총액은 50퍼센트 가까이 폭락했으며, 한때 풍요로운 미국 가정의 식탁을 상징하던 캠벨의 브랜드 이미지는 늙고, 나태한 회사가 만든 대량 생산 식품의 이미지로 굳어 버렸다.

"그때 등장한 리더가 바로 더글러스 코넌트였습니다. 그는 CEO로 부임해 채 10년도 안 되는 기간만에 늙고 병들어 가는 캠벨을 완벽하게 부활시켰습니다."

"카리스마 넘치는 리더였나 보군요? 구조 조정에, 사업 개편에 칼날을 마구 휘둘렀나 보죠?"

"아니요. 그 반대였습니다. 그는 그다지 카리스마 넘치는 그런 리더는 아니었습니다."

계속되는 신 차장의 설명에 따르면 더글러스 코넌트는 용장勇將이라기 보다는 덕장德將에 가까웠다고 한다.

"매일 아침 출근하면 그는 운동화로 갈아 신고 오전 내내 본사 사무실 내부를 돌아다녔다고 해요."

"일에 몰두하고 있는지, 딴짓하고 있는 것은 아닌지 감시했나 보군요. 사장부터 솔선수범해서."

"아니요. 코넌트는 사무실을 돌아다니며 직원들을 감시하기보다는 그들이 일을 하는 데 있어서 어떤 부분을 어렵고 힘들어 하는지, CEO로서 자신이 도와줘야 할 부분이 무엇인지를 묻고 다녔다고 하죠."

"에이, 그게 감시죠."

"물론, 받아들이는 직원들 입장에서 일부는 그렇게 느낀 사람들도 있을지 모르지만, 그건 아니었다고 합니다. 그와 동시에 그는 날마다 열 통에서 스무 통씩, 재임 기간을 통틀어서 3만 명에 달하는 직원들에게 편지를 보냈다고 합니다."

"네? 3만 명이요?"

"네, 3만 명에게. 그것도 자필로 써서 보냈다고 하죠."

"대단하군요."

물론, 이후 조직이 어느 정도 안정되자 코넌트 역시 대규모의 구조 조정과 사업 구조 개편을 진행했다고 한다. 하지만 <u>그가 창업 130여 년 만에 맞이한 초유의 위기 상황을 극복하고 다시금 캠벨이 과거의 영광을 되찾게끔 이끌어 낸 것은 그가 입만 열면 강조했던 '사람들에게 따뜻한</u>

마음을(tender hearted with people)'이었다. 리더의 자리에 군림하며 지시와 명령을 내리고 잘하고 있는지 보고를 받는 것이 아니라, 구성원의 가장 가까운 곳까지 다가가서 어떻게 하면 그들이 가장 쉽고 편하게 일할 수 있는지 함께 고민하고 그것을 해결하기 위해 함께 머리를 맞대고 고민하는 모습을 통해 그는 진정한 리더십을 발휘할 수 있었고, 그런 그의 리더십 아래 캠벨은 위기를 극복하고 과거의 영광을 되찾을 수가 있었다.

"이제 앞으로 장 대리님도 진급하시고, 리더도 되셔야 할 텐데, 그 때 어떤 리더가 될지 지금부터 슬슬 생각을 해 두셔야 할 겁니다. 훌륭한 리더란 임명장을 받는다고 해서 하루아침에 뚝딱 만들어지는 것이 아니니까요."

장 대리는 다시 한 번 송 부장의 얼굴을 떠올렸다. 어제 회의 시간에는 자기가 내용 파악도 제대로 안 해 놓고서는 멀쩡히 보고 잘하고 자리에 앉아 있던 박 차장을 모두가 있는 자리에서 10분간 엄청나게 질타하기까지 했다. 10여 명의 후배 앞에서 면박을 당한 박 차장은 얼굴이 흑색으로 변했다. 어제의 일을 떠올리자 다시 한 번 오늘 읽은 『중용』의 구절이 떠올랐다.

'衣錦尙絅(의금상경)…… 비단옷을 입고 그 위에 홑치마를 덧입는다라……'

송 부장은 비단옷을 입는 호사를 누리고만 싶었지, 그 위에 홑치마를 덧입어 자신을 절제하고 상대를 배려하는 모습은 배우지 못한 듯했다. 그런데 송부장만 탓할 게 아니었다. 어찌 보면 장 대리 역시 지금까지 '어떻게 하면 비단옷을 빨리 입을 수 있을까?'에만 몰두해서 그 위에 홑치마를 덧입는 제대로 된 리더가 될 생각은 하지 못했던 것 같았다. 지금부터라도 그를 위한 마음공부를 좀 더 열심히, 제대로 해야겠다는 생각을 하느라 어느새 머릿속에서 송 부장에 대한 짜증과 염려는 조금씩 사라져 버리고 말았다.

11

【절차】

질서를 세우지 않고
일이 성사되길 바라지 마라

善繼人之志 先述人之事者也

공자께서 말씀하셨습니다. "무왕과 주공은 아마도 언제 어느 곳에서라도 통할 만한 대단한 효심을 갖춘 효자였을 것이다. 무릇 '효'라는 것은 부모(를 포함한 윗사람)의 뜻을 잘 이어받되, 거기서 그치지 않고 그 이어받은 뜻을 잘 펼쳐 가는 것이다. 봄과 가을에 선조의 사당을 수리하고, 제사 때면 집안 대대로 내려오는 가보들을 잘 정리해서 진열하며, 조상이 입던 의복을 신위 옆에 잘 펼쳐 놓고, 그 계절에 나온 신선한 음식을 제사상에 올리는 이런 것들 역시 '효'의 일환이었다. 종묘의 제례는 친분의 가깝고 먼 정도를 정하고, 나이 든 이와 젊은이 사이의 차례를 정하려고 하는 것이니, 벼슬로 차례를 정하는 것은 귀하고 천함을 분별하기 위한 것이고, 맡은 바의 일로 차례를 정하는 것은 현명하고 어질은 이를 분별하기 위한 것이었다. 제사를 지내고 음복飮福 등을 할 때 나이가 많거나 무리 가운데 존경을 받는 어른이 제사에 참석한 아랫사람들에게 일일이 술을 따라 주며 그들을 높여 대하는 것은 그 마음 씀씀이가 천한 사람에게도 미치게 하기 위한 것이고, 이후에 술과 음식을 나눌 때 머리털의 색깔을 따져 연장자를 우대하는 것은 나이의 차례를 세우려는 뜻이다. 선조가 머물렀던 자리에 올라, 그가 행했던 바로 그 예를 실천하고, 그가 즐겼던 음악을 연주하며, 그가 존경하던 이를 존경하고, 친애했던 것들을 사랑하며, 죽은 이를 산 사람처럼 섬기고, 없는 이를 있는 이 섬기듯 하는 것이 지극한 '효'이다. 하늘과 땅에 지내는 제사는 상제(신, 귀신, 우주의 섭리 등)를 섬기는 것이고, 종묘에 제사를 지내는 것은 선조를 섬기려 하는 것이니 그 각각의 제사를 지내는 대상과 이유, 방법 등에 밝으면 나라를 다스리는 것쯤은 이 손바닥 보는 것만큼 쉽고 또 간단할 것이다."

-『중용』제19장

子曰 武王周公은 其達孝矣乎신저. 夫孝者는 善繼人之志하며 善述
자 왈 무 왕 주 공   기 달 효 의 호   부 효 자   선 계 인 지 지   선 술

人之事者也니라. 春秋에 修其祖廟하며 陳其宗器하며 設其裳衣하
인 지 사 자 야   춘 추   수 기 조 묘   진 기 종 기   설 기 상 의

며 薦其時食이니라. 宗廟之禮는 所以序昭穆也요 序爵은 所以辨貴
천 기 시 식   종 묘 지 례   소 이 서 소 목 야   서 작   소 이 변 귀

賤也요 序事는 所以辨賢也요 旅酬에 下爲上은 所以逮賤也요 燕毛
천 야   서 사   소 이 변 현 야   여 수   하 위 상   소 이 체 천 야   연 모

는 所以序齒也니라. 踐其位하여 行其禮하며 奏其樂하며 敬其所尊
소 이 서 치 야   천 기 위   행 기 례   주 기 악   경 기 소 존

하며 愛其所親하며 事死如事生하며 事亡如事存이 孝之至也니라.
애 기 소 친   사 사 여 사 생   사 망 여 사 존   효 지 지 야

郊社之禮는 所以事上帝也요 宗廟之禮는 所以祀乎其先也니 明乎
교 사 지 례   소 이 사 상 제 야   종 묘 지 례   소 이 사 호 기 선 야   명 호

郊社之禮와 禘嘗之義면 治國은 其如示諸掌乎인저.
교 사 지 례   체 상 지 의   치 국   기 여 시 저 장 호

"복장이 자유롭네요. 오늘 어디 가나요?"

문을 열고 들어서는 장 대리는 평상시의 정장 차림이 아닌 편한 면바지에 남방을 걸친 모습이었다.

"네. 사실 오늘 휴가거든요."

"휴가요? 그럼 미리 말했으면 오늘 하루는 책 읽기를 쉴 걸 그랬습니다."

"아닙니다. 볼일은 저녁에 있는데, 오고 가는 시간이 걸릴 것 같아서 휴가를 낸 거라 공부 마치고 출발하면 됩니다."

장 대리의 말에 신 차장은 기분이 무척이나 좋아졌다. 중간중간 위태로운 때도 많았지만, 이제는 어느 정도 공부가 자리를 잡았다는 생각이 들어서였다.

"어디 가까운 데 여행이라도 가나요?"

"아니요. 다른 곳에 모셨던 선대 할아버지들 산소를 선산으로 이장한다고 해서요. 아이, 귀찮은데……."

"귀찮더라도 중요한 집안 행사인데 가 봐야지요."

"알아요, 저도 알죠. 그래도 귀찮은 것만큼은 어쩔 수 없네요. 우리나라는 왜 하필 유교를 믿어서 이렇게 귀찮게 사는 걸까요? 지켜야 할 것도 많고……."

"자, 책을 펍시다. 오늘은 19장입니다."

신 차장은 장 대리의 푸념이 길어지기 전에 얼른 『중용』 읽기를 시작했다. 읽기를 마치고 한 문장씩 해석까지 마쳤음에도 장 대리의 푸념은 계속 이어졌다.

"여기도 구구절절 적혀 있네요. 봄과 가을에 선조 사당을 수리하고, 종기를 진열하고, 옷을 진설하고, 계절 음식을 차려 놓고…… 뭐가 이리 복잡한 걸까요? 거기에 선조가 제사 지내던 자리에 그대로 똑같이 서서 예를 행하며, 음악을 연주하며, 높이신 바를 공경하며, 친애했던 것들을 사랑하며, 죽은 이, 없는 이 섬기기를 살아 있는 이, 있는 이 섬기듯 하라니 이게 도대체 사람이 할 노릇인가요? 왜 유교를 믿는 선조들은 후손들을 귀찮게 하지 못해서 안달이 난 것일까요?"

장 대리는 방금 읽은 19장의 내용을 그대로 인용해 가며 투덜거렸다. 아마도 시골에 내려가기가 싫기는 어지간히 싫은 모양이었다.

"맞습니다. 유학은 절차와 법도의 학문이기도 하지요. 하지만 또 달리 보면……."

"달리 보면요?"

"참, 배려심이 깊은 학문이기도 합니다."

"어떤 점이 그렇죠?"

"장 대리는 운전면허가 있나요?"

'이런, 이런. 또 갑자기 운전면허증은 왜요? 엉뚱하게!'

이러면 신 차장의 페이스에 일방적으로 말려들어 가게 된다. 하지만 별 뾰족한 수도 없었기에 적극적으로 '말려들어' 가기로 했다.

"있죠. 그것도 1종 보통이요!"

"자동차를 운전할 때 가장 중요한 것 중에 하나가 신호를 지키는 것과 방향지시등, 우리가 흔히 쓰는 말로 '깜빡이'를 잘 사용하는 것입니다."

"당연히 그렇죠."

"그럼, 왜 그런 걸까요?"

'그놈의 왜!'

장 대리는 자신이 운전할 때를 생각해 보며, 왜 신호등과 방향지시등을 잘 지키고 잘 써야 하는지를 생각해 보았다. 그다지 어려운 질문은 아니었다.

"그야, 사고 나지 않기 위해서죠."

"맞네요. 그렇겠네요."

'어라?'

장 대리는 뜻밖에 신 차장이 너무나도 순순히 '맞다'고 해 주니 오히려 어안이 벙벙했다. '뭐야, 고작 이런 간단한 답을 바라고 질문한 거였어?' 하는 기분도 들었다. 그러나 신 차장의 질문은 거기서 끝이 아니었다.

"그럼, 질문을 바꿔서 해 볼게요. 왜 신호를 지키지 않거나, 방향지시등을 제대로 쓰지 않으면 사고가 나는 걸까요?"

"그야……."

장 대리는 쉽게 대답하지 못했다. 뭔가 머릿속에 드는 생각은 있는데 그걸 말로 정리하기가 어려웠다. 잠시 답을 찾기 위해 괴로워하던 장 대리는 마치 복싱 링사이드에서 기권의 의미로 수건을 던지는 세컨들처럼 손에 들고 있던 펜을 탁자 가운데로 툭 던졌다.

"아! 모르겠어요."

신 차장은 미소를 띤 얼굴로 테이블 한가운데까지 굴러간 펜을 다시 집어 들어 장 대리의 가슴팍 주머니에 가지런히 꽂아 주며 말했다.

"저마다 '운전에 대한 생각이 다 달라서' 그렇습니다. 어떤 운전자는 이번에는 내가 가는 것이 맞다고 생각하는 반면에 반대쪽에서 오는 또 다른 운전자는 이번이 내 순서라고 생각하다 보니 신호등이나 표지판 같은 게 두 사람의 관계를 정리해 주지 않으면 사고가 나 버리는 거겠죠. 깜빡이 역시 마찬가지입니다. 뒤에서 차가 빠른 속도로 달려오니 '내가 비켜 주면 되겠다' 싶어서 차선을 바꾸는데, 뒤에서 오는 차는 '내 차 속도가 더 빠르고 바빠서 서둘러 가야 하니 앞차를 피해서 앞질러 가야겠다'라고 생각해서 차선을 바꾼다는 것이 앞차와 같은 쪽 차선이면 추돌사고가 나는 거겠죠."

"'운전에 대한 생각이 다르다'라……."

이쯤에서 질문이 끝날 줄 알았는데, 신 차장은 그럴 마음이 없었다.

"그러면, 운전에 대한 생각만 다를까요?"

당연히 아닐 것이다. 신 차장의 답 역시 그랬다.

"당연히 아닐 것입니다. 같은 것을 바라보아도 사람들은 저마다 다 제각각 생각을 하도록 되어 있는 존재들입니다."

"맞아요. 동기들 네 명과 차를 타고 가다 주유소에 들렀는데, 인상된 기름 값이 적힌 같은 가격표를 보면서도 네 명이 다 다른 생각을 하더라고요. 구매팀 동기는 다음 분기 구매단가 조절을 생각하고, 재경팀 동기는 회사 단기대출 이자율 조정에 대해 생각하고, 저는 주유소의 판매단가와 가격경쟁력의 관계에 대해 생각했죠. 물론, 차 주인이었던 동기는 오로지 기름값이 너무 비싸다며 투덜거렸지만요."

"좋은 예입니다. 아무튼, 그렇기 때문에 운전보다도 더 복잡한 인생사에 대한 제각각의 생각들을 어느 정도 가다듬어 주고 질서를 잡아 줄 것들이 필요합니다. 그것이 바로 공경하는 예물이나 예식을 뜻하는 '예禮', 거동, 법도 또는 본보기를 뜻하는 '의儀', 관습이나 일반적인 보통의 상식을 뜻하는 '범凡' 그리고 마지막으로 풍류, 가락, 박자를 뜻하는 '절節', 이렇게 네 글자를 합친 '예의범절'이 생겨난 이유입니다."

"하지만 아무리 그렇다고 해도 우리나라는 너무 지나치게 그 '예의범절'을 따지는 것 같아요. 숨이 막힐 지경이라고요. 게다가 너무 아랫사람에게만 그 '예의범절'을 지킬 것을 강요하잖아요. 마치 운전을 하는데 고급 세단, 대형 트럭들은 신호를 어기면서 소형차, 젊은 운전자들에게만 깜빡이를 켜고, 교통신호를 철저하게 지키라고 강요하는 것과 다를 바가 없다고요!"

"일리가 있는 말이에요. 앞서 퇴계와 고봉에 대해 이야기할 때도 말했지만, 옛사람들은 오히려 아랫사람이나 젊은 여성은 물론 어린아이에게도 함부로 대하지 않았습니다. 더 예의를 갖춰 대했지요. 그랬던 것이 구한말 이후 이상하게 왜곡돼, 마치 조선시대가 '장유유서長幼有序'만을 강조했던 융통성 하나 없고, 위계와 서열에 목숨 걸었던 숨 막히는 암흑시대였던 것처럼 여겨지게 되었지요."

설명을 듣긴 했지만, 장 대리는 별로 수긍하는 표정이 아니었다. 신 차장 역시 그런 장 대리에게 억지로 자신의 생각을 강요하려 하지 않았다. 언젠가는 이해하게 될 것이라는 표정이었다.

"자, 다시 『중용』 문장으로 돌아갑시다."

신 차장은 수업을 계속 이어 나갔다.

"오늘 읽은 19장의 중간 이후 내용 때문에 얘기가 잠깐 다른 데로 흘렀는데, 실제 이 19장에서 가장 눈여겨 봐야 할 부분은 두 번째 문장인 '夫孝者(부효자) 善繼人之志(선계인지지) 善述人之事者也(선술인지사자야)'입니다. 장 대리는 효도가 뭐라고 생각하나요?"

"그야, 부모님 말씀 잘 듣고, 편안히 잘 모시는 거죠."

"맞습니다. 19장에서 말하는 효 역시 그렇습니다. '뜻을 잘 받들어 잇고, 그 뜻을 널리 펴는 것.' 그런데 문제는 그 대상이 '부모'에 국한되지 않는다는 것입니다."

"그러면요?"

"'사람'입니다. 『중용』 19장에서 효도는 '사람의 뜻을 잇고, 그 뜻을 잘 펼치는 것'이라고 말하고 있습니다."

"효도라면서요…… 말만 그렇게 했지, 여기서의 사람은 결국 부모를 말하는 것이 아닐까요?"

"아니요. 전후맥락을 살펴봤을 때도 일반적인 '사람'이 맞습니다. 결국, 그 뒤에 이어지는 여러 가지 복잡한 예의범절이 단순히 나보다 어른인 부모나 조상들을 잘 섬기기 위해 해야 할 것들을 말한다기보다는 나아닌 타인을 섬김에 있어서 여러 가지 복잡한 절차가 있음을 말해 줌과 동시에 마지막 문장, 즉 '明乎郊社之禮(명호교사지례) 禘嘗之義(체상지의) 治國(치국) 其如示諸掌乎(기여시저장호)'를 강조해 주는 역할을 하는 것이죠."

"그러면 어떻게 해석이 되는 건가요?"

"즉, '효라는 것은 다른 사람을 제대로 대하는 것이 그 근본인데, 그것은 굉장히 복잡한 절차와 방법을 따라야 한다. 그러나 그런 부분까지 세심하게 잘하면 나라를 다스리는 것은 손바닥 보는 것과 같이 쉬울 것이다.' 정도로 보면 되겠죠."

신 차장의 설명을 들은 장 대리는 19장의 문장을 다시 살펴보았다. 처음 읽을 때는 단순히 '부모를 공경해야 하고', 그러기 위해서는 '복잡한 요식행위를 다 챙겨야 한다'는 정도로 읽혔던 글이 새삼 다른 뜻으로 다가왔다.

"오늘 장 대리 아버님의 고향 선산에 내려가면 여러 어르신들을 뵙게 될 것이고, 그분들 중에는 장 대리와 전혀 다른 생각과 행동을 하는 분들도 있을 겁니다. 태어난 세대와 살아온 환경이 너무나 다른 분들이니까요. 하지만 훈련이라고 생각하세요. 그런 분들을 어떻게 대하고, 어떻게 배려하는지가 앞으로 더 큰일을 해야 할 장 대리에겐 훌륭한 연습의 기회가 될 것입니다. 그리고 그걸 잘한다면 나라를 다스리는 게 손바닥 보는 것과 같다고 하니, 회사 하나 다스리는 자리에 올라서게 되는 건 따논 당상일 겁니다."

듣고 보니, 오후의 귀향 스트레스가 조금은 가시는 것 같은 느낌이 들었다. 물론, 정작 닥치면 어떻게 될지 확신할 수 없었지만……. 8시가 거의 다 되어 장 대리는 책을 덮고 자리를 정리했다. 그러나 신 차장은 여전히 책을 펼쳐 놓은 채였다. 무언가 더 할 말이 있는 듯했다.

"우리가 공부한 지 얼마나 됐죠?"

역시 그러했다. 하지만 함께 공부한 지 열흘, 휴일까지 포함하면 2주 가까이 지내고 보니 신 차장이 물으면 답이 바로 나가지가 않았다. 뭔가 또 속셈이 있어서 묻는 것이 뻔했다. 그러나 또 답답한 것이 속셈이 있는 건 알겠는데, 그게 뭔지를 모르겠으니 속는 셈치고 질문에 곧이곧대로 답하는 수밖에 없었다.

"오늘로 11일째죠."

"그래요, 딱 열하루가 되었네요."

'어?'

이번에는 진짜로 그냥 대답을 듣기 위해 물은 듯했다.

"저는 오늘까지의 이 열하루를 '첫 번째 열하루'로 생각해요."

장 대리는 속으로 '그럼 그렇지!'라며 마치 자신이 퀴즈의 정답이라도 맞춘 듯 여겼다.

"이 첫 열하루 동안 우리는 『중용』이라는 고전을 통해 '사람'이라는 존재와 그 존재들 사이의 관계에 대해 함께 생각해 보았습니다."

장 대리는 그간 함께 읽어 온 『중용』 글귀들을 다시 한 번 머릿속으로 되짚어 보았다. 우여곡절도 많았지만, 그래도 나름 열심히 잘해 온 듯했다. 물론 아직까지도 '중용'이 무엇인지, 그것을 지키려면 어떻게 해야하는지 누가 묻는다면 자신 있게 대답하지는 못할 수준이었지만……

"그 열하루를 마치며 마지막으로 오늘은 사람 관계에서의 변하지 않는 교훈을 말씀드릴까 합니다."

말을 꺼내는 신 차장의 표정이, 뭔가 대단한 비결을 말해 줄 듯했다. 장 대리는 바짝 긴장해서 심각한 표정으로 신 차장의 입술을 바라보았다.

"따라야 따릅니다."

"에잉? 에?"

이건 실망 차원이 아니라, 맥이 탁 하고 풀리는 소리였다. '따라야 따른다'니? 말장난 같지도 않은 얘기에 장 대리는 짜증이 나기 일보 직전이었다. 그러나 신 차장은 농담을 하는 게 아니었다. 진지한 표정으로 설명을 계속 이어 나갔다.

"우리가 열하루 동안 읽은 『중용』의 내용들은 제각기 달랐지만 일관성 있게 우리에게 전하고자 하는 메시지가 있었습니다."

"어떤 메시지요?"

"사람은 홀로 절대적인 존재가 아니라, 다른 사람, 사회, 시대, 세계와의 상호작용 속에 의미를 부여받음으로 인해 존재감을 갖게 된다는 것입니다. 내가 혼자 리더인 것 같아도 부하 직원이 없으면 리더가 될 수 없고, 제자가 없으면 스승이 될 수 없으며, 적이 없으면 아군도 있을 수 없습니다. 그러기 위해서는 가장 중요한 것이 나 아닌 상대에 대한 인정과 존중입니다. 내가 먼저 그들을 인정하고 존중해야 그들도 나를 인정하고 존중하는 법입니다."

장 대리는 절로 고개를 끄덕거렸다. 신 차장의 이야기는 계속되었다.

그 어느 때보다도 강한 힘이 느껴졌다.

"리더가 되고 싶으면 상대를 먼저 리더로 만들어 주고, 강해지고 싶으면 먼저 상대의 강함을 인정해 주고, 성공하고 싶으면 내 주위 사람들이 성공할 수 있도록 배려하고 도와주어야 합니다. 이러한 것을 통해 내가 리더가 되고, 강해지고, 성공할 수 있는 겁니다. 그런 의미에서 '따라야 따른다'는 말씀을 드린 것입니다."

벌써 8시 10분이 넘어서고 있었지만 첫 열하루를 정리하는 시간이다 보니 신 차장은 아직도 할 이야기가 많이 남은 듯했다.

"2주 전, 우리가 처음 『중용』을 읽게 된 계기가 되었던 날을 기억할 겁니다."

"제가 최 과장과 한판 붙었었죠."

"전 그날의 잘잘못을 따지자는 게 아닙니다. 다만, 우리의 인간관계는 모든 것이 주고받음의 상관관계입니다. 상대로부터 내가 받은 것들의 상당 부분은 내가 상대에게 준 것에 대한 대응인 경우가 많습니다. 그러므로 상대방의 생각과 행동을 내 맘대로 통제할 수는 없겠지만, 적어도 내 생각과 행동을 조절함으로써 상대에게 주는 영향력을 내가 원하는 방향으로 바꿀 수는 있습니다."

"제가 달리했으면 최 과장이 그날 저에게 그렇게 하지 않았을 거라는 말씀이시군요."

"뭐 꼭 그날뿐만이 아니라, 일반적으로 그렇다는 얘기입니다. 아무튼 이제 다시 그날로 돌아간다면 전 장 대리가 그날 했던 행동과는 전혀 다른 행동을 할 거라고 장담합니다. 왜냐하면, 장 대리는 이제 『중용』을 3분의 1이나 읽은 사람이고, 사람 사이의 관계에 대한 공사부의 말씀을 함께 공부한 사람이기 때문이죠."

장 대리는 말없이 눈앞에 놓인 『중용』 책과 유리 벽면 밖으로 내다보이는 사무실을 번갈아 바라다보았다. 그러다 무언가 생각이 났다는 듯 말했다.

"그나저나, 차장님 말씀대로라면 1단계 수업을 다 마쳤는데 뭐 없나요? 뒤풀이랄까, 아니면 책거리랄까?"

조금 전까지의 심각했던 표정은 간데없이 농담 반 진담 반의 이야기를 꺼냈다. 신 차장 역시 밝은 표정으로 답했다.

"그런 거는 제자가 준비하는 거 아니었나요? 떡이랑 술이랑 고기랑 해서."

"아, 그런가요?"

장 대리가 뭔가 실수했을 때나 틀린 답을 했을 때 종종 짓곤 하던 표정으로 머리를 긁적거리자 신 차장은 그의 어깨를 툭 치며 크게 웃었다.

"하하하, 농담이고. 아닌 게 아니라 그럼 조만간에 조금 색다른 장소에서 1단계 수료 파티를 겸한 수업을 진행해 보도록 하지요. 어찌되었든 첫 번째 열하루, 사람에 대한 『중용』 읽기를 무사히 마친 것을 축하드립니다."

그 말과 함께 신 차장은 장 대리에게 악수를 청하였다. 맞잡은 손이 힘차면서도 따뜻했다.

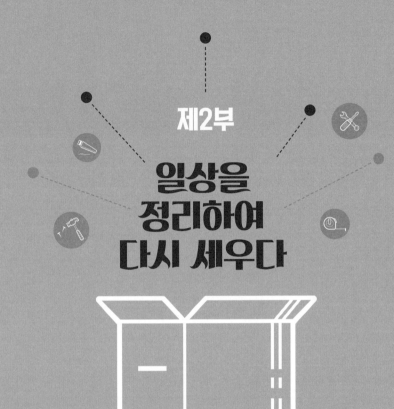

제2부

일상을
정리하여
다시 세우다

당신을
지키고
버티게
하는 힘

1
【실천】
세 잔의 물로 잘못된
고정관념을 바로잡다

人莫不飮食也 鮮能知味也

공자께서 말씀하셨습니다. "도가 행하여지지 못하고 있는 것을 내가
잘 알고 있다. 지혜로운 이들은 지나치게 되고 어리석은 자는 미치지
못하기 때문이다. 도가 밝혀지지 못하고 있는 것을 내가 잘 알고 있다.
현명한 사람은 그것을 지나치고 불초한 사람은 그에 미치지 못하기
때문이다. 사람이 음식을 안 먹고, 안 마시는 게 아님에도 음식의 맛을
능숙하게 알아채는 사람이 드문 것과 같은 이치이다."

– 『중용』 제4장

子曰 道之不行也를 我知之矣로니 知(智)者는 過之하고 愚者는 不
자왈 도지불행야　　아지지의　　　지　자　과지　　　우자　불

及也니라 道之不明也를 我知之矣로니 賢者는 過之하고 不肖者는
급야　　　도지불명야　　아지지의　　　현자　과지　　　불초자

不及也니라. 人莫不飮食也언마는 鮮能知味也니라.
불 급 야   인 막 불 음 식 야   선 능 지 미 야

'조금 색다른 장소에서 1단계 수료 파티를 겸한 수업을 해 보자'라는 얘기는 불과 하루 만에 현실로 이루어졌다. 두 번째 열하루의 시작이자, 12일째의 수업은 두 번째 야외 수업이자, 첫 야간 수업으로 진행되었다.

장 대리가 갑자기 외부 기관이 주관하는 하루짜리 재무 교육을 받아야 해서 아침의 『중용』 읽기를 할 수가 없었다. 신 차장은 하루 정도 쉬어도 된다고 했지만, 이번에는 장 대리가 다녀와서 늦은 오후에라도 하면 안 되겠느냐고 졸랐다. 사실 말은 안 했지만, 책의 3분의 1 지점을 넘어서면서부터 장 대리는 조금씩 『중용』이라는 책에 빠져들고 있었다. 아직까지 혼자서는 제대로 읽지도, 그 뜻을 해석해 내지도 못하고, 무언가아직 손에 잡히지도 않지만 조금만 더 공부하면 작지만 소중한 어떤 것을 얻을 수도 있을 것 같다는 생각이 들기 시작했다. 덕분에 난생처음 식당에서 책을 펴 놓고 공부를 하게 됐다. 그것도 『중용』을, 게다가 정통일식집에서.

교육을 마친 장 대리의 휴대전화 메신저에 신 차장이 남긴 주소는 연남동에 있는 한 일식집이었다. 아직 젊은 나이인 장 대리로서는 처음 가보는 음식점이었다. 예약된 자리는 테이블석이 아닌 주방과 마주한 일명 '다찌(たち)'라고 불리는 자리였다. 본격적인 저녁 장사를 하기에는 아직 이른 시간이어서 한창 분주하게 밑 재료 준비를 하는 주방장을 마냥 지켜보고 있어야 하는 자리라서 조금은 뻘쭘했다. 손님이 하나 둘씩들어와서 어느새 테이블들이 거의 찰 때까지도 신 차장은 오지 않았다. 할 일이 없어서 입구 한번 쳐다봤다가, 휴대전화 한번 쳐다봤다가, 다른

테이블의 손님들 한번 쳐다 보았다를 반복하다가 그것도 지쳐서 가방 속에 있던 『중용』 책을 막 펼쳐서 볼 때쯤 등 뒤에서 신 차장의 목소리가 들려왔다.

"이야, 식당에서까지 책을 펴고 공부하다니, 굉장히 열심히 공부하는 학생인데요?"

신 차장은 장 대리의 어깨를 살며시 짚으며 옆자리에 앉더니 주방장과 알은척을 했다. 신 차장을 반갑게 맞이하는 주방장의 표정을 보니 둘이 꽤나 오래전부터 아는 사이인 듯했다.

"실장님, 저희 오마카세*로 2인 해 주시고요, 술은 조금 이따가 시키겠습니다. 잠시 공부를 해야 하거든요."

주문을 마친 신 차장은 책은 꺼내 놓지도 않고 『중용』 4장 구절을 암송해서 읽기 시작했다. 길지는 않았지만, 그래도 신기했다. 진짜로 신 차장은 『중용』 책 한 권을 모두 외운 모양이었다. 신 차장이 오기 전에 심심해서 여러 번 들춰 보고 있었기에 장 대리 역시 어렵지 않게 따라 읽을 수 있었다. 담긴 뜻 역시 다른 장에 비해 난해하지 않았다. 그러다 보니 오히려 질문할 것들이 더 많았다.

"신 차장님, 『중용』을 읽으며 '사람'에 대해 생각해 본 지난 열한 번의 수업을 되짚어 보면요, 나름 의미도 있었지만 한 가지 아쉬웠던 게 있습니다. 『중용』을 포함해서 옛 성현의 말씀이 맞는 말씀이기는 한데, 조금은 빤한 얘기들인 것 같아요. 오늘 읽은 이 문장 역시 마찬가지고요."

신 차장은 흘끔 장 대리를 쳐다보았다. 그러더니 주방을 향해 다시 주문을 했다.

---

* おまかせ. 주방장 등 요리를 맡은 책임자가 고객의 취향에 맞춰 알아서 음식을 구성한 메뉴.

"실장님 여기 음식 내주시기 전에 먼저, 물 세 잔만 내주시겠습니까?"

신 차장의 말에 주방장은 살짝 미소를 띤 얼굴로 유리컵 세 잔에 맹물을 따라 나무 쟁반에 받쳐서 내왔다. 이전에도 비슷한 일이 있었던 듯 익숙하다는 표정이었다.

"자, 차례대로 마셔 보세요."

신 차장의 말에 장 대리는 세 잔의 물을 한 모금씩 마셔 보았다. 뭔가 물마다 다른 듯 다르지 않은 듯 아리송했다.

"다른가요?"

"글쎄요, 마지막 잔은 수돗물 냄새가 나는 것도 같고…… 잘 모르겠어요."

이번에는 신 차장이 물잔을 들어 조금씩 나눠 마셨다. 주방장과 다른 요리사 두 명도 신기한 듯 신 차장과 장 대리가 앉아 있는 쪽을 흘끔흘끔 쳐다보았다.

"확실히 마지막 잔은 그렇게 생각할 수도 있겠네요. 하지만 이 세 잔 중에 '그냥' 수돗물은 없습니다."

그 말에 장 대리는 세 잔의 물을 뚫어지게 쳐다보다가 다시 한 번 조심스럽게 한 모금씩 마시기 시작했다. 그러나 여전히 알 수 없었다. 신 차장은 가만히 주방장을 불렀다.

"괜찮으시다면 실장님께서 설명을 좀 해 주시지요."

신 차장의 요청에 주방장은 흔쾌히 한 잔씩 어떤 물이 담겨져 있는지 설명해 주었다.

"우선 첫 번째 잔의 물은 위생 검사를 통과한 충북 괴산의 약수터에서 매일 아침 받아오는 약수입니다. 두 번째 잔의 물은 빙하에서 추출했다고 해서 유명세를 떨쳤던 생수 회사의 생수이고, 마지막 잔의 물은 수돗물을 끓였다가 식히기를 세 번 반복한 물입니다."

설명을 들으며 다시 한 번 세 잔의 물을 마셔 보았지만, 여전히 가물가물했다. 단, 설명을 들어서인지 첫 잔의 물맛은 확실히 다른 듯도 했다. 신 차장은 한 가지 더 요청했다.

"왜 세 종류의 물을 준비하고 계신지도 설명해 주시겠습니까?"

확실히 신 차장이 단골임에는 분명해 보였다. 귀찮을 법도 한데 주방장은 상세하게 설명을 이어 나갔다.

"먼저, 첫 번째 약수는 밥 지을 때 들어가는 밥물의 용도로 쓰입니다. 일반적으로 약수는 온갖 종류의 미네랄이 풍부한 경수硬水인데, 미네랄 함량이 적절한 경수는 밥맛을 훨씬 풍성하게 합니다. 그래서 밥 짓는 용도로는 약수를 쓰고 있습니다. 두 번째 빙하에서 추출했다는 생수는 거의 증류수에 가까운 연수軟水입니다. 연수는 물맛이 밋밋하다 느낄 수도 있지만, 다른 음식의 맛을 가리지 않는 장점이 있습니다. 섬세한 맛을 살리기 위해 식사 중간중간에 제공해 드리는 물이나 차는 이 생수를 사용하고 있습니다. 마지막으로 수돗물을 세 번 끓여 식힌 물은 그대로 마시는 용도라기보다는 야채 등의 재료를 세척하고 국물 요리를 만들 때 사용하고 있습니다. 별맛은 없지만 안정적으로 다른 음식의 맛을 받쳐 주는 구실을 합니다."

설명을 듣고 보니, 고개가 끄덕여졌다. 다시 한 번 세 잔의 물을 마셔 보았다. 이제는 조금 더 분명하게 맛의 차이가 느껴지는 것도 같았다. 기분 탓인지도 모르겠지만……

"이제 음식을 준비해 드릴까요?"

"네. 부탁드립니다."

그것을 신호로 요리들이 하나씩 두 사람 앞에 제공되었다. 음식을 먹으며 신 차장의 설명이 계속 이어졌다.

"이 물들의 차이를 알려 주신 분은 지금 주방장의 아버지인 선대 주인 어르신이셨습니다. 제가 젊었을 때, 주방에 세 통의 각기 다른 물통이 있는 것을 보고 여쭤 보니 알려 주신 것이었지요."

"차장님은 물들의 차이를 맞추셨어요?"

"아니요. 저 역시 처음에는 '모두 다 수돗물이 아닌가요?'라고 되물었었죠."

"그렇군요. 역시 다들 어려워한 테스트였군요."

"아마도요. 그런데 왜 다들 그렇게 어려워했을까요?"

또다시 별 뾰족하게 답하기도 어려운 질문의 시작이었다.

"미각이 무뎌서 그런 것 아닐까요?"

무난한 답이었다. 그러나 역시 신 차장이 원한 답은 아닌 듯했다.

"당연히 그렇겠죠. 맹물들 사이의 미묘한 맛 차이를 구분해 낼 만한 민감한 미각의 소유자는 우리 주변에 많지 않을 겁니다. 그런데 또 한 가지 이유가 더 있습니다."

"어떤 것이요?"

"바로 이것."

그 말과 동시에 신 차장이 가리킨 것은 물이 반쯤 담겨 있는 투명한 유리잔이었다.

"우리의 시각으로 이미 세 잔의 물이 모두 투명하다는 것이 인지가 되었고, 그와 동시에 우리의 뇌에서는 세 잔의 물이 아무것도 섞이지 않은 동일한 맹물이라는 관념이 깊이 자리 잡게 되는 것입니다. 동일하다는 그 관념을 깨고 세 잔은 모두 다른 물이다, 라는 사실을 밝혀내려면 막대한 에너지가 필요하게 되죠. 때문에 고정관념이 무서운 것입니다."

신 차장의 설명은 계속되었다.

"어떠한 사람이 운전에 서툴 때, 그가 그럴 수밖에 없는 이유는 여러 가지가 있습니다. 운전 연습이 미흡해서 그럴 수도 있고, 그곳의 지리를 잘 몰라서 그럴 수도 있으며, 남의 차를 빌려 타고 온 터라 차가 몸에 익숙하지 않아서 그럴 수도 있고, 원래 운동신경이 좀 둔하고 부주의한 성격이라서 그럴 수도 있습니다. 그러나 만일 운전자가 여성이라면 우리는 모든 것을 그 탓으로 돌리고는 다른 이유를 찾는 걸 포기해 버리고 말죠. '여자는 역시 운전을 못해'라고 단정 지으며."

"통상 '김 여사'라고 지칭을 하곤 하죠."

"네, 저도 들어 본 단어입니다. 아주 몹쓸, 몰상식한 단어이고, 그 말을 쓰는 자신이 얼마나 무식하고 이성적이지 못한 사람인지를 스스로 인정하게끔 만드는 단어이기도 합니다."

그 말에 장 대리는 살짝 찔려서 시선을 다른 곳으로 피했다.

"저기…… 오늘 공부해야 할 『중용』으로 돌아가시죠……."

그 말에 신 차장은 세 잔의 물 가운데 따라져 있던 물을 시원하게 들이켜며 얘기를 계속 이어 나갔다.

"그렇네요. 얘기가 조금 멀리 나갔네요. 오늘 각기 다른 물 세 잔을 마시고 그 맛의 차이를 알아맞혀 보라고 한 것은 오늘 읽은 4장의 내용과도 관련이 있기에 해 본 것이었습니다."

"사람이 음식을 안 먹고, 안 마시는 게 아님에도 음식의 맛을 능숙하게 알아채는 사람이 드물다(人莫不飮食也 鮮能知味也)'라는 문장을 설명하시려고 한 거죠?"

"그렇습니다. 공사부는 도에 대해서 일관되게 '이루기 어렵지만, 막상 이루려고 하면 못 이룰 것은 아니다'는 말씀을 하고 있습니다. 대부분의 사람들이 이미 도를 이루기에 충분한 자질을 갖추고 있다고도 하셨죠."

"그런데 한 가지 신기한 것은 '어리석은 자는 미치지 못하는 것(愚者不及也)'은 충분히 이해가 갑니다만, '지혜로운 이들은 지나치는 것(知者過之)'은 도대체 어떻게 이해해야 할까요? 만일 그렇다면, 우리가 굳이 공부를 하고 마음을 가다듬을 필요가 없는 것 아닐까요? 지혜로우나 어리석으나 도를 행하기는 글렀는데⋯⋯."

"일리가 있는 말입니다."

오랜만에 신 차장이 호응을 해 주자 장 대리는 신이 났다.

"다만⋯⋯."

신이 나는 상황은 채 3초를 넘기지 못했다. 신 차장은 방금 놓인 요리를 장 대리 앞으로 밀어 권하며 얘기를 계속했다.

"이것 좀 들어보시죠. '안키모'라고 아귀의 간입니다."

앞에 놓인 자그마한 접시 위에는 가로로 자른 형태의 소시지 같은 것이 두 개씩 자작한 국물과 함께 담겨져 있었다.

"젠사이라 해서 한정식의 전채, 프랑스 요리의 오르되브르처럼 메인 요리를 먹기 전에 입맛을 돋우는 요리입니다. 그런데 이 안키모로 만든 요리만 먹어 봐도 그 식당의 솜씨를 알 수가 있습니다."

신 차장의 설명에 따르면 안키모는 말 그대로 아귀의 간인데, 날것일 때에는 마치 젤리처럼 그 형체가 흐물흐물하고 거의 아무 맛도 안 난다고 했다. 그랬던 것에 가미를 하고 조리를 해서 요리로 만들어 내게 되는데, 조금만 간이 세거나 불 조절을 잘못하면 본연의 맛을 잃어버리게 되고 그렇다고 손질을 덜하면 요리가 안 되기에, 제대로 맛을 내기가 상당히 까다로운 식재료 중 하나로 꼽혔다.

"이 안키모 요리를 제대로 만들어 내기 위해서는 오랜 기간 동안 재료를 매만지고, 간을 보고, 불을 다루는 훈련을 거듭해야 합니다. 물론, 경지에 오른 일류 요리사들도 간혹 안키모를 다루다가 실수를 하고는 합니다만, 그렇다고 해서 아예 훈련을 게을리하고, 요리를 시도조차 하지 않는 일이 올바른 것일까요?"

담백하게 별맛이 없는 것이 안키모 요리의 특징이라고 하더니, 정작 장 대리 입속에 들어온 안키모의 맛은 달고, 쓰고, 시고, 매웠다. 물론 그렇게 생각을 해서 그런 건지도 모르지만……

"도에 대해서도 마찬가지일 것 같습니다. 잘 안다고 생각했지만, 그 배움이 지나쳐 실제로 실천에 옮기는 데에 방해가 될 수도 있습니다. 하지만 배움이 못 미쳐서 실천조차 못하는 것보다는 그래도 계속 배우고 익혀 나가는 것이 조금이나마 제대로 된 도를 깨우치고 그를 실천할 수 있게 되는 길일 것 같습니다."

말을 마친 신 차장은 주방장을 향해 본격적으로 요리를 내어 달라고 말했다. 그와 동시에 갖가지 요리들이 예쁜 접시에 담겨 신 차장과 장 대리 앞으로 서빙이 되었다. 장 대리는 각각의 요리에 대한 신 차장의 상세한 설명을 들으며 한 점씩 입에 넣어 보았다.

'우리가 세상을 살아가는 도道나 이치理致라는 것이 이 요리처럼 확실하게 그 맛을 느낄 수 있는 것이라면 얼마나 좋을까? 아니, 최소한 지금의 신 차장님처럼 그 맛에 대해 친절하게 설명해 줄 사람이 곁에 있으면 얼마나 좋을까……'

2
【분노】

삶은 생각대로 되지 않는 것이
당연하다

道其不行矣夫

공자께서 말씀하셨습니다. "애석하구나, (사람들이 음식을 먹되 그 맛을 잘
모르는 것처럼, 도를 행한다고 하면서) '도道' 그것을 행하지 않는구나!●"

– 『중용』 제5장

子曰 道其不行矣夫인저.
자 왈 도 기 불 행 의 부

"이게 말이 된다고 생각하냐?"

"말이 되니까 시키는 거 아니야."

"야, 진짜, 동기끼리 너무하네."

● 본 장의 해석은 『중용』 4장과 5장을 합쳐 하나의 장으로 본 다산 정약용 선생의 견해를
따랐습니다.

"동기? 이건 과장으로서 대리한테 업무 요청하는 거야. 팀장님 결재도 받은 사항이고."

"뭐? 너 지금 나보다 직급이 높다고 까라면 까라는 거냐? 아이, 이게 진짜 보자보자 하니까."

"뭐? 이게? 너 지금 나보고 '이게'라고 한 거야?"

"그래! 이 자식아!"

언성이 높아지면서 사람들이 하나 둘씩 쳐다보는 것이 느껴졌다. 다행히 아직 이른 시간이라서인지 팀장이나 임원들을 포함한 높은 분들은 거의 자리에 없거나 있더라도 메일 등을 확인하느라 아직 이 소란을 알아채지 못한 듯했다.

"관두자."

장 대리는 씩씩대고 있는 최 과장을 손으로 밀치며 자리에서 일어나 직원 고충 상담실로 향했다. 저만치에서 이쪽을 바라보고 있는 신 차장이 보였다. 애써 그 시선을 외면하며 장 대리는 상담실 안으로 들어와 『중용』을 펼쳤다. 오늘 몇 페이지를 읽을 건지도 모르면서 일단 아무 데나 펼쳐 놓고 읽는 척을 하고 있었다. 그렇게라도 하지 않으면 폭발할 것 같아 미칠 지경이었다. 곧이어 신 차장이 상담실로 들어섰다.

"보셨죠?"

신 차장이 자리에 앉기도 전에 장 대리가 물었다.

"안 볼 수가 있나요? 이른 아침 사무실에서 그 정도 고성이 오갔는데."

"실망하셨죠?"

"……."

뭐라고 말이라도 해 줬으면 좋으련만 신 차장은 장 대리의 물음에 답이 없었다. 별수 없이 장 대리 혼자 하는 설명이 이어졌다.

"참으려고 했습니다. 지난번 일도 있고 해서 저도 어제 오후부터 꾹꾹 참았다고요. 그런데 최 과장 그 자식이 해도 너무하는 겁니다. 아무리 자기는 과장이고 저는 대리라고 하지만, 자기가 해야 할 일을 그대로 저한테 떠넘기고, 정작 보고는 자기 이름으로 하겠다고 하니……."

"……."

그럼에도 여전히 신 차장은 별말이 없었다. 이번에는 장 대리도 잠자코 있는 수밖에 없었다. 얼마나 지났을까? 신 차장이 한문 문장을 읊고 그 뜻을 풀어내는 소리가 들렸다. 그 소리를 듣고 얼른 장 대리도 책을 펼쳤지만, 어디를 읊고 있는지 찾기도 전에 신 차장의 암송은 끝나고 말았다. 그 정도로 문장이 짧았다. 최대한 짧은 문장 위주로 찾고 있는데 신 차장의 목소리가 다시 들렸다.

"5장입니다."

찾아서 펼쳐 놓고 보니 진짜로 짧았다. 조금 전 신 차장이 읽은 내용이 전부였다. 단 한 문장. 가만히 쳐다보고 있으려니, 신 차장의 물음이 이어졌다.

"장 대리는 혹시 플라톤의 『대화편』을 읽어 본 적이 있나요?"

이번에는 엉뚱하게 서양 사람인 플라톤의 책이었다. 당연히 읽은 적이 없었다. 신 차장 역시 별 기대는 하지 않는 모양이었다.

"『대화편』은 여러 권의 작은 책들로 이뤄져 있는데 그중 '초기 대화편'에 속하는 책으로 『프로타고라스』라는 책이 있습니다. 이것 역시 읽어 본 적이 없겠죠?"

장 대리는 말없이 고개를 끄덕였다. 계속된 신 차장의 설명에 따르면 『프로타고라스』는 그 이름도 유명한 고대 그리스 철학자이자 세계 4대 성인 중 한 명으로 꼽히는 소크라테스와 당대 가장 유명했던 소피스트

프로타고라스가 덕(德, arete)에 대해 나눈 대화를 기록한 책이라고 했다.

"그 책을 보면 이런 글귀가 나오죠."

> 많이들 최선의 것들을 알고 있어서 이것들을 행할 수 있으면서도 행하
> 고자 하지 않고, 다른 것들을 행한다고 말합니다. 그래서 제가 도대체
> 그 까닭이 무엇인지를 그 많은 사람들에게 물어보면, 그들은 즐거움에
> 져서 또는 괴로움이나 제가 방금 말한 그것들 중 어느 것에 제압된 나
> 머지 그렇게 된 걸로 말합니다.
>
> – 『프로타고라스』 중에서

"물론, 소크라테스는 '행하지 않음'의 이유를 '알지 못함'에서 찾았습
니다만, 저는 오늘 이 글을 인용해 '실천하기 어려움의 역사'에 대해 말
씀드리고 싶습니다."

"'실천하기 어려움의 역사'요?"

"네. 소크라테스는 무려 기원전 470년경에 태어난 사람입니다. 그런
사람의 입에서 '실천하기'가 너무나도 어렵다는 이야기가 나오고 있는
데, 바로 어제 열린 우리 회사의 임원 회의에서도 '직원들이 도대체 왜
실천을 안 하느냐?'는 얘기가 나오고 있으니, 그 오래된 걸로만 치자면
2,500년 가까이 된 기나긴 역사의 산물인 셈이죠."

"엄청나군요."

"근데 대략 기원전 551년도에 태어났다고 추정되고 있는 공사부 역시
'실천하기 어려움'을 이야기하고 있으니, 그 역사의 오래됨으로 치면 소
크라테스를 능가하죠."

"휴우……."

장 대리는 낙담해서 한숨을 내뱉었다. 신 차장이야 위로하기 위해 '너만 그런 것이 아니다. 다른 성현들 역시, 혹은 오랜 시간 동안 인류는 아는 것을 행하지 못한 역사가 있다'라고 말한 것이겠지만, 오히려, '실천하지 못함'이 운명적인 사실로 받아들여져서 암담하기 그지없었다. 한마디로 백날『중용』을 읽고 공부해 봐야 결국 실생활에서는 달라질 것이 없다는 말 아닌가? 그런 속도 모르고 신 차장은 계속해서 '실천하지 못함이 얼마나 만연돼 있는지'에 대한 이야기를 계속 이어 나갔다.

"장 대리는 혹시 NATO라고 아나요?"

"그거, 무슨 방위기구 아닌가요? 미국이랑, 영국이 만든……"

"북대서양 조약기구(North Atlantic Treaty Organization) 말씀하시는 건가요? 약어 스펠링이 동일하지만 그와는 상관없는 NATO입니다."

"뭐죠?"

"No Action, Talk Only의 약자, 그래서 NATO죠. 얼마나 많은 기업, 조직, 사람들이 실천의 어려움을 느끼고 있었으면 이런 약어까지 생겨났겠습니까?"

장 대리는 신 차장의 이런 얘기가『중용』에서 배운 것을 실천하지 못하는 자신에게 위안을 주기 위해 하는 얘기인지, 아니면 또 다른 뜻이 있어 하는 얘기인지 종잡을 수가 없었다. 그러나 어찌되었든 간에 비단 자신만이 아닌 대다수의 사람들이 역사상 대대로 배우고 익힌 것을 실천하지 못했다는 점에서 조금 위안이 되었다. 그런 생각을 하며 이제 오늘 분량의 수업이 끝났나 싶어 책을 덮으려는데 신 차장의 설명이 계속 이어졌다.

"하지만 정작 이 문장에서 우리가 주의 깊게 살펴봐야 하는 구절은 앞쪽의 '도, 그 행해지지 않음(道其不行)'이 아니라 뒤에 붙은 '矣夫(~이

여!)'입니다. '矣(의)' 자는 문장에서 감탄의 뜻을 나타내는 어기사語氣詞이고, '夫(부)' 자 역시 어조사로 쓰여 감탄의 뜻을 더욱더 강조하는 용도로 쓰였죠."

그러고 보니, 다른 장에서는 공자가 일반적으로 무언가를 설명하는 느낌의 어미를 썼는데, 유독 이 장에서는 감탄형 어미를 사용하고 있었다.

"도가 행해지지 않는 것이 본인 스스로에게 어마어마하게 놀랍고 충격적인 일이라 이렇게 강조하는 느낌의 문장으로 기술한 것은 아닐까요?"

"글쎄요. 공사부의 평소 말씀하시는 모습이나 내용들을 보았을 때 이정도 일로 충격을 받아 이렇게 표현하시지는 않았을 것 같은데요. 저는 그보다는 조금 다른 뜻으로 해석하고 있습니다."

이어지는 신 차장의 설명에 따르면 공사부는 '도道'가 원래 행하여질 수 없는 것이었더라면 '도는 행하여지지 않는다'라고 단정형으로 설명했을 것이라고 했다. 즉, '도'라는 것이 원래부터 행하여지지 않는, 행해질 수 없는 것이 아니라, 지금 잠시 혹은 지금 당장 이런저런 이유 때문에 또는 부족한 수행 때문에 아니면 실천 의지의 부족 때문에 행해지지 않는 것에 대해 안타까워 탄식을 한 것이다.

"충분히 행하여질 수 있음에도 제대로 잘 행해지지 않는 모습을 보고 안타까워 탄식을 내뱉은 거라고 보고 싶어요. 오늘의 장 대리 역시 마찬가지입니다."

"그런데 도 닦는 사람이라고 맨날 참아야 하나요? 오늘은 분명 최 과장, 그 자식이 지나쳤다고요. 저도 참고 참다 폭발한 거고요."

"압니다. 저 역시 『중용』을 공부했다고 해서 매번 참으라는 말은 하고 싶지 않습니다. 심지어 공사부조차도 '발분망식發憤忘食'하셨으니까요."

"그게 무슨 말이죠?"

"화가 나면(發憤) 밥 먹는 것도 잊을 만큼(忘食) 화를 주체하지 못하곤 했다는 뜻이죠."

"그랬군요."

"화를 낼 필요가 있다면 당연히 화를 내야 합니다. 다만, 그 방법에 있어서 이제 조금은 달라졌으면 합니다."

"어떻게 말이죠?"

"우리는 보통 자신의 마음대로 일이 풀리지 않거나, 자신의 일을 방해하는 상대방에 대해 '화'를 낸다고 합니다. 그런데 우리가 해야 할 것은 '화를 내는 것'이 아니라 '혼을 내는 것'이 되어야 합니다."

"혼을 내는 것은 어르신들이나 할 수 있는 게 아닌가요?"

"보통 그렇게 착각하기가 쉽습니다. '혼을 낸다'는 행위는 나이나 지위가 높은 사람이 그렇지 않은 사람에게만 할 수 있는 거라고. 하지만 그렇지가 않습니다."

신 차장이 '화'와 '혼'을 구분한 방법은 간단했다. 문제 해결의 모습과 그 결과의 위치가 어디에 있느냐는 것이었다. '화를 내는 것'은 내 안에서 주체하지 못한 감정의 폭발이 일어나 그 분노의 감정을 상대방이 알아주기를 바라는 것, 즉 상대가 나의 분노에 상처를 입어 내가 받은 상처의 흉터와 비슷하거나 그보다 더 심한 생채기가 나기를 바라는 마음에서 행해지는 것이라고 한다면, '혼을 내는 것'은 상대의 잘못이나 도발로 비록 내가 분노했거나 마음에 상처를 입었지만 그것을 그대로 되갚아주는 것이 아니라, 상대가 '정신(魂)이 번쩍 나서' 자신의 잘못을 인식하고 사과하거나 앞으로 다시는 그와 동일한 잘못을 저지르지 않도록 하는 데에 그 목적이 있는 행동이었다.

"그렇기 때문에 같은 일에 대해서도 '화'를 낼 때는 '나의 기분', '내가 입은 피해' 등에 대한 언급이 많아지죠. '내가 얼마나 부끄러웠는지 알아?', '감히 나를 뭘로 보고!' 등등이요. 반면, '혼'을 낼 때는 보다 객관적이고 이성적으로 상대의 잘못한 부분과 그로 인해 상대가 겪게 된 문제에 대한 언급이 많아지죠. 그렇기 때문에 받아들이는 사람 역시 차이를 느끼게 되는 겁니다."

"그렇군요."

"혼을 내는 것은 나이와 상관없고, 지위와도 상관이 없습니다. 제가 장 대리의 혼을 낼 수도 있지만, 장 대리가 제 혼을 낼 수도 있는 것입니다. 그래서 과거 우리 성현들은 나이를 불문하고 서로가 서로에게 충고를 해 주고 잘못된 부분이 있으면 혼을 내주는 그런 교우 관계를 맺을 수 있었던 것입니다. 장 대리, '오성과 한음' 이야기 알고 있죠?"

"네. 어린 시절에 동화책 같은 데서 봤죠."

"서로가 서로의 잘못된 부분을 보면 혼을 내주고, 어려운 일은 서로 도우며 성장해서 두 사람 모두 조선시대의 명재상이 된다는 '오성과 한음' 이야기 중 오성(이항복)은 1556년생으로 1561년생인 한음(이덕형)보다 무려 다섯 살이나 많았었죠."

"조선시대가 요즘보다 오히려 위아래가 없었네요."

"나이가 아니라, 뜻과 마음으로 사람을 사귀었던 시대라는 것이 맞겠죠. 사실 숨 막히도록 위아래만을 중시했던 고리타분한 사회였다는 조선시대에 대한 인식은 20세기 초반 일제 강점기 때 만들어진 이미지입니다. 자, 다시 오늘 읽은 5장으로 돌아갑시다."

신 차장은 다시 한 번, 이번에는 감정을 잔뜩 실어 마치 2,500년 전 공자가 서울 한복판에 나타난 듯한 목소리로 탄식하듯 『중용』 5장을 읽었다.

"아는 것을 행하는 것은 지극히 어려운 일입니다. 오죽하면 페이스북의 창립자 마크 주커버그가 이런 말을 했겠습니까? '세상에 내가 알고 있던 것을 알던 사람은 많았다. 다만, 그를 실천한 것이 나였을 뿐이다' 라고."

이야기는 계속 이어졌다.

"잘 안 될 겁니다. 아무리 날마다 『중용』을 읽고 있다지만, 금세 성인 군자가 되는 것도 아니고, 실제 생활을 하다 보면 『중용』에서 읽은 대로, 도를 행하기보다는 도에 어긋나는 일을 해야 할 때가 더 많을 겁니다. 하지만 포기하면 안 됩니다. 날마다 조금씩 달라지는 노력을 하다 보면 분명 달라진 모습을 발견할 수 있을 겁니다."

장 대리는 유리벽 밖을 흘끔 쳐다보았다.

'글쎄요…….'

3
【정진】

하얀 칼날을 밟고 선 듯
끊임없이 노력하다

中庸 不可能也

공자께서 말씀하셨습니다. "천하나 나라 전체를 다스릴 수도 있고, 차마 거부하기 힘든 고관대작의 벼슬자리가 주어졌다 해도 그를 사양하는 결단을 내릴 수 있다. 날카롭기가 이를 데 없는 하얗게 날 선 칼날도 어떻게든 밟을 수는 있다. 그런데 '그런 것들을 다 할 수 있다 하더라도 중용은 불가능하다' 할 정도로 중용을 지키는 삶을 산다는 것은 정말로 어려운 일이다."

– 『중용』 제9장

子曰 天下國家를 可均也며 爵祿을 可辭也며 白刃을 可蹈也로되 中
자왈 천하국가   가균야   작록 가사야   백인   가도야   중

庸은 不可能也니라.
용   불가능야

"그런데 대체 '하얀 칼날'이 뭔가요?"

한문 문장을 먼저 읽은 신 차장이 한글로 뜻풀이를 다 하기도 전에 장 대리가 물었다. 짧은 기간이었지만 장 대리의 한문 독해 능력은 일취월장했다. 신 차장이 빙그레 웃으며 답해 주었다.

"장 대리는 '서슬이 퍼렇다'라는 말을 종종 쓰고는 하지요?"

"자주는 아니지만, 그런 말을 썼던 기억은 있어요."

"서슬이 무슨 뜻이죠?"

"……."

학창 시절 무서운 학생주임 선생님을 묘사할 때나 단단히 토라진 여자 동기의 표정을 다른 동기들에게 설명할 때 가끔, 아주 가끔 쓰고는 했지만, 정작 그 문장과 단어의 정확한 뜻은 잘 알지 못했다. 그냥 관습적으로 써 온 말이었기에 장 대리는 신 차장의 물음에 답을 할 수가 없었다.

"서슬이란 식칼, 낫 같은 쇠로 만든 연장이나 유리병의 깨진 끄트머리 같은 곳의 날카로운 부분을 말합니다. 그랬던 것이 그런 날카로운 기세를 뜻하는 단어로도 쓰이게 된 것입니다."

"그렇군요."

"그럼, '퍼렇다'는 뜻이 뭘까요?"

"그거야, 말 그대로 블루(blue), 푸르다, 파랗다는 뜻 아닌가요?"

모를 때는 생각나는 대로 말하는 게 의외로 정답일 확률이 높다는 것이 장 대리의 생각이었다.

"맞습니다. 그런데 왜 서슬 뒤에 '퍼렇다'는 말을 썼을까요? 위험을 나타내거나 하려면 '벌겋다'는 말을 쓰는 것이 더 나을 테고, 공포심을 강조하려면 '거멓다'는 말을 썼어도 됐을 텐데."

생각나는 대로 말하는 것의 단점은 그다음은 잘 생각이 나지 않는다는 점이었다. 늘 하던 대로 '글쎄요'라며 신 차장이 답을 말해 주기를 기다리는 수밖에 없었다.

"퍼런 것이 서슬이 아니기 때문입니다."

"아니, 분명히 '서슬이 퍼렇다'라고 쓰는데 퍼런 것이 서슬이 아니라니 그게 무슨 말씀이죠?"

"물론, '서슬이 퍼렇다'라고는 쓰지만, 그때 퍼런 것은 서슬 자체가 아니라 서슬을 보고 질려 핏기를 잃은 얼굴, 그래서 퍼런 낯빛을 말하는 겁니다."

순간, 장 대리는 무언가 깨달았다는 듯한 표정으로 서둘러 되물었다.

"그럼, '하얀 칼날'도 칼날이 하얗다는 게 아니라, '얼굴이 하얗게 질릴 정도로 날카로운 칼날'이라는 뜻인가요?"

말은 질문의 형태로 하고 있지만, 이미 장 대리는 자신의 유추가 맞는다고 확신하는 듯했다. 그러니 신 차장이 갑자기 '서슬이 퍼렇다'는 얘기를 꺼낸 것이라 생각했다. 하지만 신 차장은 즉답을 피했다.

"그럴 수도 있고, 진짜로 날이 바짝 선 칼날에 빛이 반사된 모습을 말하는 것일 수도 있습니다."

"아무튼, 그러면 이 장 역시 도를 행하기 어려움을, 중용을 실천하기 어려움을 설명한 문장이 되겠군요."

"표면상으로 보면 그렇죠. 천하와 국가를 '고르게 하다', 즉 제대로 다스릴 수 있고, 거절하기 어렵다는 '작록', 즉 벼슬(爵)과 녹봉(祿) 또는 부귀명예를 물리칠 수도 있고, 그 위험천만한 허옇게 날이 선 칼날 위에 올라설 수도 있지만, 중용을 행하는 것만큼은 어렵다고 했으니까요."

"어제 읽은 5장의 내용처럼 '불가능해 보일 정도로 어렵지만 그래도 노력해야 한다'는 내용인가요?"

"뭐 비슷합니다. 다만, 저는 이 9장만큼은 문장 하나하나의 해석보다는 그 구조에 조금 더 관심을 두고 읽었으면 합니다."

"천하 국가에서 작록으로, 작록에서 개인으로 점점 작아지는 기술 방식 말입니까?"

"그렇습니다. 대단하네요!"

오랜만에 신 차장으로부터 받은 칭찬에 장 대리는 어깨가 살짝 으쓱했다.

"추가적으로 그 뒤에 붙는 서술어들은 점차 그 강도를 높여 갑니다. '균등하게 할 수 있다(可均)'에서 '사양할 수 있다(可辭)'로, 마지막에는 '(칼날 위를) 밟을 수 있다(可蹈)'까지 이릅니다."

"목숨을 걸으라는 말이군요."

'목숨을 걸라'는 말에 신 차장은 씩 웃음을 지으며 설명을 계속 이어 갔다.

"중국인들이 세계를 바라보는 인식의 흐름은 대략, '점면편권국點面片圈國'으로 흘러갑니다. 개인 혹은 약하고 힘이 없는 가족공동체(點)가 이주, 병합, 확장 등을 통해 일정한 영역을 갖춘 씨족사회(面)가 되었다가, 그 면들이 모여 부락(片)을 이룬 뒤, 편들이 다시 연맹체(圈)를 형성했다가 결국 체계를 갖춘 나라(國)를 세우게 된다는 것입니다.•"

"그래서 '修身齊家治國平天下(수신제가치국평천하)' 같은 말이 생겨난 건가요?"

장 대리의 말에 신 차장은 이제까지 볼 수 없었던 환한 웃음을 지어 보였다. 모르긴 몰라도 장 대리가 뭔가 대단히 흡족한 답을 한 듯했다.

• 『이중텐중국사易中中國史: 선조先祖』 중에서.

"맞습니다. 말씀하신 '몸을 가다듬어야(修身) 집안을 다스릴 수 있고(齊家)', 그래야 '나라를 다스리고(治國) 세계를 안정시킬 수 있다(平天下)'는 문장은 『대학』의 앞부분에 나오는 글귀입니다. 제가 설명한 내용을 듣고 그 부분을 바로 떠올려서 연결시키다니 장 대리 실력도 이제 대단한데요?"

신 차장은 정말로 장 대리가 기특한 모양이었다. 설명이 이어졌다.

"그런데 재미있는 것은 『중용』 9장에서는 그 순서가 다른 일반적인 중국 역사서나 경전과 달리 전후가 뒤바뀐다는 겁니다. 황제나 제후의 레벨에서 염려해야 하는 천하와 국가가 재상 등의 관료가 걱정해야 하는 벼슬과 재물로, 그것이 다시 일반 개인사로 말이죠. 반면 앞서 얘기했던 것처럼 그 어려움을 뜻하는 서술어는 점점 더 그 강도를 더해 갑니다."

그러고 보니, 문장의 구조가 신기하다는 생각이 들었다. 대체적으로 점증하는 형태인 다른 문장과 달리 『중용』 9장은 묘하게 그 범위가 축소되고 있었다. 반면 서술어는 신 차장의 설명대로 강도가 세어졌다.

"아! '중용은 불가능하다'라는 문장이 절절하게 다가오네요."

그 말에 신 차장은 크게 소리 나도록 손뼉을 쳤다.

"그렇습니다!"

장 대리의 대답이 정곡을 찌른 모양이었다.

"앞의 문장은 내용보다 그 형식으로 인해, 뒤에 이어지는 '중용을 실천하기 불가능함'이라는 문장을 강조하는 역할을 하고 있는 겁니다."

"하지만 그 '불가능함'이라는 것이 영원히 불가능하다는 말이 아니라, 지극히 어려우니 결코 포기하지 말고 계속해서 정진해 나아가라는 뜻인 거지요."

다시 한 번 신 차장의 손뼉 치는 소리가 들렸다.

"이거, '이제 그만 하산하라'는 말을 해야만 하겠는데요? 완벽합니다! 우연의 일치인지 모르겠지만, '정진精進'이란 단어까지 말씀하신 것을 보니, 장 대리가 오늘 읽은 『중용』 9장만큼은 완벽하게 이해하고 있는 듯합니다."

신 차장의 설명은 잠시 『중용』에서 '정진'이라는 단어로 넘어갔다.

"정진은 한자로 '정할 정(精)' 자에 '나아갈 진(進)' 자를 씁니다. 범어로는 '비리야(毘梨耶, Virya)'라고 해서 불자라면 반드시 지켜야 할 육바라밀六波羅蜜의 여섯 가지 덕목 중 하나이지요. 그런데 이 '정진'이라는 단어가 가장 극적으로 쓰인 불경이 있습니다. 바로 『열반경涅槃經』입니다. 부처가 열반에 들기 전후의 말씀과 행적이 적혀 있는 이 경전에서 가장 중요하게 언급한 단어 역시 '정진'입니다."

> 자기 자신을 등불로 삼고 자신을 의지하라, 진리를 등불로 삼고 진리에 의지하라. 모든 것은 덧없으니, 게을리하지 말고 부지런히 정진하라.
> — 『열반경』

自燈明 自歸依 法燈明 法歸依 諸行無常 不放逸精進
자 등 명 자 귀 의 법 등 명 법 귀 의 제 행 무 상 불 방 일 정 진

"입멸入滅하는 부처의 곁에서 슬퍼하는 제자들에게 부처가 남긴 말입니다."

"이 세상에서 죽는 그 순간까지 정진하라고 하셨군요."

"도나 중용, 불교에서 말하는 깨달음이라는 것이 어느 순간이 되면 이룰 수 있는 게 아니기 때문에 그렇습니다. 비록, 죽는 그 순간까지도 결

코 이룰 수 없을지라도 그를 이루기 위해 나아가는 과정, 그 자체가 가치 있고, 그를 통해 얻을 수 있는 것들이 많기에 공사부는 '불가능하다' 하면서도 끊임없이 '배우고 또 익히라*'한 것입니다. 부처 역시 '모든 것이 덧없다'고 하면서도 부지런히 '정진하라'고 한 것이죠."

어제 5장을 읽으며 조금은 복잡하게 정리가 안 되었던 부분이 오늘 9장을 통해 어느 정도 정리가 되는 느낌이었다. 불가능할 정도로 이루기 어렵고 죽을 때까지 끊임없이 밀고 나아가야 한다는 점은 부담스러웠지만 '그렇기 때문에 또 해 볼 만하지 않을까?' 하는 생각이 들기도 했다.

• '學而時習之(학이시습지)' 『논어』 「학이」 편 중에서.

4
【갱신】

성인군자도 못 이룬 일로
고민하지 말라
中庸而不能期月守也

공자께서 말씀하셨습니다. "사람들은 다들 '나는 지혜롭다'며 자신하지만, 그런 그들을 몰아다가 그물이나 덫이나 함정의 가운데로 몰아넣으면 확실하게 벗어날 수 있는 사람은 아마도 거의 없을 것이다. 또 사람들은 흔히들 '나는 (세상의 이치를) 다 안다'라고 하지만, 그런 그들역시 중용을 지키며 살겠다고 하고서는 한 달을 버텨낸 이가 거의 없었다."

– 『중용』 제7장

子曰 人皆曰予知(智)로되 驅而納諸罟攫陷阱之中而莫之知辟(避)也
자왈 인개왈여지   구이납저고확함정지중이막지지피   야

하며 人皆曰予知로되 擇乎中庸而不能期月守也니라.
      인개왈여지   택호중용이불능기월수야

"차장님, 고민이 있습니다."

자리에 앉자마자 책도 펼치지 않고 장 대리가 심각한 표정으로 말했다. 신 차장은 물끄러미 그런 장 대리를 바라만 보았다. '계속 얘기해 보라'는 신호로 알고 장 대리는 자기 얘기를 이어 나갔다.

"『중용』을 배운 지 이제 어언 20일째가 지나가는데, 아직도 제 마음이 중심을 잡지 못하고 있는 것 같아요. 이 공부를 계속하면 진짜로 좀 나아질까요?"

"아니요. 그렇지 않을 겁니다. 요 며칠간 계속해서 말씀드렸잖아요. 우리는 지금 정확한 풀이 방법이나, 답이 나와 있는 수학 문제 풀이를 공부하는 것이 아닙니다. 평생 동안 가져가야 할 마음공부를 하는 거잖아요. 마음을 편히 먹고 느긋하게 공부해 봅시다."

"그렇군요. 말씀을 들으니 조금은 마음이 편해지기는 합니다만, 그래도 역시 조금은 불안합니다."

"……"

"아니면, 이런저런 문제 상황에 저를 던져두고 제가 얼마나 '중용'을 지킬 수 있는지를 매일 테스트 해 볼까요?"

그 말에 『중용』 책을 뒤적거리며 오늘 읽을 문장을 찾던 신 차장은 가만히 책장을 덮더니 장 대리를 물끄러미 바라보며 물었다.

"장 대리는 혹시 말레이시아에 가 본 적이 있나요?"

갑자기 '말레이시아' 얘기였다. 가 봤을 리가 없었다.

"아니요."

'신 차장님은 가 봤으니 물어보는 거겠지?' 괜히 말려들어 가는 듯해서 묻기 싫었지만, 대화의 분위기상 묻지 않기도 뭐해서 장 대리는 영 내키지 않는다는 듯이 물었다.

"차장님은 가 보셨나요?"

"두 번이요."

'역시!'

"한 번은 회사 업무 차 출장을 갔었고, 그 이듬해에 가족들과 함께 여행을 갔었죠."

"그런데 갑자기 왜 말레이시아를 가 봤는지 물으시는 거예요?"

"제가 말레이시아에 두 번째 갔을 때 보았던 축제 장면을 이야기하려고 물었습니다."

신 차장이 말해 주고 싶었던 축제의 이름은 '타이푸삼Thaipusam'이었다. 그의 설명에 따르면, 말레이시아에 거주하는 힌두교도들은 매년 1월 말에서 2월 초 사이에 힌두교에서 '전쟁과 승리를 상징하는 남신' 무루간Murugan을 기리는 축제를 개최한다고 한다. 무루간을 모신 사원이라면 어느 곳에서나 성대한 축제를 펼치는데, 그중에서도 가장 유명한 곳이 수도 쿠알라룸푸르 북쪽에 위치한 바투 동굴(Batu Caves)이었다. 해마다 축제 기간이 되면 쿠알라룸푸르는 물론 말레이시아 전역에서 힌두교도들이 몰려드는데, 축제의 하이라이트는 카바디스Kavadis라고 불리는 거대한 조형물을 짊어지고, 산 정상 부근에 있는 바투 동굴까지 연결된 272개의 계단을 올라가는 예식이었다.

"그런데 그 카바디스를 그냥 짊어지고 가는 것이 아니에요. 온몸에 수십에서 수백 개의 쇠꼬챙이를 꽂고 그걸 카바디스에 연결시켜서 짊어지고 가는 거지요."

생각만 해도 끔찍한 모습이었다.

"왜 그런 짓을 하나요?"

"글쎄요. 다른 이들의 종교에 대한 사항이라서 지금 우리의 시각과 잣

대로 판단하기엔 무척이나 조심스럽습니다만…… 그들은 그런 고통을 통해 자신들이 신의 고통을 이해하고, 신에게 더 가까이 갈 수 있다고 생각하거나, 인간으로서 참기 힘든 극한의 고통을 경험함으로써 자신들의 죄가 씻겨 나간다고 믿는 것 같습니다."

"하지만 그게 과연 신이 바라는 것일까요?"

"저도 그 부분 때문에 조금 생각이 많습니다. 신께서 정말 원한 것은 그러한 고통스런 상황을 억지로 만들고 그 안에 들어가 어렵게 견뎌 내는 것이 아니라, 우리가 일상생활에서 늘 마주치는 고난과 고통스러운 상황에서 신을 따르는 사람답게 담대하고 대범하게 이겨 내는 그런 모습이 아니었을까? 하는 생각 말이죠."

꽤 오랫동안 함께 같은 책을 읽고 그 책의 내용을 기반으로 이런저런 얘기를 나누다 보니, 이제는 신 차장이 어떤 사례를 들면 얘기하고 싶은 것이 무엇인지 대충 감을 잡을 수 있는 정도는 되었다.

"그러니까 배움이나 믿음을 증명하기 위해 나를 시험하는 행동 따위는 하지 말라는 말씀이신 거죠?"

그러자 신 차장은 대답 대신 손가락 끝으로 자신의 책 페이지를 가리켰다. 같은 페이지를 펼치라는 뜻인 듯했다. 『중용』 7장이었다.

매번 그러하듯 신 차장의 선창에 따라 장 대리가 따라 읽었다. 그런데 거기서 끝이 아니었다. 신 차장은 계속해서 한문 문장을 읊어 나갔다. 앞뒤 장을 아무리 들춰 보아도 신 차장이 읊는 문장으로 보이는 글은 없었다. 주자의 주석 글도 아닌 듯했다.

大宰 問於子貢 曰 夫子聖者與 何其多能也 子貢曰 固天縱之將聖 又
대 제 문 어 자 공 왈 부 자 성 자 여 하 기 다 능 야 자 공 왈 고 천 종 지 장 성 우

多能也 子聞之曰 大宰 知我乎 吾少也賤 故 多能鄙事 君子 多乎哉
다능야 자문지왈 대제 지아호 오소야천 고 다능비사 군자 다호재

不多也 牢曰 子云 吾不試 故 藝
부다야 뇌왈 자운 오불시 고 예

문장의 정체는 곧 밝혀졌다.

"『논어』의「자한子罕」편 말씀입니다. 오늘 읽은『중용』7장 문장과 함께 익히면 좋을 듯하여 읊어 보았습니다."

'그럼 미리 말씀해 주시지……'라는 말이 목구멍까지 올라왔지만, 장대리는 그냥 참기로 했다. 그런데 그 속마음을 읽었는지 신 차장이 웬일로, "갑자기 생각나서 그냥 연달아 읊은 겁니다. 읊은「자한」편 문장은 나중에 출력해서 드릴게요"라고 말했다. 그러더니, 곧바로「자한」편 문장을 해석하기 시작했다.

'태재●가 자공에게 물었다. "공사부께서는 성인이십니까, 어찌 그토록 다재다능하십니까?" 자공이 말했다. "분명히 하늘이 공사부께 성인의 일을 하게 하려는 것입니다. 그러기 위해서는 당연히 다재다능해야 하겠지요."

공사부께서 그 말을 듣고 말씀하셨다. "태재는 모르겠지만 나는 젊었을 때 비천했으므로 비천한 일이라도 무엇이든 할 수 있게 되었다. 상류층 집안 출신이었다면 다재다능하게 될 수 있었을까. 그럴 수 없었을 것이다."

● 大宰 또는 太宰. 과거 국정을 총괄하던 관직명. 여기서는 오나라의 태재였던 백비白嚭로 추정됨.

"공사부는 겸손한 분이었습니다. 자신을 칭송하는 태재와 제자들 앞에서 본인 스스로 자신이 비천한 출신임을 솔직하게 말씀하시며, '그랬기에 이런저런 다양한 방면에 걸쳐 재능을 발휘할 수 있었다'라고 인정하고 계시죠. 오늘 읽은 『중용』 문장 역시 그런 맥락입니다."

장 대리는 다시금 7장의 문장을 읽어 보았다. 문장 속에서 공자는 '많은 사람들이 자기 자신을 두고 지혜롭다 하지만, 그래 봐야 그물, 덫, 함정의 가운데로 몰아넣으면 피하지 못한다'라고 하였다. 그런데 이어진 신 차장의 설명에 따르면 여기서 그물(罟), 덫(擭), 함정(陷阱)은 단어의 뜻 그대로 물고기를 낚는 어망, 산짐승을 잡아채는 올무 같은 것들, 들짐승을 몰아넣는 구멍을 뜻하기도 하지만 또 다른 뜻도 있다고 했다.

"그물 고(罟)는 그물이라는 뜻과 함께 대대로 '규칙, 규정, 법망'이라는 뜻으로 쓰여 왔습니다. 덫 확(擭) 역시 그냥 덫이 아니라 누군가를 갖고 낚아채기 위해 만들어 낸 '모략' 등의 뜻으로 쓰였고, 함정(陷阱) 역시, 그냥 '구덩이(阱)'가 아니라 '모함하다', '날조하다'라는 뜻의 함(陷) 자와 함께 쓰여 의도를 갖고 누군가를 낭패에 빠트리기 위해 만들어 낸 구덩이라는 뜻으로 이해되어 왔죠."

"한마디로 '아무리 똑똑한 사람이라도 누군가 작심하고 나를 속이려 들면 꼼짝없이 당하고 만다'는 말이로군요."

"그런 셈이죠. 하지만 반대로 생각해 보면 그러한 특별한 상황이 아닌 일상적인 생활에서 노력한다면 충분히 도를 행할 수 있다는 것을 말하고 있는 셈이기도 하고요."

신 차장의 이야기는 계속되었다.

"예전에 제가 글을 배우러 다닐 때 모셨던 스승 중 한 분이 이런 말씀을 해 주셨습니다. '도란 운전이 아니다'라고."

"그게 무슨 뜻인가요?"

"우리가 보통 운전을 배워서 자동차 면허를 따면 직접 차를 몰아 보고 싶어서 안달이 납니다."

"맞아요. 저도 면허증이 나오자마자 아버지 차를 몰래 끌고 나갔다가 큰일 날 뻔한 적이 있었죠."

"네. 실제로 차는 자주 몰아 봐야 운전이 느는 것도 사실입니다."

"그렇죠. 장롱 면허라는 말도 있잖아요. 운전은 하는 만큼 늘죠."

"그래서, 도가 운전이 아니라는 겁니다."

"조금 배웠다고 섣불리 써먹으려 들면 안 된다는 말씀이신가요?"

"섣불리 써서도 안 되고, 또 자주 쓴다고 해서 느는 것도 아니라는 말입니다. 한번 고속도로를 타고 서울에서 부산, 강릉에서 인천을 운전해 본 사람은 가까운 교외쯤은 문제없이 오가게 됩니다. 좁디좁은 골목길을 통과해서 빽빽한 차들 사이에 주차해 본 사람은 넓은 마트 주차장에는 쉽게 차를 세울 수 있게 되죠. 하지만 도라는 것은 그렇지가 않다는 뜻입니다."

"도가 기술이 아니어서 그런 건가요?"

"그렇습니다. 오늘 운전을 할 수 있으면 내일 역시 운전을 할 수 있지만, 오늘 도를 행하였다고 해도 내일 다시 도에 어긋나는 잘못이나 악행을 범할 수 있습니다. 오늘 나 스스로를 어려운 상황에 몰아넣고 시험에 들게 했을 때 그 순간에 중용을 지키고 도를 행하였다고 해서, 내일 평범한 상황에서는 더 쉽고 편하게 그리할 수 있다고 생각하면 그건 오산입니다."

"……"

"주어진 형편과 처지, 상황에 맞춰 열심히 살다 보니 다재다능해졌다는 공사부의 말씀은 도나 중용에 있어서도 마찬가지로 적용할 수가 있습니다. 우리는 언제나 우리에게 주어진 상황에 맞춰 도를, 중용을 행할 따름입니다."

"네. 알겠습니다."

이렇게 열다섯 날째『중용』공부가 끝이 났다.

5
【일관】

삶을 단순하게 만드는 것이
진짜 기술이다

得一善則拳拳服膺而弗失之矣

공자께서 말씀하셨습니다. "내 제자인 안회의 사람됨은 정말로 훌륭하다! 안회는 중용을 지키는 삶을 택하여 한 가지 선함을 얻으면 손으로 받들어 가슴에 품고는 그를 잃지 않도록 했다."

― 『중용』 제8장

子曰 回之爲人也 擇乎中庸하여 得一善이면 則拳拳服膺而弗失之
자왈 회지위인야 택호중용   득일선   즉권권복응이불실지

矣니라.
의

"차장님, 차장님! 이것 좀 봐 주세요."

장 대리는 멀리서부터 소리를 지르며 신 차장이 앉아 있는 자리로 달려왔다. 이날 아침에는 『중용』 8장을 함께 읽고 공부를 했었다. 바로 그

날 저녁 퇴근 무렵 장 대리가 또다시 신 차장을 찾아온 것이다. 대신 그의 손에는 『중용』 책이 아닌 2페이지짜리 출력물이 들려 있었다. 신 차장은 손에 든 출력물을 보고서는 흐뭇한 표정을 지어 보였다. 무언가 익히 알고 있다는 표정이었다. 그러거나 말거나 장 대리는 들뜬 말투로 자기 하고 싶은 얘기를 늘어놓았다.

"아침에 차장님께서 말씀하신 대로 직관적으로 생각하고, 기본에 충실하게 판단해서, 최대한 기본 위주로 간소화시켰습니다!"

감추려 노력을 하는 듯한데, 어쩔 수 없이 자신감과 자기 스스로에 대한 대견함이 가득한 얼굴이었다.

신 차장은 잠시 아침나절 『중용』 수업 때를 떠올렸다.

이날 아침 수업에서 신 차장은 공자의 애제자 가운데 한 명이었던 안회와 공자가 칭송한 '선함을 얻으면 손으로 받들어 가슴에 품고는 그를 잃지 않는다'는 미덕에 대해 설명했다. 그러면서 '일하는 방식'을 예로 들어 줬다.

"안회顏回, 다른 이름으로 안연顏淵은 일명 '공자의 삼천 제자' 중에서도 으뜸으로 꼽혔던 분입니다."

그 말과 함께 신 차장은 문장 하나를 읊었다. 뭐 이제는 신기하지도 않았다.

顏淵 死 子曰 噫 天喪予 天喪予 顏淵 死 子哭之慟 從者曰 子慟矣 曰
안 연 사 자 왈 희 천 상 여 천 상 여 안 연 사 자 곡 지 통 종 자 왈 자 통 의 왈

有慟乎 非夫人之爲慟而誰爲 顏淵 死 門人欲厚葬之 子曰 不可 門人
유 통 호 비 부 인 지 위 통 이 수 위 안 연 사 문 인 욕 후 장 지 자 왈 불 가 문 인

厚葬之 子曰 回也 視予猶父也 予不得視猶子也 非我也 夫二三子也
후 장 지 자 왈 회 야 시 여 유 부 야 여 부 득 시 유 자 야 비 아 야 부 이 삼 자 야

"『논어』「선진先進」편 8장부터 10장의 말씀으로 뜻은 다음과 같습니다."

안연이 죽자 선생님(공자)께서 말씀하셨다. "아아! 하늘이 내 목숨을 빼앗으려는구나. 하늘이 내 목숨을 빼앗으려는구나." 안연이 죽자 선생님께서 통곡하셨다. 종자從者가 이렇게 우시면 몸에 해롭습니다, 라고 말하자 선생님께서 말씀하셨다. "내버려 두어라. 내가 이 사람을 위해 통곡하지 않는다면 대체 누구를 위해 통곡한단 말이냐." 안연이 죽었다. 제자들이 그의 장례를 화려하게 지내려고 하자 선생님께서 말씀하셨다. "그러지 말아라." 그러나 제자들은 결국 화려하게 장례식을 치렀다. 선생님께서 말씀하셨다. "안회는 나를 아버지처럼 섬겼는데, 나는 결국 그를 자식처럼 대하지 못하고 말았구나. 그렇게 된 것은 내 탓이 아니라 너희들 탓이다."

"구구절절하네요."

"그렇습니다. 공자가 안회를 얼마나 아꼈으며, 자신보다 먼저 요절한 것에 대해 얼마나 비통해했는지를 잘 표현한 문장이지요."

"안회는 공부를 잘했나요?"

"잘하고말고요. 공자와는 서른 살이 넘는 나이 차가 났지만 훗날 노나라 계강자가 공자에게 '당신 제자 가운데 최고가 누구요?'라고 물었을 때 한 치의 망설임도 없이 '안회만이 내 뜻을 알았소. 그런데 지금 (그는) 죽고 없소'라며 통곡을 했다고 할 정도로 탁월한 학문 실력을 자랑했다고 합니다."

"역시, 선생님한테는 공부 잘하는 제자가……."

"그러나 안회가 공부를 잘하는 똑똑한 제자여서 공자의 아낌을 받은 것은 아니었습니다."

신 차장의 설명에 따르면 안회는, 역시 공자의 제자였던 안로顔路의 아들로 태어났다고 한다. 하지만 태어날 때부터 그의 집은 찢어지게 가난했고, 하루에 밥 한 그릇(一簞食)에 반찬으로는 물 한 모금(一瓢飮) 먹고 하루를 버텨야 할 때가 대부분이었다고 한다. 그럼에도 그는 학문에 힘써 때로는 스승 공자에게 영감을 주고 학문의 단초를 제공하는 역할까지 하게 되었다고 한다. 하지만 그것뿐만이 아니었다. 공자가 안회를 지극히 아껴 자신의 학문적 수제자로 삼음은 물론 마치 친아들과 같은 애정을 느끼게 된 것은 그의 학문 실력에 탁월했던 그의 인품도 한몫을 단단히 했다.

"어느 날 공사부께서 이런 말씀을 하셨다고 합니다."

子曰, 吾與回言終日, 不違如愚. 退而省其私, 亦足以發. 回也不愚
자 왈 오 여 회 언 종 일 불 위 여 우 퇴 이 성 기 사 역 족 이 발 회 야 불 우

-『논어』「위정爲政」편 제9장

"대략, '나는 안회와 하루 종일 얘기를 해도, 한 번도 내 말에 반박하는 일이 없어서 우매한 사람인 줄 알았다. 그런데 (그가) 물러간 뒤에 그가 사는 모습을 살펴보니 항상 스스로를 발전시키고 있더라. 안회는 어리석은 사람이 아니었던 것이다!' 이런 말씀이시죠."

"이야…… 안회는 공자까지 탄복하게 만든 대단한 제자였군요. 저도 신 차장님께 그런 제자였으면 좋겠는데 말이죠……."

신 차장은 장 대리의 입에서 나온 '제자'라는 말에 빙긋 웃음을 지어 보였다. 기분이 무척이나 좋아 보였다.

"그런데 안회는 어떻게 그런 수준에까지 이를 수가 있었죠?"

이어진 장 대리의 물음에 신 차장은 또다시 엉뚱한 질문을 던졌다.

"장 대리는 에드셀Edsel이라는 자동차를 아시나요?"

"아니요. 처음 들어 보는데요. 어느 나라 자동차인가요?"

"미국 포드사에서 만든 자동차였습니다."

"아, 포드! 우리로 치면 현대에서 만든 쏘나타 같은 식이로군요."

"네. 포드에서 만든 모델명이 에드셀이었던 차라고 하는 게 정확하겠군요. 그런데 현대차의 쏘나타랑 비교하기는 조금 힘듭니다."

"왜죠? 엄청나게 비싼 고급 자동차였나요?"

"당시 물가로 봐서 싼 자동차는 아니었지만, 그렇다고 하더라도 쏘나타랑 비교하기 힘들 만큼 비싼 차도 아니었습니다. 그보다는……."

"그보다는요?"

에드셀은 1957년 포드사가 내놓은 새로운 자동차 모델이었다. 그것도 포드가 회사의 명운을 걸고, 거의 독립된 회사처럼(지금에 와서는 토요타의 렉서스처럼 많은 회사들이 시도하고 있지만) 연구원과 관련 조직을 분리해서 개발하기 시작했다. 파격적인 것은 조직 구조만이 아니었다. 에드셀의 연구 개발과 제품 출시까지 들어간 돈이 무려 2억 5천만 달러였는데, 그 정도 돈이면 당시 화폐 가치로 환산했을 때 웬만한 중견 자동차 회사를 사고도 남을 돈이었다. 그래서였을까, 포드는 새로 개발한 자동차의 이름으로, 창업주였던 포드 가문의 반대에도 헨리 포드 창업주의 외아들 이름이었던 '에드셀'이라는 이름을 붙이게 되었다.

한참 설명을 듣던 장 대리가 고개를 갸웃거리며 물었다.

"그런 대단한 차라서 쏘나타와 비교할 수가 없다는 말씀이신가요?"

"아닙니다. 조금은 다른, 어찌 보면 정반대의 이유라서 비교할 수가 없습니다. 결과부터 말씀드리자면, 에드셀은 참패를 하고 맙니다. 1957년 9월에 출시된 차는 이듬해인 1958년부터 1960년까지 3년간 단 10만 대를 조금 넘는 대수만이 팔리고 영원히 역사 속으로 사라져 버리고 말았습니다."

"아니, 도대체 왜?"

"물론, 여러 가지 이유가 있습니다. 에드셀의 참패 사례는 경영 학계에서도 주목했고 여러 가지 연구가 이뤄졌습니다. 그를 통해 '관료주의', '집단 사고', '시장 정보 곡해' 등 몇 가지 이유를 찾아내기도 했습니다. 거기에 더해 저는 오늘 우리가 읽은 『중용』의 문장에서도 에드셀의 실패 이유를 찾아봤습니다."

신 차장의 설명은 포드의 에드셀에서 다시 『중용』 8장으로 되돌아와 있었다.

"8장은 제자 안회 혹은 안연에 대해 공사부가 칭찬하는 내용입니다. 중용을 얻으면 그를 '손으로 받들어', '가슴에 품고는', '그를 잃지 않는다'라고 칭송을 하셨죠. 학자에 따라 견해가 다르기는 하지만, 저는 '손'을 실질적인 실천을 하고, '가슴'을 내적 수용을 통해 완벽하게 내재화하고, 마지막으로 '잃지 않음'을 보존하고 지속하며 후대에 계승했던 안회의 미덕을 공사부가 각각 구분해서 칭송했던 것으로 보고 있습니다. 즉, 안회의 일관된 모습을 높이 산 것이죠."

"일관된 모습이요?"

"그렇죠. 늘 일관된 모습. 그로부터 안회라는 사람의 진실성에 대한 믿음이 생겨난 것입니다. 장 대리 혹시 우리가 함께 『중용』을 읽기 시작한 지 이틀째 되는 날을 기억하나요?"

"기억하다마다요. 제가 30분이나 늦어서 차장님께서 화가 많이 나셨죠."

"하하, 기억하는군요. 그런데 한 가지 잘못 기억하는 것이 있어요. 그때 제가 장 대리에게 조금 불만이었던 것은 약속 시간에 30분 늦은 것도 있지만, 그보다는 단 하루 만에 전혀 다른 사람처럼 행동한 장 대리의 그 가벼움, 일관성 없는 행동 때문이었습니다. 그에 대한 불안감에서 싫은 내색을 했던 겁니다."

장 대리는 그제야 그날 왜 동료들과 화해했다는 데도 신 차장이 왠지 석연치 않은 표정이었는지 이해가 되기 시작했다. 그런데 아직 포드가 만든 자동차 에드셀의 참패 원인과 그게 오늘 읽은 『중용』의 내용과 무슨 연관성이 있는지를 듣지 못한 상태였다.

"그럼 에드셀이 '일관되지 못해서' 망했다는 말씀이신가요?"

"네. 좀 더 정확하게 말하자면 너무 많은 것을 담고자 해서 망했습니다."

"너무 많은 것을 담고자 해서요?"

"네. 에드셀을 기획할 무렵 포드는 어깨에 잔뜩 힘이 들어가 있었습니다. 미국은 물론 세계를 대표하는 자동차 회사로 성장했다는 자부심과 함께 캐딜락Cadillac을 앞세운 경쟁사 GM에 비해 '이것이 포드의 얼굴이다!'라고 내세울 만한 대표 브랜드가 없다는 부담감이 양 어깨를 짓누르고 있었죠."

결국 에드셀은 그런 포드의 자부심, 부담감에 넘치는 의욕까지 더해져서 디자인부터 갖가지 기능까지 총망라된 역작으로 만들어졌다고 한다.

"하지만 역설적으로, 무엇 하나 소비자들에게 매력적인 부분이 없었죠. 이것저것 많이 넣다 보니, 이 제품을 구매하면 소비자에게 어떤 이득이 있고, 다른 차에 비해 어떠한 장점이 있는지가 분명하게 보이지 않은 것이었어요."

"그랬군요…… 그런데 그것과 '일관되지 못함'과는 무슨 상관관계가 있을까요?"

"장 대리는 혹시 우리 회사 앞에 있는 향미옥 가 보셨나요?"

"그럼요! 거기 김치찜이 정말 기가 막히지요."

"그렇죠. 김치찜밖에 팔지 않지만, 점심, 저녁때는 30분 이상씩 줄을 서야 할 정도로 손님이 많죠. 그런데 그 집이 왜 김치찜밖에 팔지 않는지는 혹시 아나요?"

"글쎄요. 그게 제일 마진이 많이 남아서?"

"아니요. 그 집 사장님께 물어봤는데, 예전에는 이런저런 메뉴를 추가로 더 해 봤답니다. 그런데 잠깐 매출이 반짝 늘어날 뿐 그 효과는 미미했고, 무엇보다 본래의 주력 메뉴인 김치찜 맛이 들쑥날쑥해져서 손님들 불만이 더 높아졌다고 합니다."

"그러고 보니 예전에는 김치찜도 들어가는 고기 종류별로 여러 가지였던 것 같은데요. 닭, 돼지 등뼈, 목살, 소 힘줄 등등……."

"맞습니다. 그랬던 것을 돼지 등뼈 하나만 남기고 다 없애 버렸지요."

"일관된 맛을 내기 위해서요?"

"그렇습니다. 일관된 수준의 맛을 지키기 위해서요."

"음……."

장 대리는 골똘히 생각에 빠져들었다. 워낙 한꺼번에 여러 가지 이야기들을 들은 터라 생각의 정리가 필요했다. 그 속을 들여다보기라도 하듯 신 차장의 이야기가 이어졌다.

"다시 한 번 정리해 볼게요. 애드셀을 향미옥의 김치찜에 비유하자면, 한 냄비에 소, 닭, 돼지고기는 물론 새우에 미더덕까지 죄다 집어넣은 셈이었어요. 겉보기엔 화려하지만 맛이 들쑥날쑥한 잡탕에 지나지 않았지요. 나오는 모델마다 완성도가 틀렸고, 보는 사람마다 제품에 대한 생각이 달랐으며, 만족하는 바가 제각각이었어요. 일관된 브랜드 이미지나 제품의 가치 전달은 언감생심 꿈도 꾸지 못했지요."

"반면, 공자의 애제자 안회는 비유하자면 현재의 향미옥 돼지 등뼈 김치찜과 같은 삶이었군요."

"비유가 좀 그렇지만, 맞는 말씀입니다. 안회의 삶은 단순했고, 솔직 담백했습니다. 자신을 드러내기 위해 애쓰지도, 자신의 능력 이상을 어필하기 위해 노력하지도 않았습니다. 하지만 삶 자체가 간단했기에 처음부터 끝까지 항상 일관된 모습을 지킬 수 있었고, 그를 공사부마저도 칭찬해 마지않은 것이었습니다."

그 말이 끝나자마자 신 차장은 가방에서 서류 뭉치 하나를 꺼냈다. 어제 오후 장 대리가 신 차장에게 몰래 찾아와서 검토를 부탁한 보고서였다. 무려 20페이지 가까이 되는 분량이었다. 처음으로, 팀장이나 차석인 서 차장의 이름이 아닌 장 대리의 이름으로 부문장에게 직접 들어가는 보고서였다. 그런데 문제는 서 차장과 팀장의 검토를 받았음에도 부문장이 계속 되돌려 보내는 것이었다. 무언가 마음에 안 드는 부분이 있는 것 같은데, 꼭 집어서 어디가 문제인지 말씀을 안 하셨다. 팀장이나 서 차장 모두 '이제는 나도 모르겠다'였다. 결국 믿을 것은 신 차장뿐이었다.

신 차장이 되돌려 준 보고서를 받아 든 장 대리는 이리저리 앞뒤로 페이지를 넘겨보았다. 그러나 기대했던 '빨간색' 첨삭 흔적이나 추가할 내용을 적어 붙인 포스트잇은 보이지가 않았다. 아니, 어제 검토를 부탁할 때와 똑같이 펜 자국 하나 없는 출력물 그대로였다. 사내에서도 기획안과 보고서를 '귀신같이 잘 만들어 낸다'고 소문이 자자했던 신 차장이기에 뭔가 기막힌 묘수랄까 절묘한 팁을 기대했던 장 대리는 크게 낙담했다. 그런 장 대리의 표정을 읽었는지 신 차장의 설명이 이어졌다.

"장 대리의 보고서는 훌륭했습니다. 거기에 서 차장과 팀장님의 손길까지 닿으니, 업무 관련한 보고서인지 논문인지가 헷갈릴 정도로 방대한 자료집이더군요. 그런데 과연 이 스무 페이지의 보고서를 읽은 부문장님의 머릿속에는 어떤 메시지가 남게 될까요?"

장 대리는 골똘히 생각에 빠져들었다. 오늘 읽은 『중용』 8장의 글귀들과 스무 페이지가 넘는 소책자 두께의 보고서를 번갈아 쳐다보았다. 그러다 힘없는 목소리로 물었다.

"줄여야…… 할까요?"

"향미옥 사장님이 재료를 뺀다고 생각했을까요? 가장 맛있게 만든다고 생각했을까요?"

"가장 핵심적인 내용으로 이해하기 쉽게 만들어 보겠습니다. 일관성 있게, 간결하게."

"빙고! 바로 그겁니다"

그리고 그로부터 채 하루도 지나지 않아, 장 대리는 두 페이지짜리 보고서를 연신 신 차장의 눈앞에서 흔들어 대고 있었다.

"통과했나요?"

"네! 당연하죠."

장 대리는 여전히 흥분을 감추지 못하고 있었다.

"선배들이 모두 깜짝 놀랐습니다. '이제까지 부문장님이 보고서를 읽고 저렇게 만족하는 표정을 지으신 적이 없었다'며."

큰 칭찬을 받은 듯했다.

"수고했습니다."

"이게 다, 차장님 덕분입니다."

"안회 덕분이겠죠."

그 말에 장 대리는 빙그레 웃음을 지었다. 그러더니 왔을 때처럼 그렇게 헐레벌떡 자기의 자리로 돌아가며 외쳤다.

"차장님, 저 그만 가 볼게요! 부문장님께서 수고했다고 한우를 사 주신답니다!"

6
【승부】

강함을 선택할 수 있는 자가
가장 강하다

和而不流 強哉矯 中立而不倚 強哉矯

제자인 자로가 '강함'에 대해 묻자 공자께서 말씀하셨습니다. "네가 지금 묻는 '강함'이라는 것은 '황하 이남 지방의 강함'을 말하는 것이냐, '황하 이북 지방의 강함'을 말하는 것이냐, 이도 저도 아니라면 혹시 '너의 강함'을 말하는 것이냐? 너그럽고 부드러운 태도와 말로 가르치고, 상대가 도리를 지키지 않는 무례한 자라고 하더라도 보복하려 들지 않음이 바로 '황하 남쪽 지방의 강함'이니 군자가 '강하다'고 할 때는 대부분이 이 '남방의 강함'을 말하는 것이다. 반면에 갑옷을 입고 무기를 든 채로 죽음을 맞이한다 하더라도 싸움을 마다하지 않음이 '황하 북쪽 지방의 강함'이니 외견상 강해 보이는 사람이 '강하다'라고 할 때는 대부분 이 '북방의 강함'을 말하는 것이다." 그러므로 군자는 어울리되 휩쓸리지 않으니, 강하고 굳셀 따름이다. 가운데 자리잡아 어느 양 극단으로도 치우치지 않으니, 강하고 굳셀 따름이다. (그가 몸담은)

나라에 도가 있으면 곤궁해도 쉽게 변질되지 않으니 강하고 굳셀 따름이다. 그 나라에 도가 없어 (군자가 그 지위를 잃거나, 더 심한 경우 참소 등을 당해) 죽임을 당하더라도 그 뜻만은 변치 않을 수 있으니 강하고 굳셀 따름이니라.

-『중용』제10장

子路問强. 子曰 南方之强與아 北方之强與아 抑而强與아. 寬柔以教
자로문강 자왈 남방지강여   북방지강여   억이강여   관유이교

요 不報無道는 南方之强也니 君子居之니라. 衽金革하여 死而不厭
불보무도   남방지강야   군자거지   임금혁   사이불염

은 北方之强也니 而强者居之니라. 故, 君子 和而不流 强哉矯 中立
북방지강야   이강자거지   고 군자 화이불류 강재교 중립

而不倚 强哉矯 國有道 不變塞焉 强哉矯 國無道 至死不變 强哉矯.
이불의 강재교 국유도 불변색언 강재교 국무도 지사불변 강재교

오늘은 두 사람이 거의 동시에 직원 고충 상담실의 문을 열고 들어섰다. 장 대리가 인사를 하기는 했지만, 신 차장은 고개만 살짝 숙일 뿐 이후 별 반응이 없었다. 자리에 앉아서도 마찬가지였다.

'아직도 화가 나셨나?'

장 대리는 지레 찔려서 슬슬 신 차장의 눈치만을 살폈다. 그럴 수밖에 없는 이유가 있었다.

어제 저녁의 일이었다. '장 대리의 잘 만든 보고서' 덕분에 한우 갈비집에서 팀 회식이 있었다. 갈비집에서의 1차를 마치고 2차는 예닐곱 명 남은 젊은 대리, 과장들만 호프집으로 가게 되었다. 문제는 2차를 마치고 호프집 현관 앞에 서서 '3차를 가니 마니' 옥신각신할 때 벌어졌다.

역시 술을 마시고 나오는 듯한 40대 남자 몇 명이 "왜 문을 막고 난리냐?"며 시비를 걸어왔다.

순간, 감정이 욱한 장 대리가 "뭐요? 당신 뭐라고 했어!"라며 상대에게 다가서면서 본격적으로 시비가 붙게 되었다. 일행 중 가장 성격이 좋은 김 과장은 상대 남자들에게 연신 고개를 숙이며 "미안하다"를 연발했다. 여자 동료들 역시 겁에 질려서 그냥 가자며 장 대리의 팔꿈치를 잡아끌었다. 하지만 술도 한잔 마셨겠다, 여자 동료들도 있겠다, 장 대리의 기세는 더 등등해졌다. 무엇보다도 밑도 끝도 없이 무조건 미안하다고만 하는 비굴한 모습의 김 과장에 비해 '강한 남자'라는 이미지를 여자 동료들에게 보여 주고 싶었다.

열 살쯤 어린 장 대리로부터 반쯤 반말을 들은 상대도 이젠 한번 붙어보자고 나서면서 본격적인 싸움으로 번지게 되었다. 김 과장은 어떻게 해서든 말려 보려고 양쪽 모두에게 애걸복걸했고, 여자 동료들은 눈물이 그렁그렁해서 소리를 지르고 있었다. 그런데 그 난리 가운데에서 장 대리는 아는 얼굴을 발견했다. 신 차장이었다. 신 차장의 부서도 회식을 하고 2차를 하기 위해 호프집으로 들어선 것이다. 다투는 모습을 발견한 신 차장과 경영전략팀장이 말리고 나섰다. 연배가 있는 팀장은 상대 40대 남성들을 회유했고, 신 차장은 장 대리 일행을 말렸다. '일행'이라고는 했지만, 말려야 하는 사람은 장 대리 하나였다. 그러나 생각 외로 상황은 금세 끝나지 않았다. 평상시에도 사람 좋고 말 잘한다는 호평이 자자했던 경영전략팀장은 단 몇 마디만으로 상대였던 40대 취객들을 진정시켰지만 장 대리가 문제였다. 상대가 진정될 만하면 다시 언성을 높여 화를 돋우었다.

"왜, 쫄았냐? 말리는 사람이 있으니까, 다행이다 싶지?"

"됐고, 너 이리 와. 한판 붙자니까!"

계속되는 장 대리의 도발에 상대 역시 다시 언성을 높이기 시작했다. 소란스러운 소리를 듣고 술집 안팎에 있던 사람들이 몰려 나왔고, 이러다가 누가 경찰에 신고하기라도 하면 단단히 일이 커져 버리고 말 상황이었다. 그때였다. 이제까지 조용한 소리로 타이르던 신 차장이 장 대리에게 버럭 소리를 질렀다.

"장 대리! 정말, 이것밖에 안 되는 사람입니까?"

그러고는 뚫어지게 장 대리의 두 눈을 쳐다보았다. 그런 신 차장의 모습을 처음 봤던지라 장 대리는 순간적으로 움찔했다. 게다가 마주친 신 차장의 두 눈에는 뭐라 말로 표현하기 어려운 그런 기운이 담겨 있었다. 단순히 노기怒氣라고만 하기는 어려웠다. 그렇게 어제는 대충 마무리가 되었다.

신 차장은 별다른 말이 없었다. 차라리 무슨 말이라도 해 줬으면 했다. 안절부절못하고 있던 장 대리는 혼잣말처럼 하고 싶은 얘기를 계속했다.

"차장님, 저는 어제 제가 한 행동은 잘한 행동이라고 봅니다."

"차장님 말씀은 불의를 보고도 행동하지 않는 것이 옳은 건가요?"

"그렇다면 이제까지 배운 건 모두 '공자 왈, 맹자 왈'이었던 건가요?"

"공자님 말씀은 책상 앞에서나 지켜야 할 학문이로군요."

그때였다. 잠자코 듣고만 있던 신 차장이 입을 열었다.

"며칠 전에 언급했던 『도덕경』을 조금 더 말씀드리겠습니다."

세상에 그지없이 부드러운 것이, 세상에 더할 수 없이 단단한 것을 이겨 낸다. '없음'만이 틈이 없는 곳에도 들어갈 수가 있다. 그러기에 나는 '억지로 하지 않음'의 유익을 안다. '말없는 가르침', '무위의 유익'에 미칠 만한 것은 세상에 드물다.

- 『도덕경』 제43장

天下之至柔 馳騁天下之至堅 無有入無間 吾是以知無爲之有益 不
천 하 지 지 유   치 빙 천 하 지 지 견   무 유 입 무 간   오 시 이 지 무 위 지 유 익   불

言之敎 無爲之益 天下希及之
언 지 교   무 위 지 익   천 하 희 급 지

"우리가 세상을 살아가며, 그리고 나이가 들어가며 점점 더 확고해지는 믿음 가운데 하나가 단단한 것, 뾰족한 것, 날카로운 것이 강하고, 다른 것들을 이길 수 있다는 생각입니다. 그런데 그런 생각은 모두 허상입니다. 하루라도 빨리 그런 생각들을 버려야 한단 말입니다. 현대적인 말들로 바꿔 보자면, 내가 더 돈이 많다는, 내가 더 목소리가 크다는, 내가 더 패거리가 많다는 것을 믿고 그것 때문에 자신이 강하다는 생각을 버려야 한다는 말입니다."

정작 신 차장의 얘기가 시작되자 장 대리는 별로 할 말이 없었다.

"방금 말씀드린 『도덕경』의 내용 역시 마찬가지 이야기를 하고 있습니다. 우리가 세상에 그지없이 부드럽다고 생각하는 것들이 결국 보면 더할 수 없이 단단한 체하거나, 강한 체했던 것들을 모두 이겨 낸다고 말하고 있습니다."

이번엔 신 차장의 일방적인 이야기가 계속되었다.

"오늘 우리가 읽어야 할 『중용』 10장 역시 그에 관한 얘기를 하고 있습

니다."

그 말과 함께 신 차장은 10장 본문을 읽고 뜻풀이까지 일사천리로 진행했다. 장 대리도 마지못해 따라 읽었다.

"자로는 공사부의 제자 중에서도 상당히 특이한 사람입니다. 사마천이 지은 『사기史記』에 보면 이런 문장이 나옵니다."

子路性鄙 好勇力志伉直 冠雄雞佩豭豚 陵暴孔子
자로성비 호용력지항직 관웅계패가돈 능폭공자

– 『사기』「중니제자열전」

「중니제자열전」은 『사기』의 저자 사마천이 직접 공사부와 제자들이 공부하던 곳을 방문한 뒤 적은 기록입니다. 그 책에서 사마천은 공사부의 제자였던 자로에 대해 이렇게 설명하고 있습니다."

자로는 성격이 비천하였으나, 의지가 강하고 뜻이 곧았다. 머리에는 수탉의 깃털로 만든 모자를 쓰고, 허리에는 수퇘지의 가죽으로 만든 주머니를 차고 다녔는데, 한때 공자를 업신여기고 포악한 짓을 일삼았다.

"여기서 '수탉 깃털로 만든 모자'와 '수퇘지 가죽으로 만든 주머니'는 당시의 전형적인 목동 또는 사냥꾼의 복장인데, 당시의 사냥꾼들은 단순히 동물만 사냥하는 것이 아니라, 떼를 지어 다니면서 세를 과시하고 일반 민간인들을 위협해서 재물을 빼앗는 경우도 비일비재했었죠."

"일종의 건달패였군요."

"뭐 비슷합니다."

"그랬던 사람이 어떻게 공자의 제자, 그것도 후대에 이름이 남은 대표적인 제자가 될 수 있었죠?"

"이어지는 『사기』의 기록을 보면 다음과 같은 이야기가 계속됩니다."

공자는 예의를 다해 점차 자로를 (바른 길로) 이끌어 주었다. 자로는 유자●들이 입는 옷을 입고 예물을 올려 제자가 되기를 청하였다.

－『사기』「중니제자열전」

孔子設禮稍誘子路 子路後儒服委質 因門人請為弟子
공 자 설 례 초 유 자 로　 자 로 후 유 복 위 질　 인 문 인 청 위 제 자

"한 수 가르침을 구하며 스승이 되어 달라고 공사부를 찾아온 대부분의 제자들과 달리 자로는 길거리 양아치 출신으로, 고상한 척 폼만 잡는 공사부와 한판 벌이겠다고 쳐들어왔다가 사부의 인품에 감복하여 그대로 제자로 눌러앉은 인물입니다."

"재미있는 친구네요."

"그렇죠. 공사부의 제자 중에서는 가장 특이한 사람입니다."

자로는 늘 싸움에 관심이 많았고, 실제로도 공자가 먼 길을 떠날 때면 사설 경호원처럼 함께 다니며 그 주위를 지켰다고 한다.

"그런 자로가 공사부에게 '강함'을 묻습니다. 그에 대한 답이 여기 10장의 내용입니다. 자로의 물음에 공사부는 오히려 되물어 봅니다. '남방의 강함인지, 북방의 강함인지, 아니면 질문을 하는 자로 본인의 강함인지'

● 儒者. 유자 혹은 유생(儒生)이라 하여 공자의 학문 또는 유교나 유학을 믿는 제자를 일컬음.

하고 말이죠. 그러고 나서 설명이 이어지죠."

"너그러움과 부드러움으로 가르치고 무도함에 보복하지 않음이 남방의 강함이고, 갑옷을 입고 무기를 든 채로 죽어도 마다하지 않음이 북방의 강함이다, 라고 말이죠?"

"맞습니다."

"강한 사람이 북방의 강함에 거하고, 군자는 남방의 강함에 거하니 당연히 남방의 강함이 더 훌륭한 것이겠군요."

장 대리는 결국 신 차장이 이야기를 뻔한 결말로 몰아가 자신을 훈계하려는 듯해서 그다지 기분이 좋지 않았다. 아직도 어제 일에 대해 본인이 크게 잘못한 것이 없다는 생각이 확고했기 때문이다. 그런데 정작 신 차장의 대답은 예상과 달랐다.

"아니오. 그렇지 않습니다. 북방의 강함과 남방의 강함 중 어느 것이 더 낫다고 할 수는 없습니다. 공사부 역시 남방의 강함이 더 낫다고 말씀하신 것이 아닙니다."

"그러면……."

"여기서 중요한 것은 '강함을 구분한 것'입니다. 우리는 흔히 '강함'이라고 하면 하나의 이미지만을 갖고 있지만, 실제로 살펴보면 다양한 상황에서 서로 다른 모습의 강함이 존재합니다. 자로가 그에 대한 구분 없이 그저 '강함'에 대해 물었을 때, 공사부께서 '남방의 강함을 말하는 것이냐, 북방의 강함을 말하는 것이냐'라고 강함을 구분해서 이미 자로에게 줄 가르침은 모두 주었다고 할 수 있습니다. 그 뒤의 이야기는 그저 부연 설명에 가깝지요."

애기를 듣는 장 대리의 머릿속에는 이미 어제 그 호프집 앞에서의 광경이 텔레비전 속 재연 드라마처럼 고스란히 떠오르고 있었다.

"난폭한 개가 어린아이를 위협하고 있는 상황에 맞닥뜨렸을 때 거기에 대고 '싸우지 마라', '사이 좋게 지내라'라고 말해 봐야 무슨 소용이 있겠습니까? 아이를 들쳐 매고 빨리 달려 도망치던지, 돌멩이나 장대로 개를 제압하여 저지해야 하지 않겠습니까? 바로 이것이 북방의 강함입니다. 두려워하지 않고 불의에 맞서 싸울 수 있는 용맹함. 강한 사람이 그곳에 거하지요."

뒤의 이야기는 듣지 않아도 뻔했다.

"반면, 사람 사이의 오해가 있어 서로 얼굴을 붉힐 때 큰 목소리로 겁을 주어 아무 말도 못하고 물러나도록 하는 것이 강한 것일까요? 돌멩이나 장대로 상대를 제압하는 것이 강한 것일까요? 그렇지 않을 것입니다."

신 차장은 자리를 정리하고 일어나며 마지막으로 한마디를 더 했다.

"치열한 승부와 경쟁이 반복되는 현대 사회를 살아가는 우리 현대인들에게 강함에 대한 추구는 본질적인 것입니다. 당연한 거죠. 저도 그걸 부정하지는 않습니다. 그런데 우리가 생각해 봐야 할 것은 '어떤 강함'을 택할 것이냐는 겁니다. 북방의 강함이냐, 남방의 강함이냐. 아니, 그 이전에 '강함에도 서로 다른 두 가지 종류의 강함이 있다'는 것을 절대로 잊지 않는 것부터가 시작이겠지요."

그 말을 마치고 신 차장은 짐을 챙겨 밖으로 나갔다. 상담실 안에 덩그러니 혼자 남게 된 장 대리는 어제의 상황을 다시 한 번 머릿속에 떠올려 보았다.

'나는 강했던가?'

'북방의 강함, 남방의 강함, 강자의 강함, 군자의 강함…… 그중 어떤 강함이었나?'

'아니 그전에 강함에는 서로 다른 두 종류가 있다는 사실을 인식하고

있었나?'

무엇 하나 쉽게 답을 할 수가 없었다. 다만, 그 어느 때보다 본인이 작고 약한 존재라는 생각을 씻을 수 없는 순간이었다.

7

【홍보】

당신과 세상이 모르는 삶의 비법은
의외로 많지 않다

遯世不見知而不悔

공자께서 말씀하셨습니다. "은밀한 것들을 추구하고 괴이한 행동을 일삼는 사람들을 후세 사람들이 칭송하고, 거기에서 그치지 않고 그를 널리 알리려는 시도를 하기도 하는데, 나는 그런 짓들을 하지 않는다. 군자라는 사람들이 도를 따라 행하다가 중도에 폐하는 경우도 간혹 있는데, 나는 그런 짓을 능히 할 수 없다. 군자는 중용에 의지한다. 다른 사람들의 시선과 관심을 피해 은거하며 세상이 나를 알아주지 않아도 결코 후회하지 않는다. 그런데 그런 경지의 삶을 사는 것은 오직 성자聖者만이 할 수 있다."

-『중용』제11장

子曰 素(索)隱行怪를 後世에 有述焉하나니 吾弗爲之矣로라. 君子
자왈 색   은행괴   후세   유술언   오불위지의   군자

遵道而行하다가 半塗(途)而廢하나니 吾弗能已矣로라. 君子依乎中
준 도 이 행   반 도   이·폐   오 불 능 이 의   군 자 의 호 중

庸하여 遯世不見知而不悔하나니 唯聖者能之니라.
용   둔 세 불 견 지 이 불 회   유 성 자 능 지

"그런데 조금 아쉬울 때가 있기는 해요."

신 차장이 오늘 읽기로 한 11장을 읽고 뜻풀이까지 마치자마자 장 대리가 기다렸다는 듯이 입을 열었다.

"뭐가 아쉽죠?"

"우리가 하는 글공부 말이에요. 늘 조금 아쉽다는 생각이 들었는데, 오늘 읽은 내용을 보니 공자님도 그렇게 생각하셨나 보네요."

그 말에 신 차장은 오늘 읽은 문장을 손가락으로 짚어 가며 세세하게 다시 살펴보았다. '도대체 어디에 그렇게 해석할 만한 문장이 써 있는 거지?' 하는 표정이었다. 장 대리는 직접 손가락으로 마지막 문장을 짚으며 다시 한 번 '아쉽다'를 연발했다. 그 손끝의 문장을 잠시 물끄러미 바라보더니 신 차장은 고개를 들고서는 장 대리에게 말했다.

"한문 문장을 보면 '잠箴'이나 '명銘'이라는 형식의 문장이 있습니다. 둘 다 훗날 그 글을 읽는 사람들에게 훈계를 할 목적으로 쓰여진 글이기에 사람들이 늘 암송하기 좋게 짧고 명쾌한 문장으로 이뤄져 있지요."

그런 '잠'과 '명'을 합해서 잠명류箴銘類라고 부르는데, 신 차장의 설명에 따르면 '명'은 칭송, 예찬 등의 내용이 주가 되기에 문체가 유려하고 단어 선택 역시 부드럽지만, '잠'은 '대나무로 만든 날카로운 침'이라는 원래 글자의 뜻처럼 실수를 예방하고, 잘못된 행동을 피하도록 하는 내용이 주가 되며 따라서 글 자체가 매섭고 어휘 자체도 명료하면서도 날카로운 특징이 있다고 했다. 신 차장의 이야기는 계속 이어졌다.

"그러한 '잠' 중에서도 대표적인 것이 당송팔대가[●] 가운데 한 명으로 꼽혔던 한유韓愈가 지은 「지명잠知名箴」이라는 글입니다. 그는 「지명잠」에서……."

內不足者 急於人知 沛然有餘 厥聞四馳
내 부 족 자 급 어 인 지 패 연 유 여 궐 문 사 치

"……라고 했습니다. 우리말로 풀이하자면, '내면이 부족한 사람은 남이 알아주는 것에 조급해한다. 넉넉하게 남음이 있으면 그 소문이 사방으로 퍼져 나간다' 정도가 되겠군요."

짧은 문장이니 외워 두고 수시로 읽어 마음에 새기라며 신 차장은 벽에 붙어 있는 화이트보드에 방금 읊은 열여섯 글자를 써 주었다. 손으로는 『중용』 책의 빈 귀퉁이에 그 글귀를 받아 적고 있었지만, 마음은 여전히 동의하기가 어려웠다. 그런 마음은 그대로 질문으로 다시 튀어나왔다.

"차장님, 그런데 요즘 시대를 일컬어 '자기 PR의 시대', '개인 브랜드의 시대'라고 하지 않습니까? 적어 주신 『지명잠』의 글귀는 지금보다는 옛날 사고방식에 걸맞은 이야기인 것 같습니다. 요즘이야 어디 그런가요? 가만히 있으면 누구도 알아봐 주지 않는다고요."

"맞습니다. 장 대리 말이 맞아요."

의외로 신 차장은 장 대리의 반론에 순순히 동조를 해 주었다.

"다만…… 「지명잠」이나 『중용』 11장에서 공사부가 말씀하신 것은 자

[●] 唐宋八大家. 중국 당唐나라와 송宋나라 시기에 활동했던 여덟 명의 뛰어난 문장가, 한유韓愈, 유종원柳宗元, 구양수歐陽修, 소순蘇洵, 소식蘇軾, 소철蘇轍, 증공曾鞏, 왕안석王安石을 지칭하는 말.

기를 내세우지 말라는 것이 아니라, 그것에 정신이 팔려 도를 지키다가 폐하거나, 내면이 부족한 것을 채우는 데 신경을 쓰지 못하는 것을 삼가하라는 것이었습니다. 이는 맹자 역시 마찬가지로 지적했죠."

> 진실로 근본이 없으면, 칠팔 월 사이에 비가 모여 구덩이와 도랑이 다 차지만 그것이 말라 버리는 것을 가히 서서 기다릴 수 있다. 고로 명성이 실제보다 지나침을 군자는 부끄러워하는 것이다.
>
> ─『맹자』「이루 하離婁 下」 중에서

苟爲無本 七八月之間雨集 溝澮皆盈 其涸也 可立而待也 故 聲聞過
구 위 무 본 칠 팔 월 지 간 우 집 구 회 개 영 기 학 야 가 립 이 대 야 고 성 문 과

情 君子恥之
정 군 자 치 지

"맹자 역시 그의 책에서 이와 같이 말했습니다. 되짚어 보면 자신을 내세우지 말라는 것이 아닙니다. 다만, 자신의 실제보다 그 명성이 지나침을 부끄러워해야 한다는 말입니다. 자신을 알아달라고 나대는 건 내실이 없다는 증거입니다. 내면이 충만한, 본질에 충실한 사람은 티내지 않고 있어도 사람들이 먼저 알아보고 그 소문이 퍼지는 법입니다."

"맞는 말씀이기는 한데요. 요즘같이 바삐 지나가는 세상에 내실부터 다지고 그다음에 그걸 알리려 들면 늦는다는 얘기죠. 예쁜 옷을 입었으면 물 좋은 곳에 놀러 가야 하는 거고, 배웠으면 써먹어서 유식하다는 소리를 들어야 하는 것 아닌가요?"

장 대리의 얘기에 신 차장은 굳이 반박을 하지 않았다. 그렇다고 해서 장 대리가 옳다고 말한 것도 아니었다. 그저 잠깐 생각에 잠겨 있는 모습

이었다. 잠시 후, 침묵하던 신 차장이 입을 열었다.

"장 대리, 공부에는 두 가지 종류의 공부가 있습니다."

"네. '하기 싫은 공부'와 '하기 어려운 공부'가 있죠."

장 대리의 농담에도 신 차장은 진지한 표정을 거두지 않은 채 얘기를 계속 이어 나갔다.

"첫 번째 공부는 인생의 퀀텀 점프*가 가능한 공부입니다. 예를 들면 사법고시나 행정고시 등과 같은 고시 공부나 각종 자격증 시험 공부가 대표적인 퀀텀 점프가 가능한 공부입니다."

"잘만하면 팔자가 바뀌는 공부를 말하는군요."

"맞습니다. 물론, 시대에 따라 그 가치가 높아지거나 낮아지기는 하지만 여전히 각종 국가고시나 공인자격증 취득을 위한 공부는 합격만 하면 인생의 방향이나 삶의 격이 달라지는 퀀텀 점프를 가능하게 합니다."

"그럼 두 번째 공부는요?"

"두 번째 공부는 느리지만 본질적인 부분을 바꾸는 공부입니다. 퀀텀 점프를 가능하게 만드는 공부에 비해 눈에 띄게 두드러진 변화는 쉽게 이뤄 낼 수 없지만, 분명히 무언가 바꾸게 해 주는 그런 공부를 말합니다."

"이를 테면?"

"꾸준한 독서, 운동 습관 등이 바로 그런 공부이지요."

"우리가 지금 하고 있는 공부 역시 '두 번째 공부'겠군요."

"굳이 분류하자면 그렇겠죠. 그런데 이 두 번째 종류의 공부 특징 가운데 하나가 보다 본질적인 부분을 변화시키는 것이다 보니 단기간 내에 티가 나지 않는다는 점입니다."

---

* Quantum Jump. 본래 물리학 용어로서 어떤 일이 연속적으로 조금씩 발전하지 않고 단번에 대약진하는 현상을 뜻함.

"제 말이요."

"그러다 보니 공부의 효과 또는 얻게 될 성과에 대해 의심하게 되는 경우가 빈발하고 그로 인해 조바심을 내다가 결국 중도에 포기하거나……."

"포기하거나……."

"자신이 거둔 공부의 효과를 몇 배나 부풀려 드러내거나, 그러한 공부의 결과물을 이상한 방향으로 활용하는 경우들이 있습니다."

"오늘 읽은 문장 가운데 '은밀한 것들을 추구하고 괴이한 행동을 일삼는 사람들을 후세 사람들이 칭송함(素隱行怪, 後世有述焉)', '도를 따라 행하다가 중도에 폐함(遵道而行 半塗而廢)'이 바로 그런 것이겠군요."

"맞습니다. 아까 장 대리가 '요즘은 자기 PR의 시대'라고 했는데, 장 대리는 혹시 PR의 정의가 뭔지 아나요?"

"그야…… 뭐 알리는 것, 광고하는 것…… 홍보하고 마케팅하고…… 그런 것 아닌가요?"

"비슷하긴 합니다. 다만 송구스럽게도 조금만 아는 체를 하자면, 2011년부터 1년간 PRSA●는 회원들의 의견 분석과 학술적인 연구를 바탕으로 근 30년 만에 다시 PR의 정의를 내린 적이 있습니다. 그에 따르면 우리가 사용하는 PR의 정의는 다음과 같습니다."

> PR(Public Relations)이란 조직과 공중 사이의 상호 유익한 관계를 구축하는 전략적 커뮤니케이션의 과정이다.
>
> Public relations is a strategic communication process that builds
> mutually beneficial relationships between organizations and their

---

● Public Relations Society of America. 전미PR협회.

publics.

신 차장은 입으로는 한글로 번역한 뜻을 말하며 화이트보드에는 영어 원문을 휘갈겨 썼다. 영어는 한자만큼 잘 쓰는 글씨는 아니었다.

"우리는 흔히 PR이라고 하면 '알리다'는 행위를 중요시하지만, 실제로 PR에서 가장 중요한 것은 '상호 유익한', '관계 구축', '전략적 커뮤니케이션' 이 세 가지입니다. 내가 알고 있는 것을 상대방에게 드러내기만 한다고 해서 상대가 그로부터 얻을 만한 유익함이 있을까요? 내가 공부한 것들을 아는 체한다고 해서 타인과 정상적인 관계가 구축될 수 있을까요? 내가 아는 것만을 알리는 것이 바람직한 커뮤니케이션 스킬일까요?"

장 대리는 뭐라 반박하고 싶었지만, 할 말이 쉽게 떠오르지 않았다. 너무 몰아붙이기만 했다는 생각이 들었는지 신 차장이 한층 누그러진 목소리로 다시 이야기를 이어 갔다.

"상대방에게 유익한 것을 제공해서 상대가 나와 관계를 만들어 나가고 싶도록 만드는 가장 효과적인 커뮤니케이션의 시작은 상대가 매력을 느낄 만한 정보를 축적하고, 그를 가공하여 나만의 노하우로 만들어 나아가는 것입니다. 때문에 '자기 PR의 시대'에 우리가 보다 더 시간과 노력을 투자해야 할 부분은 알리는 행위가 아니라 보다 더 많고 탐나는 알릴거리를 만들어 놓는 것입니다. 그다음에 본격적으로 알리는 행동에 나서도 절대 늦지 않을 겁니다."

"다른 사람들이 먼저 알아줄 테니 말이죠?"

"그렇습니다. 그러니 공사부를 한번 믿어 보시고, 우리는 내일도 또 열심히 공부해 봅시다."

8

【정돈】

불필요한 것들에
성패가 달려 있다

體物而不可遺

공자께서 말씀하셨습니다. "귀신(신, 하느님, 우주의 본질 등)의 '덕德'은 아마도 정말 대단할 것이다." 그리 말씀하신 까닭은, (귀신은) 그것을 보려 해도 보이지가 않고, 들으려 해도 들리지 않지만, 세상 모든 사물의 본체를 하나 버리는 것 없이 넉넉하게 안고 있기 때문이다. 천하의 사람들이 (귀신 앞에 이르면) 그 몸과 마음을 깨끗하게 하고, 옷을 정결히 잘 차려입고 제사를 받들게 되는데, 신은 넘실넘실 그 위에 있는 듯하기도 하고 그 좌우에 있는 듯하기도 하다. 『시경』「대아大雅」의 '억抑' 편에는 이런 글이 적혀 있습니다. "신이 그 뜻을 내려준다 하여도 (있는 줄 없는 줄) 헤아리지도 못하는데 하물며 싫어할 수는 있겠는가." 무릇 사물의 본체는 미미한 것이라도 드러날 수밖에 없는 것입니다.

－『중용』제16장

子曰 鬼神之爲德이 其盛矣乎인저. 視之而弗見하며 聽之而弗聞이
자 왈 귀 신 지 위 덕   기 성 의 호   시 지 이 불 견   청 지 이 불 문

로되 體物而不可遺니라. 使天下之人으로 齊明盛服하여 以承祭祀
체 물 이 불 가 유   사 천 하 지 인   재 명 성 복   이 승 제 사

하고 洋洋乎如在其上하며 如在其左右니라. 詩曰 神之格思 不可度
양 양 호 여 재 기 상   여 재 기 좌 우   시 왈 신 지 격 사 불 가 탁

思 矧可射思 夫微之顯 誠之不可揜 如此夫인저.
사 신 가 역 사 부 미 지 현 성 지 불 가 엄 여 차 부

"신 차장님은 출근할 때 뭐 타고 다니세요?"

자리에 앉자마자 장 대리는 신 차장의 출근 방법을 물었다. 신 차장은
『중용』을 꺼내 펼치며 별 대수롭지 않다는 듯 답했다.

"글쎄요. 지하철이랑 버스를 갈아타고 다닐 때도 있기는 한데, 출근 시
간이 새벽 이른 편이다 보니 주로 차를 갖고 다니지요. 집에서 나서는 시
간 대에 아직 첫차가 안 다닐 때도 있거든요."

역시 '아침형 인간'으로 소문이 난 신 차장다웠다.

"아, 그러면 차장님은 마주치지 못했겠네요."

"누구를요?"

"'도를 아십니까?'라고 묻는 분이요."

"그런 분이 있나요?"

"지하철역에서 우리 회사 건물까지 오는 길에 늘 계신 분인데요, 눈이
마주치면 다가와서 '도를 아십니까?'라고 물어보고는 하세요."

"음, 그 비슷한 사람들에 대해서 들어 본 적은 있습니다."

"그런데 도대체 그 '도'라는 것이 무엇일까요? 그 사람들은 왜 저한테
'도를 아십니까?'라고 묻는 것일까요? 그러는 그들 자신은 '도'라는 것에
대해 잘 아는 사람일까요?"

장 대리는 속사포처럼 질문을 쏟아부었다. 그 물음에 대한 대답 대신, "장 대리 혹시 이런 얘기 들어 본 적이 있나요?"라는 질문과 함께 신 차장이 꺼낸 이야기는 다음과 같았다.

　과거 아랍에 한 왕이 있었다고 한다. 그 왕은 물려받은 영토가 어마어마하게 넓었고, 재산 또한 막대했지만, 공부를 게을리해서 무식하기가 이를 데가 없었다고 한다. 그런 자신의 무식함을 감추기 위해 그는 세상의 모든 '올바른 삶의 비법', '성공적인 삶을 살게 하는 이치' 등을 알고 싶어 했다. 왕은 엄청난 금액의 현상금을 걸고 전 세계의 학자들을 끌어다 모았다. 그러고는 그들이 알고 있는 삶의 비결과 이치 등을 한데 집결해서 가져오라고 지시했다. 세월이 흘러 학자들은 그동안의 연구 결과가 담긴 종이 뭉치들을 가져왔고, 그것을 책으로 엮어 내자 무려 500권이 넘는 백과사전이 되었다. 평생 책이라고는 단 한 권도 읽어 본 적이 없었던 무식한 왕이 그 책들을 펼쳐 볼 리가 만무했다.

　세월이 흘러 왕은 다시 학자들을 불러 모았다. 500권의 책에 적힌 삶의 비결, 인생의 정도 등을 열 권 정도의 분량으로 축약시킬 수 없겠느냐고 물었다. 학자들은 별수 없이 500권에 적힌 내용을 핵심적인 것만 남기고 줄이고 줄여 나가 10권의 책으로 만들었다. 하지만 왕에게 문제는 500권이냐, 10권이냐가 아니었다. 그 10권 역시 왕의 관심을 받지 못하고 그대로 방치된 채 세월이 흘렀다. 그사이 왕은 나이를 먹어 후세를 걱정해야 할 시기가 되었다. 자신의 아들인 왕자에게 나라를 이끄는 지도자에게 필요한 덕목과 성공한 군주가 되기 위한 삶의 비결 등을 전해 주고 싶었다. 왕은 버려 두었던 10권의 책을 다시 가져오게 했다. 그러고는 학자들에게 "내가 이제 나이가 들어 10권을 다 읽을 시간이 없으니, 이것을 최대한 줄여 한 권의 책으로 만들어 가져오라"라는 지시를 내렸다.

1년의 시간이 지나, 마침내 학자들은 인류 최고의 삶의 지혜, 비결, 비법이 담겨 있다는 책 한 권을 왕 앞에 바쳤다. 그러나 그사이 왕은 병에 걸려 책 한 권을 제대로 읽을 수도 없을 정도로 노쇠해져 버리고 말았다. 그는 시종을 불러 다 죽어 가는 목소리로 지시를 내렸다. '내가 책 한 권을 읽기에는 이미 때가 너무 늦은 것 같으니, 그대들은 하루라도 빨리 이 책을 축약해서 단 한 문장으로 만들어 오라.' 지시를 받은 학자들은 몇 날 며칠 밤을 새며 연구하고 토론하고 작업한 끝에 인류 최고의 지성, 성공적인 삶의 비결이 담겼다는 단 한 문장을 만들어 냈고, 그것을 왕에게 가져갔다. 이미 임종을 눈앞에 둔 왕에게 바쳐진 '그 한 문장'은……

"뭐였는데요?"

신 차장이 이야기의 말미에 잠시 뜸을 들이자, 장 대리가 기다리지 못하고 성급하게 물었다.

"'시간이 날 때마다 책을 열심히 읽으시오'였다고 합니다."

"에이…… 난 또 뭐라고."

뭔가 대단한 내용이라도 담겼을 줄 알고 잔뜩 기대했다가 금세 실망하는 장 대리를 보며 신 차장은 예의 늘 짓고는 하던 미소를 지어 보였다.

"자, 오늘 읽은 16장 말씀으로 돌아가 보지요. 공사부께서는 '귀신의 덕은 아마도 정말 대단할 것이다. 그것을(덕을) 보려 해도 보이지 않고 들으려 해도 들리지 않는다(鬼神之爲德 其盛矣乎 視之而弗見 聽之而弗聞)'라고 하셨습니다."

"그런데 아까부터 여쭙고 싶었는데, 도가 어떻고, 의가 어떻고를 따지다가 갑자기 '귀신'이 툭 튀어나오니 뭔가 어색합니다. 어째 좀 으스스하기도 하고요."

장 대리의 말에 신 차장은 '그렇게 생각할 수도 있겠다'며 고개를 끄덕였다.

"다만, 여기서의 '귀신'은 우리가 드라마 「전설의 고향」이나 영화 「여고괴담」에서 보았던 그 귀신과는 조금 다른 것을 말합니다. 이제까지 우리가 흔히 이야기해 왔던 '기氣'를 말한 것이라고 보는 견해도 있고, '자연'이나 '우주의 본질'이라고 보는 견해도 있습니다. 어찌 되었든 장 대리가 생각하는 그 '원한에 사무친 하얀 소복을 입은 존재'와는 조금 거리가 멀다고 생각해도 됩니다."

신 차장의 설명은 계속 이어졌다.

"이 문장만 보면 단순히 귀신을 칭송하는 것으로 이해할 수도 있지만, 정말로 중요한 것, 공사부께서 강조하고 싶었던 것은 그 뒤에 바로 이어지는 문장이었습니다."

"그 뒤의 문장이라면, '사물의 본체이니 버릴 수 없다(體物而不可遺)' 말씀이신가요?"

"그렇습니다.

"그게 왜 중요하다는 거죠?"

"사물의 본체이니 버릴 수 없다, 라고 하면 어떻겠습니까?"

"버릴 수 없으니, 갖고 있겠죠."

"장 대리가 얘기한 그 '도를 묻고 다니는 사람들'이 그토록 입에 달고 다니는 기운氣運, 장 대리 역시 열심히 찾고 있는 그 신통방통한 원리, 아랍의 어느 왕이 평생에 걸쳐 학자들을 시켜 찾아 헤맸던 삶의 진리, 그런 것들은 사물의 본체이니……."

"제가 지니고 있겠군요."

"그렇습니다."

"그런데 왜 그렇게 발견하기도 힘들고, 지켜내기도 힘든 걸까요? 제

안에 있는 것이고, 제 본체이며, 버리려 해도 버릴 수 없는 것인데."

"장 대리, 혹시 '골드 리프 시티'라는 지명을 들어 보았나요?"

"아니요. 골드가 들어가는 걸 보니 무슨 금광이라도 있는 동네인가요?"

"정답! 남아프리카 공화국 요하네스버그에서 남쪽으로 조금 떨어진 곳에 있는 마을의 이름입니다. 예전에는 금광이 있던 동네로 유명세를 떨쳤었죠."

"과거형으로 말씀하시는 걸 보니 지금은 금광이 폐쇄되기라도 했나 보죠?"

"그것 역시 정답! 1967년도에 마지막 채굴을 마치고, 지금은 금광시대를 재연한 체험형 테마파크로 각광을 받고 있는 곳이지요."

"그런데 갑자기 금광이 있던 동네 얘기는 왜 꺼내시는 거죠? 내면에 갖고 있는 도를 깨달아서 찾아내기가 금광에서 금을 캐는 것만큼이나 힘들다, 뭐 이런 말씀을 하시려고 그러시는 건가요?"

"그것마저도 정답! 장 대리 오늘 정말 대단한데요? 그곳에 가 보면 코코팬cocopan이라는 열차가 있습니다. 갱도에서 금광석을 실어 내는 데 쓰이는 바스켓을 여러 개 이어 붙인 모양의 열차인데, 그 코코팬 한 칸을 광석으로 가득 채우면 약 1톤가량이 됩니다. 그럼, 그 금광석에서 얼만큼의 금을 얻을 수 있을까요?"

"1톤이라면…… 글쎄요, 아무리 못해도 금괴 하나 정도?"

"땡! 오늘의 첫 오답이군요. 코코팬 한 칸을 정제해 만들어 낼 수 있는 금은 약 4그램, 우리가 흔히 구입하는 한 돈짜리 금반지가 약 3.75그램 이니, 그곳의 금광석 1톤을 녹이면 겨우 돌잔치 때 아기들 손에 끼워 주는 금반지 하나 정도 얻어 낼 수 있는 셈이죠."

"엄청나군요."

"그렇습니다. 그렇다면 우리 삶은 어떨까요? 어제 장 대리가 산 24시간 중에서 장 대리의 내면 깊숙한 곳에 자리 잡고 있는 사물의 본체와도 같은 그것의 뜻에 따라 제대로 제 삶을 산 시간은 얼마나 될까요?"

그 물음에 장 대리는 어제 하루 동안 자신이 살아왔던 모습들을 떠올렸다. 살면서 자신이 살아온 하루를 온전하게 되짚어 보는 것은 흔치 않은 기회일 듯했다.

"글쎄요…… 어제는 몸은 피곤한데 팀장님이 시키신 일도 있고 시간이 많이 빠듯해서 하루 종일 정신 못 차리고 흘려보내 버렸네요."

"그렇군요."

"생각해 보니 매일매일의 삶에서 제 내면에 있다는 사물의, 삶의 본체를 인식하고 산 시간은, 모르긴 몰라도 1톤에서 4그램의 금을 뽑아내는 것만큼이나 극히 낮은 비율일 것 같네요."

"맞습니다. 장 대리나 저뿐만 아니라 대부분 사람들의 일상이 그럴 겁니다. 아까 처음에 말씀하신 '도를 아십니까?'라는 질문, 그에 대한 답은 간단합니다. '도가 무엇인지는 모르지만, 이미 제 안에 있습니다'라고 답하시면 됩니다. 도라는 것, 어찌 보면 별것 아닙니다. 다만, 도와 함께 뒤섞여 있는, 도를 지키고자 하는 마음을 뒤덮고 있는, 불순물과 같은 삶과 시간들을 거둬 낼 수만 있으면 언제라도 찾을 수 있고 구할 수 있는 그런 것입니다."

"음…… '불순물과 같은 삶과 시간들'이요……."

장 대리는 자신의 삶, 지내 온 시간에서 그런 것들이 어떤 것이었는지 떠올려 보았다.

'친구들과 술을 마시고 새벽까지 취해 밤거리를 돌아다니던 시간? 아니야, 그래도 덕분에 좋은 친구들과 깊은 우정을 쌓을 수 있었잖아. 대학

4학년 1학기 때, 갑자기 슬럼프가 와서 하루 종일 방 안에 틀어박혀 컴퓨터 게임만 하던 때? 아니야, 그래도 그런 시간이 있었기에 다시 힘을 내서 취업 준비를 할 수 있었잖아.'

신 차장이 말한 '불순물과 같은 삶과 시간들'을 떼어 낸다는 것은 쉽지가 않았다. 생각해 보면 내게 있는 '사물의 본체'를 가리고 덮는 불순물 같지만 다시 곱씹어 보면 또 나름대로는 충분한 가치가 있었던 시간들이 대부분이었다.

어느덧 업무로 돌아갈 시간이 다 되어 가고 있었다.

"쉽지 않네요."

"쉽지 않지요. 골드 리프 시티의 금광도 그렇지만, 전 세계 대부분의 금광의 가치를 결정하는 것은 '얼마나 채굴 비용이 적게 드느냐?', '채굴한 금광석에 순금의 함유량이 어느 정도이냐?'이지만, 그런 것들만큼이나 중요한 것이 '불순물이 얼마나 많이 함유되어 있고, 그것들을 제거하기가 쉬우냐 어렵느냐?'입니다. 우리 삶 역시 마찬가지입니다. 어찌 보면 <u>삶의 성패를 좌우하는 것은 의외로 '사물의 본체'가 아닌 그를 둘러싸고 있는 불순물과 같은 삶과 시간들의 함유량과 그걸 얼마나 쉽고 빨리 깨끗하게 내 삶에서 제거할 수 있느냐의 문제일 것 같습니다.</u> 어려운 만큼 끊임없이 노력해야겠죠. 때로는 시행착오를 좀 겪더라도……."

신 차장은 아직 생각에 잠겨 있는 장 대리를 그대로 둔 채 자리를 정리하고 일어섰다. 그러더니 문을 열고 나가려다 말고 물었다.

"장 대리, 혹시 내일 뭐해요?"

"내일이요? 주말이니까 집에서 빈둥대거나, 사우나에 갔다 오거나, 마음 내키면 영화라도 한 편 보고 오겠죠?"

그러자 신 차장의 얼굴에 미소가 번져 나갔다. 뭔가 속셈이 있을 때나 장 대리의 고정관념을 깨는 얘기를 하기 직전에 보여 주던 그 미소였다.

"말씀하세요."

장 대리는 될 대로 되라는 심정으로 말했다.

'뭐, 신 차장님의 속셈이 한 번도 잘못된 걸 시키거나 한 적은 없었으니까.'

"그럼, 나랑 어디 좀 다녀옵시다. 내가 오전 9시까지 장 대리 집 앞으로 태우러 갈 테니까 편한 복장으로 준비하고 있으세요."

"예써(Yes Sir)! 알겠습니다!"

알았다는 뜻으로 손을 흔들며 나가는 신 차장의 뒷모습을 보며 장 대리는 다시 생각에 빠져들었다.

'내 삶에서 본체와 불순물은 무엇일까?'

'어느 것이 본체이고 어느 것이 불순물일까?'

'에라 모르겠다. 일이나 하자!'

자리를 털고 일어나는 장 대리의 눈앞에 자그마한 거울 하나가 보였다. 인사팀에서 여직원들이 간단히 화장을 고치거나 머리를 매만질 때 사용하도록 어제 새로 붙인 것인 듯했다. 거울이 보인 김에, 세수할 때나 면도할 때를 제외하고는 좀처럼 볼 일이 없는 자신의 얼굴을 거울에 이리저리 비춰 보다 장 대리는 문득 거울 속에 비친 자신에게 다시 물었다.

'장윤석, 네 삶에 있어 본체와 불순물은 뭐지?'

'장윤석, 어느 것이 너의 본체이고 어느 것이 너의 불순물이냐?'

'장윤석, 그럼, 도를 아십니까?'

'에라 모르겠다. 일이나 하자!'

역시 아무리 배워도 도라는 것은 어렵고 또 어렵기만 한 것이었다.

9
【인맥】

잘 닫아야
비로소 잘 통한다

五者天下之達道也

어느 날, 노_魯나라의 군주인 애공이 공자께 정치에 대해 물었습니다. 그러자 공자께서 말씀하셨습니다. "폐하, 우리가 따라야 할 바람직한 정치를 한 대표적인 인물인 문왕과 무왕의 정치는 책(목판과 죽간)에 다 적혀져 있나이다. (하지만 책에 적혀 있다고 그런 정치가 이뤄지는 것은 아닙니다.) 그런 정치를 할 수 있는 훌륭한 사람이 있으면 점점 더 좋은 정치가 꽃을 피우게 되지만, 제대로 된 정치를 할 만한 사람이 없다면 그 정치는 이내 멈추게 될 것이기 때문이옵니다. 사람의 '도'라는 것은 정치에 민감하게 나타나고 땅의 '도'는 나무에 민감하게 나타나는데, 대체로 정치라는 것은 부들이나 갈대와도 같아서 조건이 맞으면, 즉 적절한 때에 그를 행할 적절한 사람이 있으면 잘 자라날 수가 있나이다. 그러므로 정치를 하는 것은 어떤 사람을 얻느냐에 달려 있다고 해도 과언이 아닐 겁니다. 사람을 구하는 자가 먼저 행동으로 모범을 보여 사람을 얻고, 바른 '도'로써 몸을 수양하며, 어진 마음으로 그 '도'를 닦아야 합니다. 그런데 어질다는 것은 사람의 본바탕이니, 때문에 어진 마음의 시작은 우리의 본성에 깔려 있는, 부모님을 사랑하고 아끼는 마음에서부터 비롯됩니다. 반면에, 의롭다는 것은 마땅한 일들을 행하는 것을 말합니다. 마땅한 일이란 현명한 사람을 존중하는 것부터가 그 시작입니다. 때문에, 친소관계를 따져 그에 맞춰 대하고, 현명한 사람과 덜 현명한 사람을 따져 각각의 사람에게 적절한 존경을 표하는 것이 '예'의 출발점이라고 할 수 있겠나이다. 그러므로 군자는 올바른 정치를 생각한다면 제대로 된 사람을 구하는 것부터 생각해야 하고, 그러려면 먼저 자신을 수양하는 것부터 생각해야 합니다. 자신을 수양함을 생각한다면 그러한 자기 수양의 근간이 되는 '효'를 생각하지 않을 수 없고, '효'를 실천할 방도를 찾으려면 기본적으로 사람 그 자체와 사람과 사람 사이의 관계에 대해 알아야 하며, 그를 알려고 한다면 자연히 하늘의 이치, 천하의 도에 대해 알아야 합니다. (군자가 정치를 생각하기 이전에 먼저 하늘의 이치, 천하의 도에 대해 공부해야 하는 이유가 거기에 있습니다.) 천하에 두루 널리 쓰이는 '도'는 다섯이고 그 '도'를 실행하는 방법은 세 가지가 있나이다. 즉, '임금과 신하', '부모와 자식', '부부', '형제', '벗과의 사귐'에 있어서의 '도'는 천하에 두루 널리 쓰이는 다섯 가지 '도'이고, '지혜', '어짊', '용기' 이 세 가지 '도'를 실천하는 방법은 천하에 두루 널리 쓰이는 세 가지 '덕'입니다. 그런데 그 다섯 가지 도와 세 가지 덕을 실천하는 방법은 알고 보면 비슷합니다. 다섯 가지 도를 어떤 사람은 태어나면서 알기도 하고, 어떤 사람은 배워서 알기도 하고, 어떤 사람은 숱한 노력 덕분에 알게 되기도 하지만, 알게 되었다는 점은 모두 같습니다. 세 가지 덕 역시 마찬가지로 어떤 사람은 별 노력 없이 어쩌다 보니 실천하게 되기도 하고, 어떤 사람은 철저하게 이익을 따지고 계획을 세워서 실천하고, 또 어떤 사람은 억지로 열심히 해서 그것을 실천하기도 하지만, 그래도 '덕'을 행한 것은 마찬가지입니다." 여기까지 말을 마치신 공자께서 잠시 후 다시 말씀을 계속 이어 나가셨다. "배우기를 좋아한다는 것은 '지(지혜)'에 가깝고, 힘써 실천하는 것은 '인(어짊)'에 가깝고, 부끄러움을 안다는 것은 '용(용기)'에 가깝나이다. 이 세 가지를 알면 자신을 수양하는 법을 알게 되고, 자기 수양하는 법을 알게 되면 다른 사람을 다스리는 법을 알게 됩니다. 다른 사람을 다스리는 법을 알면 나라와 천하를 다스리는 법을 알게 될 것입니다.

무릇 천하 국가를 다스림에 있어서는 아홉 가지 법도가 있나이다. 첫째, 자기 자신을 수양함, 둘째, 어질고 현명한 사람을 존대함, 셋째, 가족과 친지를 아끼고 사랑함, 넷째, 신하들을 공경함, 다섯째, 신하들을 내 몸처럼 아껴줌, 여섯째, 만백성을 내 자식처럼 사랑함, 일곱째, 모든 기술자들을 우대하여 일하러 몰려들게 함, 여덟째, (감정적으로나, 공간적으로나) 나 자신으로부터 먼 곳에 있는 사람들을 달래 회유함, 아홉째, 제후들을 포용함, 이상 아홉 가지입니다. 첫째, 자기 자신을 수양하는 것은 도를 바로 세우는 데 있어 가장 기본이 됩니다. 둘째, 어질고 현명한 사람을 높이면 (자연스럽게 어질지 못하고, 현명하지 못한 사람들이 하대를 받게 돼) 사회의 질서가 바로 서게 됩니다. 셋째, 가족과 친지를 아끼고 사랑하면 원망을 하거나 뒷말을 하는 가족, 친지들이 사라지게 되고, 넷째, 대신들을 공경하면 군신의 관계에 질서가 잡힐 것입니다. 다섯째, 역시 마찬가지로 대신들을 내 몸처럼 아껴 주면 그들이 두터운 예로 보답할 것이고, 여섯째, 백성들을 내 자식처럼 여기면 백성들이 나랏일을 돕는 데 서로 발 벗고 나설 것입니다. 일곱째, 기술자들이 서로 찾아와 일하고 싶게끔 하면 기술과 산업이 발달하여 나라의 경제가 풍족해질 것이고, 여덟째, 감정적으로나 공간적으로 먼 곳에 있었던 혹은 먼 곳에 있다고 여겼던 사람들을 잘 다독거려 원만하게 대해 주면 그에 감복하여 뜻을 함께 하고자 사방에서 몰려들 것이며, 아홉째, 제후들을 모두 품으면 온 천하가 두려워할 만한 강한 국가가 만들어질 것이옵니다. (그러면, 아홉 가지 법도는 어떻게 실천해야 할까요? 방도는 다음과 같습니다.) 첫째, 몸과 마음을 깨끗이 하고 예의범절에 맞는 일이 아니면 움직이지 마십시오. 둘째, 내 곁에서 중상모략을 하는 이들을 없애고 음탕한 것들을 멀리하며 재물보다는 '덕'을 더 귀하게 여기십시오. 셋째, 가족이나 친지 중 능력이 있는 자는 (가족이라는 이유만으로 차별하지 말고) 그 능력에 합당하게 처우를 해 줘서 쓰고, 그들이 좋아하는 것이나 싫어하는 것에 관심을 갖고 함께 좋아하고 싫어하려 노력하십시오. 넷째, 일할 수 있을 만한(일할 맛이 나는) 관직을 만들어 신하들이 그 자리에서 뜻을 맘껏 펼치도록 하십시오. 다섯째, 마음을 주어 대신들이 진심으로 믿고 따르게 하고 그에 대한 대가(봉록) 역시 후하게 배려해 주십시오. 여섯째, 국가의 사업을 함에 있어 농한기 때 주로 하고 농번기 때는 농사에 매진하도록 하고 세금을 걷되 과하지 않게 걷어 들이십시오. 일곱째, 백공(기술자)들을 수시로 살펴서 그 일의 많고 적음과 쉽고 어려움에 따라 보수를 후히 쳐 주십시오. 여덟째, 사람이 내 밑으로 들어올 때나, 여하튼 간의 이유로 내게서 떠나갈 때나 차등을 두지 마시고 잘한 일은 칭찬하고 못한 일은 애달파 해 주십시오. 아홉째, 제후들의 처지를 살펴 세대가 끊어졌으면 다시 이어 주고, 망했으면 다시 일어설 수 있도록 지원해 주며, 난리를 진압해 주거나, 위태로운 일들을 해결해 주십시오. 일이 있으면 불러서 쓰되 부를 때는 부담 갖지 않고 홀가분한 마음으로 오도록 하고, 마치고 다시 자신의 영지로 돌아갈 때에는 두둑하게 해서 보내십시오. 이처럼 천하 국가를 다스림에 있어서는 아홉 가지 법도가 있으나 알고 보면 그 아홉 가지 법도를 실행하는 것은 매양 한 가지입니다.

자고로 모든 일은 미리미리 대비하면 잘될 수밖에 없고, 미리 대비하지 않으면 그 근본부터 무너질 수밖에 없나이다. 우리가 대화를 할 때에도 해야 할 말을 미리 생각하고 얘기하면 엉뚱한 얘기를 꺼내 상대방의 감정을 상하게 할 가능성이 적어지고, 일을 도모할 때에도 벌어질 상황을 미리 예측해 두면 곤란한 상황을 겪게 될 가능성이 적어지며, 어떠한 행동을 할 때 역시 미리 해야 할 일들을 결정해 두면 일이 꼬이거나 그로 인해 지쳐 버리게 될 가능성이 적어지고, 길을 가는 데 있어서도 마찬가지로 가야 할 길을 미리 정해 두고 가면 길을 잃고 헤매다 궁한 처지가 되는 일을 면할 수가 있는 것이옵니다. 아랫사람의 자리에 있으며 윗사람의 신임을 얻지 못한다면 백성을 다스리지 못할 것입니다. 윗사람의 신임을 얻는 것에도 다 방법이 있으니, 친구들의 믿음을 얻지 못하면 윗사람의 신임을 절대로 얻을 수가 없습니다. 그런데 친구들의 믿음은 부모님의 뜻을 따르고 화목하게 지내지 않는다면 쉽게 얻을 수가 없는 것이 세상의 이치입니다. 부모님의 뜻을 따르고 화목하게 지내는 것에도 다 방법이 있으니, 자기 자신을 스스로 돌이켜 보아 정성스러운 마음가짐과 행동거지를 못 했다면 부모님의 뜻을 따를 수도, 부모님과 화목하게 지낼 수도 없을 것입니다. 마지막으로 '자기 자신에게 정성스러운 것(誠)'에도 방법이 있으니 그 으뜸가는 것은 중용의 도에 따라 그 선함을 지켜 나가는 것입니다.

'성誠'이란 것은 하늘의 도이지만, '성'을 행하는 것은 사람에게 달려 있나이다. 하늘의 도이기에 '성'이란 것은 굳이 힘쓰지 않아도 적절하고 생각하지 않아도 얻어지며 서두르지 않아도 도에 알맞으니, 성인들이 바로 그렇게 행하는 사람들입니다. 그들은 '성'을 행하기 위해 중용의 도를 택해서 그것을 지키기 위해 노력하고 고집하고 있지요.

성인들은, 혹은 성인이 되고자 하는 사람들은 널리 배움을 청하고 이치를 꼼꼼히 살펴 물으며, 생각을 신중하게 하고 판단을 분명하게 해서 돈독하게 실행하고자 노력합니다. 아예 배우지 않기로 했으면 모를까 한번 배우려고 들면 배우지 못할 것은 없다, 라는 자세로 배움에 매진하고, 안 물으면 모를까 한번 묻기 시작하면 모르는 것이 다 사라질 때까지 물음을 멈추지 않으며, 생각을 안 하고 살면 모를까 한번 생각하기 시작하면 깨달음을 얻을 때까지 골똘히 생각에 빠집니다. 또, 아예 따지고 판단하지 않으려면 모를까 사물을 분별하려 들면 모든 것이 분명하게 다 밝혀질 때까지 따지고 판단함을 멈추지 않고, 아예 안 하면 모를까 한번 실행하기로 했으면 최선을 다해 열심히 하지 않음이 없습니다. 때문에 다른 사람이 어떠한 일을 한 번만에, 혹은 열 번만에 능하게 되었다 하더라도 좌절하지 않고 '나는 백 번, 천 번을 해서라도 능하게 될 테다'라는 생각으로 노력하는 것이옵니다. 자, 지금까지 말씀드린 이 모든 '도'에 능하게 된다면 비록 어리석은 사람이라도 반드시 현명해질 것이고, 비록 여리고 약한 사람이라 할지라도 반드시 강해질 것입니다."

– 『중용』 제20장

哀公이 問政한대. 子曰 文武之政이 布在方策하니 其人存이면 則其
애공　문정　　자왈 문무지정　　포재방책　　　 기인존　　 　즉기

政擧하고 其人亡이면 則其政息이니이다. 人道는 敏政하고 地道는
정거　　기인망　　　즉기정식　　　　　 인도　　민정　　 　지도

敏樹하니 夫政也者는 蒲盧也니이다. 故로 爲政在人하니 取人以身
민수　　 부정야자　　포로야　　　　 고　 위정재인　　 취인이신

이요 修身以道요 修道以仁이니이다. 仁者는 人也니 親親이 爲大하
　　 수신이도　　수도이인　　　　　　 인자　 인야　 친친　 위대

고 義者는 宜也니 尊賢이 爲大하니 親親之殺와 尊賢之等이 禮所生
　 의자　 의야　 존현　 위대　　　 친친지쇄　 존현지등　 예소생

也니이다. (在下位하여 不獲乎上이면 民不可得而治矣리라.)● 故로 君子
야　　　　 재하위　　 불획호상　　 민불가득이치의　　　　 고　 군자

는 不可以不修身이니 思修身인댄 不可以不事親이요 思事親인댄
　 불가이불수신　　 사수신　 　불가이불사친　　 사사친

不可以不知人이요 思知人인댄 不可以不知天이니이다. 天下之達
불가이부지인　　 사지인　 　불가이부지천　　　　 천하지달

道五에 所以行之者三이니 曰君臣也와 父子也와 夫婦也와 昆弟也
도오　 소이행지자삼　　 왈군신야　 부자야　 부부야　 곤제야

와 朋友之交也 五者는 天下之達道也요 知(智)仁勇三者는 天下之達
　 붕우지교야 오자　 천하지달도야　 지　 인용삼자　 천하지달

德也니 所以行之者는 一也니이다. 或生而知之하며 或學而知之하
덕야　 소이행지자　 일야　　　　 혹생이지지　　 혹학이지지

며 或困而知之하나니 及其知之하여는 一也니이다. 或安而行之하
　 혹곤이지지　　　 급기지지　　　 일야　　　　 혹안이행지

며 或利而行之하며 或勉强而行之하나니 及其成功하여는 一也니
　 혹리이행지　　 혹면강이행지　　　 급기성공　　　 일야

이다. (子曰) 好學은 近乎知하고 力行은 近乎仁하고 知恥는 近乎勇
　　 자왈　 호학　 근호지　　 역행　 근호인　　 지치　 근호용

● 후한 말의 학자 정현鄭玄에 따르면 이 글귀는 잘못 옮겨져서 현재의 위치에 적혀지게 되
었다고 한다. 타당한 의견이기에 괄호로 반영하였다.

이니라. 知斯三者면 則知所以修身이요 知所以修身이면 則知所以
지사삼자 즉지소이수신 지소이수신 즉지소이

治人이요 知所以治人이면 則知所以治天下國家矣리라.
치인 지소이치인 즉지소이치천하국가 의

凡爲天下國家 有九經하니 曰 修身也와 尊賢也와 親親也와 敬大臣
범위천하국가 유구경 왈 수신야 존현야 친친야 경대신

也와 體群臣也와 子庶民也와 來百工也와 柔遠人也와 懷諸侯也니
야 체군신야 자서민야 내백공야 유원인야 회제후야

라. 修身則道立하고 尊賢則不惑하고 親親則諸父昆弟不怨하고 敬
수신즉도립 존현즉불혹 친친즉제부곤제불원 경

大臣則不眩하고 體群臣則士之報禮重하고 子庶民則百姓勸하고 來
대신즉불현 체군신즉사지보례중 자서민즉백성권 내

百工則財用足하고 柔遠人則四方歸之하고 懷諸侯則天下畏之니라.
백공즉재용족 유원인즉사방귀지 회제후즉천하외지

齊明盛服하여 非禮不動은 所以修身也요 去讒遠色하며 賤貨而貴
재명성복 비례부동 소이수신야 거참원색 천화이귀

德은 所以勸賢也요 尊其位하며 重其祿하며 同其好惡는 所以勸親
덕 소이권현야 존기위 중기록 동기호오 소이권친

親也요 官盛任使는 所以勸大臣也요 忠信重祿은 所以勸士也요 時
친야 관성임사 소이권대신야 충신중록 소이권사야 시

使薄斂은 所以勸百姓也요 日省月試하여 旣稟(餼廩)稱事는 所以勸
사박렴 소이권백성야 일성월시 희름 칭사 소이권

百工也요 送往迎來하며 嘉善而矜不能은 所以柔遠人也요 繼絶世
백공야 송왕영래 가선이긍불능 소이유원인야 계절세

하며 擧廢國하며 治亂持危하며 朝聘以時하며 厚往而薄來는 所以
거폐국 치란지위 조빙이시 후왕이박래 소이

懷諸侯也니라. 凡爲天下國家 有九經하니 所以行之者는 一也니라.
회제후야 범위천하국가 유구경 소이행지자 일야

凡事는 豫則立하고 不豫則廢하나니 言前定則不跲하고 事前定則
범사　　　예즉립　　　　불예즉폐　　　　　언전정즉불겁　　　　사전정즉

不困하고 行前定則不疚하고 道前定則不窮이니라. 在下位하여 不
불곤　　　행전정즉불구　　　　도전정즉불궁　　　　　재하위　　　불

獲乎上이면 民不可得而治矣리라 獲乎上이 有道하니 不信乎朋友
획호상　　　민불가득이치의　　　　획호상　　유도　　　불신호붕우

면 不獲乎上矣리라 信乎朋友가 有道하니 不順乎親이면 不信乎朋
　불획호상의　　　신호붕우　　유도　　　불순호친　　　불신호붕

友矣리라 順乎親이 有道하니 反諸身不誠이면 不順乎親矣리라 誠
우의　　　순호친　　유도　　　반저신불성　　　불순호친의　　　성

身이 有道하니 不明乎善이면 不誠乎身矣리라. 誠者는 天之道也요
신　　유도　　　불명호선　　　불성호신의　　　성자　　천지도야

誠之者는 人之道也니 誠者는 不勉而中하며 不思而得하여 從容中
성지자　　인지도야　　성자　　불면이중　　　불사이득　　　종용중

道하나니 聖人也요 誠之者는 擇善而固執之者也니라. 博學之하며
도　　　　성인야　　성지자　　택선이고집지자야　　　박학지

審問之하며 愼思之하며 明辨之하며 篤行之니라. 有弗學이언정 學
심문지　　　신사지　　　명변지　　　독행지　　　유불학　　　　학

之인댄 弗能이어든 弗措也하며 有弗問이언정 問之인댄 弗知어든
지　　　불능　　　　불조야　　　유불문　　　　문지　　　불지

弗措也하며 有弗思언정 思之인댄 弗得이어든 弗措也하며 有弗辨
불조야　　　유불사　　사지　　　불득　　　불조야　　　유불변

이언정 辨之인댄 弗明이어든 弗措也하며 有弗行이언정 行之인댄
　　　　변지　　　불명　　　　불조야　　　유불행　　　　행지

弗篤이어든 弗措也하여 人一能之어든 己百之하며 人十能之어든
불독　　　　불조야　　　인일능지　　　기백지　　　인십능지

己千之니라. 果能此道矣면 雖愚나 必明하며 雖柔나 必强이니라.
기천지　　　과능차도의　　수우　　필명　　　수유　　　필강

신 차장의 차를 타고 도착한 곳은 인천 공항이었다. 해외 출장을 가거
나 몇 년에 한 번씩 해외 여행을 가기 위해 가끔 들르기는 했었지만 이렇

게 일없이, 즉 출국이나 귀국이 아닌 목적으로 공항에 온 것은 처음이었다. 장 대리는 마치 처음 인천 공항에 와 본 사람처럼 조금은 생경한 기분에 공항 여기저기를 두리번거렸다.

"혹시, 누구 귀국하시는 분 태우러 오신 건가요?"

장 대리가 지레짐작하여 물었다. 그러나 신 차장은 고개를 가로저었다.

"아니면, 무슨 볼일이라도 있으신 건가요?"

그 물음에도 신 차장은 역시 고개를 저으며 말했다.

"그냥 온 겁니다. 장 대리랑 공항 구경이나 하고 얘기나 좀 나누려고."

말은 그렇게 했지만, '그냥 온 것'이라는 신 차장의 말은 믿기지가 않았다. 누가 그냥, 장 대리의 집을 기준으로 했을 때 50킬로미터도 넘는 거리를 달려, 그것도 7천 원 가까운 통행료까지 물며 공항까지 왔겠는가? 여전히 장 대리는 신 차장이 왜 인천 공항으로 자신을 데리고 왔는지 그 이유가 궁금했다. 그러거나 말거나 신 차장은 장 대리를 이끌고 공항 여기저기를 데리고 다녔다. 한두 번 와 본 것이 아닌 듯했다. 정말로 장 대리는 생각지도 못했던 공항의 구석구석까지 신 차장은 너무도 잘 알고 있었다.

두 사람은 지하 1층 스타벅스에서 커피를 사서는 4층에 있는 전망 로비로 올라갔다. 한옥 툇마루처럼 꾸며져 있는 멋진 공간이었다. 무엇보다 좋았던 것은 통유리 밖으로 출발하고 도착하는 수십 대의 비행기를 볼 수 있는 점이었다. 자리를 잡고 앉은 신 차장은 장 대리가 책을 펼치기를 기다렸다가 20장을 읽고 해석하기 시작했다. 어제 저녁에 한번 읽어나 보고 가자고 했다가 결국 포기해 버렸을 정도로 20장은 길고 난해했다. 장 대리는 신 차장이 이 길고 세상사에 대해 광범위하게 언급한 문장을 어떻게 읽고 풀이할지 궁금했다.

과연 20장은 길었다. 장 대리 생각에는 신 차장이 막힘없이 줄줄 암송하고 그 뜻을 설명한 것 같은데도 다른 장을 읽을 때보다 네다섯 배의 시간이 더 걸렸다. 왜 이 장을 주말에 시간 내서 읽기로 한 것인지 이해가 됐다.

"휴우…… 기네요."

"길죠?"

"네. 평일이었으면, 원문 읽고 해석만 해도 수업 시간이 끝났을 것 같네요."

"그래요. 오늘 같은 휴일을 택해서 읽자고 한 이유도 바로 그 때문입니다. 자, 일단 읽고 해석했으니, 간단하게 20장의 주요 내용을 정리해 보면 좋겠습니다."

"정리가 될까 모르겠네요."

장 대리의 엄살에 신 차장은 살며시 웃음을 지어 보였다.

"도올 김용옥 선생은 이 20장을 세 개의 단락으로 구분해서 정리했습니다. 저도 전적으로까지는 아니지만, 대체로 그분의 해석 방법에 동의하는 편입니다. 우리도 크게 세 부분으로 나눠서 살펴봅시다."

신 차장의 기나긴 설명이 시작되었다. 신 차장은 우선 첫 번째 단락을 설명했다.

"'애공이 공자에게 정치에 대해 물었다(哀公問政)'부터 시작해서 '천하를 다스리는 법을 알게 될 것입니다(則知所以治天下國家矣)'까지는 '人治(인치)'의 중요성에 대해 말한 장입니다. 간단하게 정리하자면, 정치를 묻는 애공에게 '당신이 정치를 하려면 군자가 될 수밖에 없고, 군자가 되려면 자기 스스로를 닦을 수밖에 없으니, 그러려면 부모를 생각해야 하고, 부모를 생각하려면 사람 자체에 대해 생각해야 하고, 사람을 생각하려면 하늘의 이치를 깨달아야 한다'라고 말한 내용입니다."

어떻게 된 게 요약한 내용조차 길었다. 신 차장의 설명은 이어졌다.

"두 번째 단락은 '무릇 천하 국가를 다스림에 있어서는 아홉 가지 법도가 있나이다(凡爲天下國家有九經)'부터 시작해서 '알고 보면 그 아홉 가지 법도를 실행하는 것은 매양 한 가지입니다(所以行之者一也)'까지의 문장으로, 공자 자신의 정치 철학인 구경九經, 즉 몸을 닦고(修身) 어질음을 높이고(尊賢) 어버이와 친함(親親)과 대신을 공경함(敬大臣)과 여러 신하를 내 몸같이 여기고(體群臣) 그리고 여러 백성을 내 자식처럼 여기고(子庶民) 백공을 오게 하고(來百工) 먼 곳의 사람들을 회유하고(柔遠人) 제후들을 포용함(懷諸候)을 밝힌 장입니다."

듣다 보니 전혀 눈에도 들어오지 않고 감도 오지 않았던 20장이 어느 정도 갈피가 잡히기 시작했다.

"마지막으로 세 번째 단락은 '자고로 모든 일은 미리미리 대비하면 잘될 수밖에 없고(凡事豫則立)'로부터 시작해서 마지막 '비록 여리고 약한 사람이라 할지라도 반드시 강해질 것입니다(雖柔必强)'까지 이어지는 문장으로, 앞서 두 단락에서 말한 것들을 모두 이루도록 하는, 우리가 추구해야 하는 '이룸의 경지'인 '誠(성)'에 대해 말한 장입니다."

"휴우……."

신 차장이 단락으로 잘라서, 요약할 만큼 요약해서 설명해 줬음에도 듣는 장 대리로서는 한숨이 나올 정도로 길었던 문장이었다. 그런데 설명이 끝나자마자 신 차장은 장 대리에게 다시 질문을 던졌다.

"자, 장 대리는 이 20장의 핵심 키워드가 뭔 것 같아요?"

"글쎄요? '길 도(道)' 자도 여러 번 나왔고, '알 지(知)' 자도 꽤 많이 나온 것 같고……."

"맞습니다. 하지만 오늘 우리가 읽고 있는 20장에서도 가장 중요한 개념은 바로 '통할 통(通)' 자입니다."

"'통할 통' 자요? 근데, 본문에서는 통 자가 단 한 번도 나오지 않은 것 같은데요?"

"맞습니다. 나오지 않았죠. 재미있는 것은 그 흔하게 쓰이는 통通 자가 『중용』 전체를 통틀어서도 단 한 번, 31장에밖에 나오지 않는다는 점입니다."

"그런데 왜 '통' 자가 20장의 핵심 키워드라고 하시는 거죠?"

"20장은 다양한 내용을 담고 있습니다. 딱히 어떠한 한 글자로 그 내용을 요약하기란 쉽지 않습니다. 다만, 개인으로부터 시작해서 가깝거나 먼 친지와 지인, 그리고 그로부터 더 나아가서 사회, 국가, 천하를 다스린다는 것들이 알고 보면 일맥상통한다는 개념이 가장 주된 내용을 이루고 있습니다."

"가까운 사람이나 먼 사람이나, 개인이나 조직이나 일관되게 통하는 것이 있다는 말씀이지요."

"그렇습니다. 그래서 저는 '통' 자가 이 20장 전체의 구조를 봤을 때 가장 중요한 단어라고 감히 말씀드린 겁니다."

"그렇군요."

대화를 나누는 사이에도 수많은 여행객들이 수트케이스나 짐이 실린 카트를 끌고 두 사람 앞뒤를 오갔다. 그런 사람들을 바라보며 『중용』, 그중에서도 사람을 대함에 관한 이야기를 나누려니 의외로 흥미로운 분위기가 만들어졌다. 그런데 신 차장이 더 흥미로운 이야기를 쏟아 놓았다.

"장 대리, 근데 그거 알아요? '통할 통(通)' 자는 '막힐 색(塞)' 또는 '닫을 폐(閉)'와 함께 하는 글자라는 걸."

"통하다는 뜻의 '통' 자가 막히다, 닫힌다는 뜻의 '색' 자, '폐' 자와 공존한다니 그게 무슨 말씀이신가요?"

신 차장은 대답 대신 손으로 어딘가를 가리켰다. 멈춰 있는 비행기와 그에 연결된 환승 출입구였다.

"티켓만 있으면, 일단 저 출국장 밖으로 나가 세상 어느 곳으로든 갈 수 있는 길이 열려 있습니다. 모든 세계로 통하는 거죠. 어떻게 그럴 수 있을까요?"

"그야, 저쪽 출국장부터는 별도의 공간이어서 그런 거죠. 저긴 우리나라가 아니라면서요."

신 차장의 표정이 장 대리의 답이 그런대로 마음에 드는 답이라는 것을 알려 주고 있었다.

"정확하진 않지만, 비슷하게 맞는 답입니다. 일단 출국심사대를 통과하면 개념상으로는 대한민국을 벗어난 거라고 봅니다. 세계 어디로든 갈 수 있죠. 그런데 어떻게 저곳은 그런 능력을 부여받게 된 걸까요?"

"그야, 일단 이쪽 세상과 완벽하게 단절이 되어 있고, 오고 가는 사람들을 철저하게 감독해서 허락을 받지 않은 사람들은 일체 드나들 수 없도록 해서 그런 것 아닐까요? 우리나라도 마찬가지이지만, 다른 나라에 가 보면 입출국할 때 어찌나 까다롭게 구는지…… 아!"

말을 다 끝마치기도 전에 장 대리는 탄성을 내지르며 무릎을 쳤다. 그러고는 유리창 밖으로 보이는 비행기와 환승 출입구를 바라다보며 큰 소리로 외쳤다.

"통하려면 막아야 하는군요!"

그 소리가 어찌나 컸던지 툇마루 같은 공간에 앉아 있던 사람들이 모두 놀라 두 사람을 빤히 쳐다보았다. 그러나 장 대리는 그런 시선쯤은 아랑곳하지 않고 머릿속에 떠오른 자신의 생각을 말하느라 바빴다.

"통하는 도라는 것은 도가 아닌 것들을 없애야 작동하는 법이고, 통하는 기술이라는 것은 안 통하는, 쓸모없는 기술을 분리하고 제거해 내야 보이는 법이고, 통하는 사이라는 것도 안 통하는 사이들을 막고 차단해야 도드라지는 법인 거죠?"

"그렇습니다. 장 대리는 혹시 '던바의 수(Dunbar's Number)'라고 알고 있습니까?"

"네? 던바의 수요?"

"잘 모르나 보군요."

"도대체 신 차장님은 제가 듣도 보도 못한 것들을 어떻게 그렇게 많이 아세요? 던바의 수는 또 뭔가요?"

"옥스퍼드대학교에서 인류학과 진화생물학을 가르치는 로빈 던바 교수가 발표한 학설에 나오는 숫자입니다. 던바 교수는 수십 년간 전 세계 원시부족 형태의 마을을 방문해서 연구한 결과 그들 마을이 어떤 대륙, 어떤 문화권에 속해 있던 간에 약 150명 안팎의 사람들로 이뤄져 있다는 사실을 알게 되었죠."

"그게 뭘 의미하는 거죠?"

"즉, 우리가 아무리 인맥이 두텁다, 발이 넓다 자랑해 봐야 실제로 정기적인 관계, 공감하는 관계, 지속적인 관계는 150명을 벗어나기 어렵다는 말이죠. 그런데 거꾸로 말하면 내 주위의 수많은 사람들 중 나와 옳은 영향력을 주고받지 못하는 사람들과의 관계를 닫거나 정리해야 나와 통하는, 정기적으로 만나 서로 공감할 수 있는 150명 정도의 '통'하는 사람들이 만들어진다는 얘기입니다."

장 대리는 순간 이제껏 인맥을 넓히는 데에만, 아는 사람의 숫자를 늘리는 데에만 골몰해 왔던 자신의 모습이 떠올랐다. 폭넓은 인맥이 성공한 사회인의 모습이고, 무조건 인맥을 넓혀야 사회생활하는 데 도움이 될 거라고 생각했던 자신의 생각이 짧았음을 인정하지 않을 수 없었다.

"던바 교수의 주장이 방대한 통계자료에 기초를 두고 있고 논리 역시 명쾌하지만, 그렇다고 꼭 150이라는 숫자에만 매달릴 필요는 없습니다. 하지만 일정한 규모 이상의 인간관계는 들어가는 에너지에 비해 관계가 성숙되는 정도가 미미하고, 특히 지나치게 인간관계의 양적 팽창에만 몰두할 경우, 기존에 나와 인간관계를 맺고 있던 사람들이 관계의 질적 하락에 실망해서 떨어져 나갈 수도 있다는 점은 반드시 명심해야 할 것 같습니다."

"네."

그때였다. 저 멀리서 수트케이스를 든 여성이 신 차장을 알아보고는 손을 흔들며 다가왔다. 이제 막 귀국하는 길인 듯 했다. 두 사람은 일어서서 여성 쪽으로 향해 걸어갔다. 장 대리가 신 차장에게 작은 목소리로 물었다.

"저분은 차장님의 150명 내에 있는 분입니까? 밖에 있는 분입니까?"

그러자 신 차장이 파안대소하며 장 대리의 목소리 톤을 흉내 내서 답했다.

"150명 내에 있는지 밖에 있는지는 잘 모르겠습니다만, 분명한 것은 제 아내라는 사실입니다."

10
【맥락】

내가 멈추지 않는 한
삶은 끝나지 않는다

至誠無息

지극한 정성은 멈추거나 쉼이 없습니다. 세상만사를 대함에 있어 쉬지 않고 계속해서 정성을 다하면 그 일들이 안정적으로 오래 지속될 수 있고, 그렇게 지속된 경험들이 쌓여 가게 되면 어느 순간, '뭔가 달라지고 있다'는 어떠한 징조(새로운 경지)를 경험하게 됩니다. 그 경험을 하게 되면 무언가 시공간, 물리적 공간, 심적 공간이 확 확장되는 느낌을 받게 됩니다. 그리고 그런 느낌이 계속 이어지면 그간 쌓아 왔던 것(지식)들이 묵직하게 넓고 두터워졌다는 생각이 들게 될 것이고, 세상을 바라보는 눈이 밝아지고, 품게 되는 뜻이 높아지게 될 것입니다. 그렇게 넓고 두터워진 묵직한 품성은 이전보다 훨씬 더 많은 것들을 그 안에 품을 수 있게 되고, 밝아진 눈과 높아진 뜻은 이전보다 훨씬 더 많은 것들을 살필 수 있게 되기 때문에, 멈추거나 쉬지 않고 그 정성을 오래도록 계속해 나아가는 것이 세상 만물을 완성하게끔 합니다. 지극하게 정성을 다하는 이들이 묵직하게 넓고 두터워져 세상 만물을 두루 품는 것은 마치 우리가 매일 디디며 살고 있는 땅과 같고, 밝아진 눈과 높은 뜻으로 세상 만물을 두루 살피는 것은 마치 우리가 매일 지고 사는 하늘과도 같으며, 그들이 그를 지속하는 것은 우리가 살아온 역사처럼 끝이 없습니다. 그래서 그들의 정성은 드러내려 하지 않아도 절로 나타나고, 움직이지 않는 것처럼 보이지만 쉴 새 없이 변화하며, 무엇을 하려 하지 않는 것처럼 보여도 일들이 절로 이루어지는 것입니다. 그러한 묵직하고 넓고 두터운 땅의 도와 밝고 높은 하늘의 도는 다시 한마디로 말하면 결국, '성誠'입니다. 땅의 도와 하늘의 도는 다른 듯하나 다르지가 않습니다. 땅과 하늘이 만물을 생성할 때에는 오로지 지극한 정성을 다할 뿐이며 그렇게 이뤄 낸 것들은 이루 측량할 수 없는 위대한 결과물입니다. 그러므로 천지의 도는 만물을 실을 정도로 넓고 두텁고 만물을 덮을 정도로 높고 밝으며 아득히 먼 옛날부터 있었고 앞으로도 오래도록 유지될 것입니다. 하늘을 바라보면 반짝이는 불빛들이 많지만, 결국 영원히 밝게 빛나는 것들은 해와 달과 별일 텐데, 그런 존재들을 하늘은 모두 품어 달아 놓고 있고, 땅을 내려다보면 그저 한 줌 흙이 조금 많이 쌓여서 만들어진 것 같지만, 화산●을 그 위에 짊어지고도 전혀 무거워하는 내색을 하지 않고 황하와 넓은 바다를 받아들이고도 한 방울 새는 것 없이 너끈하게 버티고 있습니다. 산 역시 마찬가지입니다. 산은 얼핏 보면 한 주먹의 돌들이 조금 여럿 모여서 만들어진 것 같지만, 풀과 나무가 그곳에서 나서 자라고, 새와 짐승들이 그 안에 살고 있으니 실로 수많은 보물을 감추고 있는 듯 풍요롭기만 합니다. 이왕

● 華山. 산둥 성의 태산泰山, 후난 성의 형산衡山, 산시 성의 항산恒山, 허난 성의 숭산嵩山과 더불어 중국인들이 대대로 숭상하는 오악五嶽을 이루는 산.

말 나온 김에 바다에 대해서도 말해 보자면 그저 물 한 바가지가 조금 많이 모여서 이뤄진 것 같지만 그 안에는 이무기, 악어, 교룡, 용, 물고 기 그리고 자라가 살고 있고, 새로운 수많은 생명들을 쉴 새 없이 새롭 게 잉태하고 있습니다. 때문에,『시경』「주공周頌」의 '유천지명維天之命' 편에는 이런 글이 적혀 있습니다. "아! 하늘의 밝음은 참으로 그윽해서 그침이 없구나, 아! 밝기도 하구나 문왕의 덕이여." 이 구절을 앞서 말 씀드린 내용에 비추어 생각해 보면, 우리가 왜 문왕, 문왕 하는지를 잘 알 수 있을 것입니다. 밝고 높은 하늘의 도와 넓고 두터운 하늘의 도 모 두를 실천했던 문왕의 순수함은 실로 우리가 쉽게 측량하기 힘들 정도 로 대단한 것이었습니다.

－『중용』제26장

故로 至誠은 無息이니. 不息則久하고 久則徵하고. 徵則悠遠하고
고　　지성　　무식　　　　불식즉구　　　구즉징　　　　징즉유원

悠遠則博厚하고 博厚則高明이니라. 博厚는 所以載物也요 高明은
유원즉박후　　박후즉고명　　　　박후　　소이재물야　　고명

所以覆物也요 悠久는 所以成物也니라. 博厚는 配地하고 高明은 配
소이부물야　유구　소이성물야　　　박후　배지　　고명　배

天하고 悠久는 無疆이니라. 如此者는 不見而章하며 不動而變하며
천　　유구　무강　　　　여차자　불현이장　　　부동이변

無爲而成이니라. 天地之道는 可一言而盡也니 其爲物不貳라 則其
무위이성　　　　천지지도　가일언이진야　기위물불이　즉기

生物不測이니라. 天地之道는 博也厚也高也 明也悠也久也니라. 今
생물불측　　　　천지지도　박야후야고야　명야유야구야　금

夫天이 斯昭昭之多로되 及其無窮也하여는 日月星辰繫焉하며 萬
부천　사소소지다　급기무궁야　　　일월성신계언　　만

物覆焉이니라. 今夫地一撮土之多로되 及其廣厚하여는 載華嶽而
물부언　　　금부지일촬토지다　급기광후　　　재화악이

不重하며 振河海而不洩하며 萬物載焉이니라 今夫山이 一卷石之
부중   진하해이불설   만물재언   금부산   일권석지

多로되 及其廣大하여는 草木生之하며 禽獸居之하며 寶藏興焉이
다   급기광대   초목생지   금수거지   보장흥언

니라 今夫水 一勺之多로되 及其不測하여는 黿鼉蛟龍魚鼈生焉하
금부수 일작지다   급기불측   원타교룡어별생언

며 貨財殖焉이니라. 詩云 維天之命이 於穆不已라 하니 蓋曰天之所
화재식언   시운 유천지명 오목불이   개왈천지소

以爲天也요 於乎不顯가 文王之德之純이여 하니 蓋曰文王之所以
이위천야   오호불현   문왕지덕지순   개왈문왕지소이

爲文也 純亦不已니라.
위문야 순역불이

"오늘은 어제 얘기했던 '통通'의 개념에 대해서 좀 더 얘기해 보도록
하죠."

장 대리가 자리에 앉기가 무섭게, 신 차장이 오늘 이야기할 부분에 대
해 설명을 했다. 지난 주말에 공항에서 한참 동안 설명을 했던 '통'에 대
한 이야기를 더 하려는 듯했다.

"어제 이야기했던 '통'이 공간 개념, 관계 개념에서의 통함을 말했다
면, 오늘은 시간 개념, 흐름 개념에서의 통함을 뜻하는 '통'에 대해 이야
기를 나눠 볼까 합니다."

그 말을 하자마자 신 차장은 『중용』 제26장을 읽고 해석하기 시작했
다. 쉽지 않은 문장이었다. 지난 휴일에 읽었던 20장만큼 길지는 않았지
만 그동안 읽어 왔던 다른 장에 비해서는 훨씬 길었고 한 문장, 한 문장
의 호흡도 상대적으로 긴 편이었다. 특히 글이 길기도 길었지만 어려운
단어가 많았고, 중간에 갑자기 시구가 등장하는 것도 읽는데 어려움을
더했다.

"어렵네요."

"아마도 생소한 단어들이 많아서 그럴 겁니다."

"길기도 하고요."

"어제 읽었던 20장에 못지않게 길죠? 그런데 이 장은 어떻게 보면『중용』전체에서 가장 간단한 장이기도 합니다."

"네? 그게 무슨 말씀이시죠?"

장 대리의 질문과 동시에 신 차장은 26장의 가장 첫 머리를 손으로 가리켰다.

'至誠無息(지성무식).'

신 차장이 가리킨 문장이었다.

'지극한 성은 쉼이 없다!'

"26장은 이 한 문장과 이를 부연설명해 주고 드러내 주고 강조해 주는 나머지 문장으로 이뤄져 있다고 봐도 무방합니다. 다만……."

"다만?"

"나머지 문장 자체도 워낙에 명문장이고, 그 안에 담긴 뜻 하나하나가 깊이 새겨 둘 만한 문장이어서 오히려 읽기가 어렵고 이해하기도 어려워진 측면이 없진 않죠. 어쨌든 26장을 다 읽고 나서 '지성무식' 이 글귀 하나만 가슴에 담을 수 있어도 큰 가르침을 얻은 셈입니다."

그 말에 장 대리는 다시 한 번 26장의 첫머리를 살펴보았다.

'지성무식, 지성무식, 지성무식이라…….'

"그런데……."

잠깐의 침묵을 깨고 신 차장의 설명이 이어졌다.

"장 대리는 혹시 '궁즉통窮則通'이라는 말 들어 보았나요?"

그 말에 '아이고, 또 다른 길로 새시는구나……『중용』을 읽을 때는

『중용』 하나에 좀 집중하자고요!'라는 말이 입에서 맴돌았지만, 언제나 결국은 다시 『중용』으로 돌아오는 신 차장만의 가르침에 대한 신뢰가 있었기에 장 대리는 역시 매번 그렇듯 못 이기는 척하며 신 차장의 이야기에 빠져들었다.

'오늘은 또 무슨 얘기를 『중용』의 내용과 엮으시려나?'

호기심은 귀를 의지와 다르게 신 차장의 다음 얘기에 집중하도록 했고, 입으로는 신 차장의 물음에 냉큼 답하도록 하고 있었다.

"그 뭐, '궁하면 통한다'라는 말 아닌가요?"

"맞습니다. 하지만 정확한 문장을 말하자면……."

> 역은 궁하면 변하고 변하면 통하고 통하면 오래간다.
> — 『주역』「계사하전繫辭下傳」 제2장

易窮則變 變則通 通則久
역 궁 즉 변 변 즉 통 통 즉 구

"이런 문장입니다. 여기서 주목해야 할 단어는 '변變' 자입니다. 즉, 궁한 상황에 처한다고 해서 반드시 문제가 해결되는(통하는) 것이 아니라, 궁한 상황에 처해 이제까지와 달리 '지극하게 함'이 있으면 그 영향으로 '변화'가 일어나고 그러한 변화가 있은 이후에야 어려움이 해결되는 '통함'이 이뤄진다는 것이죠."

"그리고 통해야 오래가는 것이고요."

"그렇습니다."

잠시 장 대리는 생각에 잠겼다. 생각에 잠겼던 장 대리를 다시 현재의 순간으로 불러낸 것은 신 차장의 물음이었다.

"장 대리, 혹시 '찰나利那'라는 단어를 아나요?"

장 대리는 손을 내저으며 말했다.

"에이, 차장님. 제가 아무리 어휘력이 약한 이과생이라고는 하지만 그 정도도 모를 거라고 보시는 겁니까? 순간 아닙니까, 아주 짧은 순간."

"맞습니다. 짧은 순간을 말할 때 자주 쓰이곤 하는 단어이지요. 불교에서는 하루 24시간을 30모호율다牟呼栗多로 치는데, 1모호율다는 30납박臘縛이니, 30모호율다는 900납박이 되지요. 다시 1납박이 60달찰나怛刹那가 되므로 900납박은 54,000달찰나가 됩니다. 120찰나를 1달찰나로 치니 54,000달찰나는 6,480,000찰나가 됩니다. 즉, 하루 24시간은 6,480,000찰나입니다. 이를 계산하면 1찰나는 0.013초가 되겠습니다."

"찰나가 짧은 순간이라는 것은 대충 알고 있었지만, 정말로 어마어마하게 짧은 순간이로군요."

"네, 맞습니다. 그런데 그런 찰나를 가장 좋아하는 사람들이 있습니다."

"그게 누구죠?"

"바로, 우리 현대인들입니다. 시대가 변하고 과학 기술이 발달하면서 우리의 삶의 속도는 이전과 비교할 수 없을 정도로 빨라졌고, 이제 우리는 5분, 10분의 순간마저도 가만히 있지 못하는 삶을 살고 있죠."

"하긴, 제 주변을 보더라도 하루에 눈뜨고 있는 시간 중 대부분을 노트북, IP 텔레비전, 스마트폰 셋 중 하나를 보거나 쓰는 데 사용하고 있으니까요."

"그중 하나라도 진득하게 보고 있으면 모르겠지만, 동시에 또는 이거 하다 저거하다 정신없이 왔다 갔다 하더군요."

"네. 뭐 저만 하더라도……."

"그러다 보니 우리가 사용하는 시간은 찰나에 가까운 짧은 시간의 파편들이고, 그러다 보니 삶에 맥락이 없어지기 십상입니다. 그 때문에 보이는 증상이 있습니다. 현대인들이 자기 자신에게 가장 흔하게 하곤 하는 질문이 있습니다."

"뭐죠?"

"'내가 조금 전까지 뭘 하고 있었지?' 또는 '내가 방금 무슨 생각을 하고 있었지?'입니다."

그 말에 장 대리는 뜨끔했다. 어제만 하더라도 열 번 조금 안 되게 그런 질문들을 자신에게 던졌기 때문이다.

"지극한 성(至誠)은 쉼이 없습니다(無息). 반대로 말하면 쉼이 없어야 지극한 성을 이룰 수 있습니다. 어려움에 처할수록 더 진득하게 자신을 돌아보고 변화를 추구해야 하며, 그런 진득함만이 결국 모든 상황에 통(通)하는 해결책들을 가져다줍니다. 오늘은 이 말씀을 드리고 싶었습니다."

신 차장의 말에 장 대리는 고개를 끄덕였다. 그러다 문득, 생각나는 것이 있다는 듯 회심의 미소를 지으며 물었다.

"차장님…… 그런데 거꾸로 '순간의 선택이 10년을 좌우합니다', '찰나에 모든 것이 갈린다' 등등의 말처럼 그 순간순간, 찰나에 집중하는 것이 중요하다는 말도 있지 않습니까? 어느 게 맞는 거죠?"

하지만 신 차장은 예상과 달리 그런 질문을 하리라는 것쯤은 미리 알고 있었다는 듯이 곧이어 답했다.

"자동차 한 대를 만드는 데 들어가는 부품은 약 2만 개에서 3만 개 정도라도 합니다. 그들 부품 하나하나가 제대로 만들어져야 좋은 자동차가 만들어지는 것은 당연한 이야기입니다. 장 대리님 말씀처럼 순간의 삶과 찰나의 시간에 최선을 다해야 하는 이유입니다. 그러나 부품 하나

하나를 최고로 만들겠다는 생각이 앞서, 만들어지는 자동차 전체의 모습은 생각하지 않은 채 부품만을 최고로 만들면 어떤 일이 일어나겠습니까? 아무리 고급 재료로 정교하게 만들어진 부품이라고 해도 다른 부품들과 조립이 잘 안 된다거나, 필요 이상의 좋은 기능을 발휘해 다른 부품과의 조합이 안 맞는다거나 하면 큰 문제이지 않겠습니까? 때문에 순간의 삶과 찰나의 시간에 최선을 다하되 전체 삶과 '하나의 맥으로 서로 통하는지(一脈相通)'를 살피는 것이 중요한 것입니다."

신 차장의 설명을 들은 장 대리는 마지막으로 다시 『중용』의 문장을 가만히 살펴보며 생각에 잠겼다.

'지성무식…… 지극한 성은 쉼이 없다…….'

11
【조언】

옛 생각으로
현재의 일에 충고하지 마라

反古之道 如此者 烖及其身者也

공자께서 말씀하셨습니다. "어리석은 자가 제 분수를 모르고 높은 자리에 오르고 싶어서 스스로를 천거하고, 천박한 자가 모든 일을 도맡아서 자기 멋대로 판단하여 결정하려 들고, 지금의 세상에 태어났으면서도 자꾸만 옛 시절을 이야기하고, 그 시절의 방식으로 되돌아가려 한다면, 그는 재앙을 자기 자신에게 불러들이려고 안달이 난 자임에 틀림이 없을 것이니라."

그렇기에 공자께서는 '예'와 '법도'와 '문자'에 관한 일들을 다룰 능력이 되는 천자 정도가 아니면 '예'와 '법도'와 '문자'를 논하지 않으신 것입니다. 그런데 세월이 흘러, 상황이 예전과는 또 많이 달라진 것 같습니다. 수레바퀴의 크기와 폭에 대한 규격이 같아졌고, 같은 문자를 쓰고, 어떠한 행동에 대해 판단하는 공통된 윤리가 생겨났습니다. 즉, 제도가 어느 정도 정비되었고, 문자 역시 자리를 잡아서 천자들이야 자리에 올라섰으니 무언가 손을 대고 싶겠지만, 그러기가 더욱 힘들어졌습니다. 그렇기 때문에 "(천자의) 지위을 얻었어도 진실로 그 덕이 없으면 '예악禮樂'을 짓지 못하고, 능력과 덕이 있어도 진실로 그 지위가 천자의 지위가 아니면 역시 감히 '예악'을 짓지 못한다"라는 이야기가 있는 것입니다.

공자께서 말씀하셨습니다. "내가 아주 오래전부터의 예법, 예를 들면 하나라, 기나라, 은나라, 송나라, 주나라● 등의 예법에 대해 배워 잘 알고 있는데, 살펴보니 하나라의 예법을 기나라가 이어받았다고 주장은 하는데 그 증거가 부족해 보이고, 송나라의 경우에는 그나마 은나라의 예법이 조금은 남아 있는 것 같긴 하나, 주나라의 예법이 그래도 지금 가장 널리 사용되고 있으니, 나는 옛 시절의 예법 타령을 하기보다는 주나라의 예법을 더 잘 따르고 그것이 더욱 널리 퍼지도록 하는 데 힘쓰도록 할 것이다."

— 『중용』 제28장

子曰 愚而好自用하며 賤而好自專이요 生乎今之世하여 反古之道면
자 왈 우 이 호 자 용   천 이 호 자 전   생 호 금 지 세   반 고 지 도

如此者는 烖(災)及其身者也니라. 非天子면 不議禮하며 不制度하며
여 차 자   재   급 기 신 자 야   비 천 자   불 의 례   부 제 도

不考文이니라. 今天下 車同軌하며 書同文하며 行同倫이니라. 雖有
불 고 문   금 천 하 거 동 궤   서 동 문   행 동 륜   수 유

其位나 苟無其德이면 不敢作禮樂焉이며 雖有其德이나 苟無其位면
기 위   구 무 기 덕   불 감 작 례 악 언   수 유 기 덕   구 무 기 위

● 하夏(기원전 2,070년 ~ 기원전 1,600년경), 은殷(기원전 1,600년 ~ 기원전 1,046년경)은 공자 이전에 중국을 지배했던 왕조이고, 기杞(불상 ~ 기원전 445년경), 송宋(불상 ~ 기원전 286년경)은 과거 중국 왕조의 예법을 전수받았다고 주장했던 춘추전국시대의 제후국들.

亦不敢作禮樂焉이니라. 子曰 吾說夏禮나 杞不足徵也요 吾學殷禮
역불감작례악언   자왈 오설하례   기부족징야   오학은례

하니 有宋存焉이어니와 吾學周禮하니 今用之라 吾從周하리라.
유송존언   오학주례   금용지   오종주

"어제 바쁘다던 일은 잘 끝냈나요?"

헐레벌떡 직원 고충 상담실 문을 열고 들어오는 장 대리를 맞으며 신 차장이 물었다. 장 대리는 급하게 만들어야 할 보고 자료 등 해야 할 일이 몰려서 부득이하게 신 차장과 협의해서 하루 『중용』 읽기를 쉬었다.

"말도 마세요. 어제는 숨을 입으로 쉬는지 코로 쉬는지 제 손발이 네 개인지 여덟 개인지 모를 정도로 정신없었어요."

손발 다 써 가며 호들갑을 떠는 장 대리를 보며 신 차장은 빙그레 웃음을 지었다. 가방에서 책을 꺼내면서도 장 대리의 푸념 섞인 혼잣말은 계속 이어졌다.

"그런데 사실은 그 일이 제 일이 아니었거든요."

신 차장은 아무런 대꾸도 하지 않았지만, 장 대리는 마치 묻는 말에 대답하듯이 자기 얘기를 계속 이어 나갔다.

"저희 팀에 성 대리라고 있는데요, 차장님도 아시죠? 그 친구가 해야 할 일이었는데, 기한 내에 다 마무리하지 못한 통에 저를 포함해서 선배들이 다 달라붙었지 뭡니까?"

그리고 결국 마지막은, '요즘 들어오는 애들은 왜 그런지 모르겠어요. 정신을 어디다가 팔아먹었는지. 진짜 우리 때는 안 그랬던 것 같은데……'로 끝이 났다. 그 말에 신 차장이 처음으로 반응을 했다.

"푸흡."

아니, 참았던 웃음을 터뜨린 것이었다.

"아니, 차장님. 뭐가 웃기신데요? 진짜 요즘 애들 심각하다니까요."

"장 대리도 그런 얘기를 하네요. 나이 드신 임원 분들이나 그런 얘기를 하는 줄 알았는데."

"그거야…… 아무튼, 요즘 후배들은 도대체 왜 그런지 모르겠어요. 저희 때랑 달라도 한참 다른 것 같아요."

장 대리의 말에 신 차장은 책을 펼치지도 않은 채 질문을 던졌다.

"장 대리는 IQ가 어떻게 돼요?"

질문의 의도를 모를 땐 질문하는 사람의 의도를 되묻는 편이 나았다.

"그걸 왜 물으시는데요?"

"왠지 높을 것 같아서요."

이러면 또 말문이 콱 막혀 버린다. 장 대리는 곰곰이 생각해 보았다. IQ가 얼마인지 정확히 잘 기억나지는 않았다. 대충 100보다는 조금 높았던 걸로 기억되었다.

"글쎄요. 측정한 지 하도 오래돼서 잘 기억나지가 않네요."

"모르긴 몰라도 저보다는 높을 겁니다."

"아니, 그걸 어떻게 확신하시죠?"

그도 그럴 것이, 그 긴 한문 문장을 막힘없이 줄줄 외워서 쓰고 말하는 걸 보면 천재까지는 아니어도 신 차장의 IQ는 분명 일반인들보다는 훨씬 높을 것만 같았기 때문이다. 그러나 신 차장은 장 대리의 IQ가 분명 자신보다 높을 것이라며 이야기 하나를 들려주었다.

"우리가 흔히 받는 IQ테스트는 1950년대 미 육군에서 신병 모집을 할 때 사용했던 기초 학습 능력 검사에서 유래했다고 합니다. 1980년대 초반 뉴질랜드의 제임스 플린이라는 심리학자가 미국의 신병 지원자들의 IQ 검사 결과를 분석해 신병들의 평균 IQ가 10년마다 3점씩 올라간다는 사실을 발견했습니다."

"에이, 설마 그럴 리가요. 그냥 단순한 우연 아닌가요?"

"아닙니다. 그로부터 7년 뒤, 조사 대상 범위를 14개국으로 확대해서 실시한 연구 결과에서도 비슷한 결론을 내릴 수가 있었죠. 아무래도 정보 통신의 발달, 네트워크의 확장 등으로 인해 같은 연배라도 과거에 비해 현재의 사람들이 보다 더 많은 정보를 얻고, 가공해서, 활용할 수 있기에 그런 결과가 나온 게 아닌가 합니다."

"그럼, 차장님은 지금 '나이 어린 성 대리가 장 대리 너보다 훨씬 똑똑하니 잔말 마라' 뭐 이런 말씀을 하고 싶으신 건가요?"

장 대리는 신 차장의 얘기에 어제 '아무것도 모른다'는 표정으로 자기 일거리를 선배들에게 태연하게 떠넘기던 성 대리의 얼굴 표정이 떠올라 짜증이 다시 샘솟았다. 장 대리의 정색하는 표정에 신 차장은 양손을 들어 만류하며 서둘러 오늘 읽을 28장에 대한 설명을 시작했다.

"이 장은 두 가지 면에서 많은 유명세를 떨쳐 온 장입니다. 첫 번째 유명세는 진시황 재임 시(기원전 246년~기원전 210년)에 완성된 도량형 통일과 수레바퀴의 크기와 폭 등의 규격화를 그보다 200년 가까이 이전의 인물인 자사(기원전 483년?~기원전 402년?)가 기록할 수는 없다며 『중용』을 후대의 여러 사람들이 짜깁기해서 지은 잡서 또는 공사부와 자사의 이름을 판 위서라고 주장하는 사람들이 바로 이 28장을 대표적인 근거로 사용해서입니다."

"생각해 보니 일리가 있는 주장인데요?"

"얼핏 보면 그렇지만, 조금 더 자세히 들여다보면 맞지 않는 주장이란 것을 쉽게 알 수 있습니다. 물론, 진시황이 도량형과 수레 규격의 통일을 강력하게 추진해서 이뤄 낸 것은 맞지만, 그런 시도는 이미 공사부가 태어나기 이전부터 지도자가 바뀔 때마다 수시로 시행되어 왔습니다. 그에 관한 수많은 기록들은 무시한 채 단편적인 면만 보고 『중용』을 폄하하려는 시도는 옳지 않습니다. 이 장이 유명한 두 번째 이유는……."

신 차장이 설명한 28장이 유명한 이유는, 자사가 이 장을 통해 '천자가 아니면 논할 수 없는 예(非天子 不議禮)'를 자신의 할아버지인 공자는 논할 수 있다는 것을 보임으로써 공자가 비록 천자의 지위에는 오르지 못했지만 능히 천자를 능가하는 위대한 인물임을 만방에 드러내 보인 장이라는 것이다.

"한마디로 '지성의 선전포고'쯤으로 보면 되나요? '천하는 너희가 지배하지만, 너희가 따르는 예법은 내가 지배한다!' 뭐 이쯤 되는."

"다소 지나친 해석이기는 하지만 아주 틀린 것도 아닙니다. 아무튼 그런 두 가지 이유 때문에 이 장은 많은 사람들의 큰 관심을 끌었던 장입니다. 하지만 제가 오늘 이 장에서 장 대리에게 가장 읽어 주고 싶은 부분은 바로 '지금의 세상에 태어났으면서도 자꾸만 옛 시절을 이야기하고, 그 시절의 방식으로 되돌아가려 한다면 그는 재앙을 자기 자신에게 불러들이려고 안달이 난 자임에 틀림없다(生乎今之世 反古之道 如此者 栽(災)及其身者也)'입니다."

"한마디로 '추억 팔이' 하는 꼰대가 되지 말라는 말씀이신가요?"

"네, 그렇습니다."

'아니오, 꼭 그런 것은 아닙니다.' 정도의 얘기가 나올 줄 알았는데, 생각 외로 신 차장은 명확하게 자신의 생각을 이야기했다. 그의 설명이 계속 이어졌다.

"대부분의 많은 어른들, 선배들이 젊은이들, 후배들에게 충고를 합니다. 때로는 그 정도가 지나쳐 질책이나 잔소리가 되기도 합니다. 그런데 조금 극단적으로 말하자면, 그런 '충고'라는 것들은 헛소리인 경우가 대부분입니다. 젊은이들이나 후배들이 가슴에 담기는커녕 귀에 닿기도 전에 공기 중에 산산이 흩어져 버리는 것이 현실입니다."

다소 의외였다. 신 차장이라면 '나이 든 원로들이나 고참들의 말씀에 귀를 기울여라'고 충고할 줄 알았기 때문이다. 그러나 신 차장의 생각은 단호했다.

"어른들, 선배들이 뭔가 대단히 많이 아는 것처럼 말하는데 그들이 지금의 젊은이들, 후배들의 나이였을 무렵에는 인터넷이고 휴대전화이고 없었습니다. 우리나라에서 신용카드라고 하는 것도 1970년대 말이나 되어서 처음으로 사용되기 시작했고, 해외여행은 1990년대 초반 무렵에서야 겨우 자유화되었습니다. 어른들, 선배들 중 한두 명이 국비유학생 시험에 합격해서 미국 대학으로 유학 갈 때, 요즘의 젊은이들, 후배들은 대부분 TED나 칸 아카데미, 유다시티 등을 통해 미국 유수 대학에서 학생들을 가르치는 석학들의 강의를 영상으로 보고, 공유하고 있습니다."

"그러네요. 그럼, 어른들, 선배들의 충고라는 것은 들을 필요가 없는 거네요."

"네, 모두 들을 필요는 없습니다. 다만……."

역시, 신 차장이 웬일로 극단적인 얘기를 하나 했다.

"시대의 변화를 떠나, 기술의 발전에 구애받지 않은 본연의 부분들이 있습니다. 우리가 좀 더 훌륭한 삶을 행복하게 살기 위해 필요한 것들."

"언젠가 배웠던 '사물의 본질'과 관련된 것들 말씀인거죠?"

"그렇습니다. 자기 스스로에 대한 존중, 타인에 대한 배려, 가족에 대한 사랑, 사회에의 기여 등등의 것들 말이죠. 어른들이라면, 선배라면 우리의 젊은이들, 후배들에게 그러한 것들을 인식하고 그것을 가꾸기 위해 어떻게 해야 하는지를 말로, 행동으로 보여 줘야 합니다."

장 대리는 주변에 그런 어른들이 있었는지를 떠올려 보았다. 있었던 것 같기도 한데, 딱히 떠오르는 사람이 없었다.

"그런데 그런 것은 신경 쓰지 않고, 아니 오히려 젊은이들이나 후배들보다 훨씬 더 못 챙기면서 오로지 기술적인 부분, 경제적인 부분, 조직에서의 생존 스킬 같은 것에만 관심을 두고 그에 대한 이야기들만 하려 하니 '더 똑똑하고 진일보한' 젊은이들, 후배들은 그 얘기가 지겹고 귀에 들어오지가 않는 겁니다."

모처럼 신 차장의 입에서 장 대리 입장에서는 속 시원하게 들릴 만한 얘기가 나왔는데, 오히려 그의 가슴은 뭔가 무거운 것에 눌린 듯 꽉 막혀 왔다. 어제 오후, 성 대리를 탕비실로 불러 잔소리를 한참 하던 자신의 모습이 떠올라서였다.

'나 역시 스스로 인식하지 못하는 사이에 그토록 저주해 마지 않았던 내가 너희 때만 하더라도, 라는 말을 입에 달고 사는 꼰대가 되어 버린 건가?'

확실하게 아니라고 답하기가 어려웠다. 하지만 아무리 그렇다 하더라도 성 대리의 태도에는 문제가 있었다. 그걸 모르는 체 넘어가는 것도 동료로서 또는 선배 직원으로서 옳은 행동은 아니라는 생각이 들었다. 그런 생각들이 뒤엉키면서 머릿속이 또 뒤죽박죽 혼란스러워졌다. 그렇게 한참 동안 침묵의 시간이 흘렀다. 신 차장은 아무 말도 하지 않은 채『중용』의 앞뒤 여기저기를 들춰 보고 있었다. 아무래도 장 대리에게 조금은 생각할 시간을 주는 듯했다.

"알겠습니다. 생각을 좀 더 해 보겠습니다."

한참만에 장 대리가 입을 열었다.

"성 대리가 저보다 IQ가 더 높을 거라는 가설은 동의할 수 없지만요."

그 말에 신 차장이 크게 웃었다.

"그나저나 오늘로 '두 번째 열하루'가 끝이 났네요."

이번에는 장 대리가 먼저 말을 꺼냈다.

"맞아요. 우리는 두 번째 열하루 동안 『중용』이라는 고전을 통해 '삶', 또는 조금은 거창하게 '인생살이'에 대해 함께 생각해 보았습니다."

장 대리는 두 번째 열하루 동안 함께 읽어 온 중용 글귀들을 다시 한 번 머릿속에 떠올려 보았다. 도를 행함에 있어서의 지나침과 모자람, 배운 대로 행하는 것의 어려움, 나 스스로를 어려운 시험에 들게 하지 말 것과 강함을 구분해서 정말로 필요한 강함을 선택할 줄 아는 것 등등 하루에 하나씩 읽고 생각해 보았다고 하는 것이 믿기지 않을 정도로 거창하고 대단한 것들투성이었다. 사실 그것들을 실천하기는커녕 이해했다고 말하는 것조차도 자신하기 힘들 듯했다. 그래도 나름 의미는 있었다. 최소한 삶의 본질에 대해, 나의 내면에 대해 생각해 본 것은 군대에서 제대하고 복학을 앞둔 시점 이후로 거의 처음인 듯했다.

"이쯤에서 다시금 명심해야 할 것은, 『중용』에서의 '중'은, 물론 '가운데 중(中)' 자를 쓰지만, 절대로 그 뜻 자체가 모든 일의 한가운데를 뜻하는 것은 아니라는 점입니다."

"하지만 지난 스물두 날 동안 우리가 읽어 온 글들도 그러하고, 차장님께서도 중간중간마다 한쪽으로 치우지지 말라고 강조해 오셨잖아요."

"한쪽으로 치우치지 않는다는 것이 반드시 기계적으로 가운데를 지키라는 말은 아닙니다. 이 얘기는 이후에 조금 더 할 기회가 있을 겁니다."

"네, 알겠습니다. 그나저나 이번에는 책거리 안 하나요?"

"지난번에는 제가 준비하지 않았나요?"

"알겠습니다. 그럼 이번에는 제가 준비하죠. 단, 회사에서 받는 연봉 차이도 있고 하니, 저는 차장님처럼 거창하게는 안 되고 간단하게, 괜찮죠?"

그렇게 『중용』을 함께 읽으며 '삶'에 대해 생각해 본, 두 번째 열하루가 끝이 났다.

제3부

일에
제자리를
찾아 주다

당신을
지키고
버티게
하는 힘

1
【친화】

혼자일 때는 여럿이,
여럿일 때는 혼자인 것처럼

莫見乎隱 莫顯乎微 故 君子愼其獨也

하늘이 명하는 절대적인 선善 또는 윤리나 도리를 일컬어 '성性'이라 하고, 그 '성'을 따라, 즉 천명을 따라 살아가는 것을 '도道'라 하고, 그러한 '도'를 닦는(도리에 거스르지 않고 사는) 삶을 일컬어 '교教'라고 말하고는 합니다. 그런데 무릇 '도'라는 것은 잠시라도 떠나서 살 수 없으니, 만일 떠날 수 있으면 '도'가 아니라 해도 무방할 것입니다. 그렇기 때문에 군자는 '도'로부터 떠나서 살지 않기 위해 차마 보이지 않는 것들일지라도 조심하고, 들리지 않는 것들일지라도 두려워하는 것입니다. 왜냐하면 '도'에 어긋나는 일들은 잘 숨겨진 것 같아도 이루 말할 수 없이 잘 보이는 때가 많고, 작고 미미한 것 같은 일들도 실제로는 너무나 또렷하게 보이는 경우가 대부분이기 때문입니다. 그렇기에 군자는 혼자 있을 때 오히려 더욱더 삼가고 조심해서 자신을 가다듬는 것입니다. 희로애락의 감정이 아직 드러나지 않은 것을 '중中'이라 하고, 드러나

더라도 예절과 법도에 알맞은 것을 '화和'라고 하는데, '중'은 천하의 큰 근본이고, '화'란 천하의 공통된 도리입니다. 여러분이 이 '중'과 '화'를 지극히 하면 천지가 제자리를 찾고, 만물이 잘 자라날 것입니다.

－『중용』제1장

天命之謂性이요 率性之謂道요 修道之謂敎니라. 道也者는 不可須
천명지위성　　솔성지위도　　수도지위교　　　　도야자　　불가수

與離也니 可離면 非道也라 是故로 君子는 戒愼乎其所不睹하며 恐
유리야　　가리　　비도야　　시고　　군자　　계신호기소부도　　공

懼乎其所不聞이니라. 莫見乎隱이며 莫顯乎微니 故로 君子는 愼其
구호기소불문　　　　막현호은　　막현호미　　고　　군자　　신기

獨也니라. 喜怒哀樂之未發을 謂之中이요 發而皆中節을 謂之和니
독야　　　회로애락지미발　　위지중　　발이개중절　　위지화

中也者는 天下之大本也요 和也者는 天下之達道也니라. 致中和면
중야자　　천하지대본야　　화야자　　천하지달도야　　　치중화

天地位焉하며 萬物育焉이니라.
천지위언　　만물육언

"방학 잘 보냈나요?"

문을 열고 들어서는 장 대리를 보며 먼저 와 있던 신 차장이 인사를 건넸다. 지난 열하루를 마친 뒤 명절과 대체 휴일 등이 겹쳐서 5일 가까운 연휴가 있었다. 그 연휴 기간을 학생들이 학기를 마친 뒤 갖는 방학에 빗대어 농담을 건 것이었다. 장 대리 역시 농으로 받아쳤다.

"방학 숙제를 하느라고 방학 때도 바빴습니다."

지난 연휴 기간 동안에『중용』을 좀 들춰 봤다는 얘기인 듯했다. 신 차장은 옅은 웃음을 지어 보였다. 그런데 장 대리는 진짜로 방학 숙제를 열심히 했는지, 책을 꺼내 놓으면서도 계속해서 지난 연휴간 정리했던 자

신의 생각들을 꺼내 놓았다.

"지난 첫 번째 열하루 동안에는 '사람'에 대한 내용들을 생각해 봤다고 하셨고, 그다음 열하루에는 '삶'에 대해 생각해 봤다고 하셨잖아요. 우리가 살면서 '사람과 삶', 한자로 '인생人生'에 대해 공부했으면 공부할 건 다 한 것 아닌가요?"

"뭐 그렇다고도 볼 수 있죠. 하지만 남은 열한 장의 『중용』을 가지고 저는 '일'에 대한 얘기를 좀 나눠 볼까 합니다."

"일이요?"

"네, 일이요. 물론, 우리가 하는 일이라는 것이 사람과의 관계, 살아가는 삶과 떼어 놓고 별개로 생각할 수 있는 것은 아니지만, 열한 개의 장을 읽으며 사람에 대해, 그다음 열한 개의 장을 읽으며 삶에 대해 생각해 온 것들을 기반으로 나머지 열한 개의 장을 읽으면서는 회사에서의 업무, 학교에서의 학업, 가정에서의 가사 등 실제 매일매일 우리가 하는 일에 대해 함께 생각해 보고자 합니다."

그 말을 듣고 보니, 앞으로 열하루의 '『중용』 읽기'가 실제로 장 대리로서는 가장 기대가 되는 『중용』 읽기가 될 듯했다.

"자, 그럼, 어느 장으로 그 첫 포문을 여실 생각이신가요?"

"자, 1장을 펴 봅시다."

"우와!"

"왜요?"

"드디어, 1장을 읽게 되는군요. 제가 이제까지 1장, 서론만 읽고 만 책은 엄청나게 많은데, 이렇게 뒤늦게야 1장을 읽게 된 책은 처음인 것 같아요."

신 차장은 장 대리의 말에 빙그레 웃으며 1장을 읽기 시작했다. 장 대리의 읽는 속도가 부쩍 빨라져서 1장 정도의 분량은 금세 수월하게 다 읽을 수가 있었다.

"이 1장은 우리가 『중용』을 읽으면서 생각해 왔던 '사람'과의 관계, '삶'을 대하는 자세, 그리고 앞으로 열하루 동안 생각해 보기로 한 '일'에 대한 생각들, 그 어느 것에나 대응해도 충분히 훌륭한 가르침과 깊이 생각해 봐야 할 것들을 제시해 주는, 그야말로 명문장 중의 명문장이라고 할 수 있습니다."

"저도 이 1장은 여러 곳에서 많이 들어 본 것 같네요. 왠지 읽는 동안에도 이미 함께 공부한 문장인 듯 익숙한 기분이 들었습니다."

"그럴 겁니다. 한문을 잘 모르는 사람이라고 하더라도 중등 교과서에서나 신문 사설이나 유명한 분들의 강의에서나 한번쯤은 들어 봤을 그런 잘 알려진 문장이니까요. 그런데 저는 이 1장의 문장을 우리가 매일매일 해야 하는 '일'에 대입해서 한번 살펴보고자 합니다."

신 차장은 다시 한 번 1장의 문장을 한 문장, 한 문장씩 천천히 해석해 나갔다. 신 차장의 말마따나 한 구절, 한 구절이 모두 어디선가 한번쯤 보았던 문장이었고, 한글로 해석한 뜻 역시 한 구절씩 따로 떼어 액자로 만들어 벽에 걸어 놓아도 손색이 없을 것 같은 명언들이었다. 그래서 신 차장이 이 장의 내용을 어떻게 풀지가 더욱 궁금해졌다.

"예습을 열심히 했다고 하니까, 문장들을 더 풀어 설명하지 않아도 무슨 뜻인지 이해가 될 겁니다. 그렇죠?"

"네, 뭐. 근데, 이 문장으로 일에 대해 어떤 내용을 말씀해 주실 건가요? '보이지 않는 것들일지라도 조심하고 들리지 않는 것들일지라도 두려워하는 것(戒愼乎其所不睹 恐懼乎其所不聞)'을 잘하라고 하실 건가요?"

"뭐 당연히 그것에도 신경을 써야죠. 그러나 오늘은 조금 다른 것을 가지고 이야기하려 합니다."

"어떤 거죠?"

"글 중에 나온 '和(화)' 자를 갖고 이야기를 조금 해 볼까 합니다."

"'和'요…… 근데 '和' 자가 어디 나왔었죠?"

실제로 다시 문장의 처음부터 살펴서 찾아야 할 정도로 '和' 자는 그 존재감이 그리 크지 않는 위치에 두어 번 사용돼 있었다.

"장 대리는 혹시 이 '和' 자를 가장 좋아하는 사람들이 누구인지 알고 있나요?"

"글쎄요. 가훈 써 주는 사람들 아닐까요? 家和萬事成(가화만사성)만큼 널리 쓰이는 가훈도 또 없잖아요."

"그렇겠네요. 아마 추적* 선생 역시 자신의 글이 700여 년 뒤의 후손들에게 이렇게 사랑받게 될 줄은 상상조차 못했을 겁니다. 하지만 그런 우리들보다도 이 '和'라는 글자에 환장하는 사람들이 있으니, 바로 일본인들입니다. 장 대리는 혹시 과거 태평양전쟁 당시 건조된 일본군 최대의 전함 이름이 뭔지 아나요?"

"글쎄요."

"야마토(大和)입니다."

"아, 그 배는 일본 만화에서 본 것 같은데……."

"맞습니다. 이 배를 모토로 해서 '우주전함 야마토'라는 에니메이션이 만들어지기도 했지요. 그럼, 일본 국가 대표 축구팀의 공식 서포터즈인 울트라니폰이 응원 깃발이나 머리띠 등에 새겨 놓은 한자가 뭔지 아나요?"

• 秋適. 고려 충렬왕 대의 문신으로 그가 쓴 책에 실린 글귀 '賢婦令夫貴(현부영부귀) 惡婦令夫賤(악부영부천) 子孝雙親(자효쌍친) 家和萬事成(가화만사성)'으로부터 현재의 '家和萬事成'이라는 문구가 널리 쓰이게 되었다고 한다.

"뭐죠? 그냥 묻지 마시고 설명을 해 주세요, 설명을."

장 대리의 투정에 신 차장은 웃으며 곧바로 신속하게 답을 해 주었다.

"야마토 다마시(大和魂)입니다."

"아, 그 글자 역시 본 것 같아요. 국가 대표 축구 대항전 같을 때요."

"그런데 이 '야마토 다마시'라는 글자를 국가 대표 축구 경기장 같은 곳에서 공공연히 쓰거나 내보이는 것은 조금 심각한 문제가 될 수도 있습니다. 이 '야마토 다마시'라는 글자를 즐겨 쓴 것이 메이지 유신 무렵의 극우 세력이나 천황을 옹립하려던 낭인, 사무라이들이었고, 본격적으로 유행시킨 것은 폭탄을 실은 항공기를 몰고 미 군함으로 돌진하던 '가미카제 특공대'들이나, 혈혈단신 포탄을 짊어지고 자살 공격을 감행하던 어린 병사들이 머리에 둘렀던 머리띠에 쓰인 글자가 바로 이 '야마토 다마시'였기 때문입니다."

"군국주의의 상징과도 같은 글귀로군요."

"어떤 면에서는요."

"그런데 왜 그렇게 일본인들은 '야마토'를 좋아하는 걸까요?"

"역사가들은 '야마토'라는 단어를 고훈시대●에 정치 문화의 중심지였던 나라 현 텐리 시 일대를 일컬었던 '야마토'라는 지명으로부터 유래했다고 보고 있습니다. 그러나 일부 어용 역사가들은 자신들이 위대한 지도자로 숭상하는 쇼토쿠타이시(聖德太子)가 제정한 일본 최초의 성문법 '헌법 17조憲法十七條' 제1항에서 이 '야마토'라는 단어가 나왔다며, 원래부터 '야마토(大和)'의 개념은 자신들 고유의 정신, 윤리, 도덕이었다고 우기고 있는 형편입니다."

●古墳時代. 일본 역사에서 3세기 말부터 8세기 초까지의 시대를 다른 시대와 구분해서 지칭하는 이름.

"그 정도라면 뭐 우길 만도 하네요."

"그런데 그 '헌법 17조' 제1조라는 것의 내용을 가만히 살펴보면 어디서 많이 본 것 같은 기분이 듭니다."

"어디죠?"

유자가 말했다. "예의 용은 화가 귀함이 되니, 선왕의 도는 이것을 아름답게 여겼다. 그리하여 작은 일과 큰일에 모두 이것을 따른 것이다."

– 『논어』「학이學而」편 제12장

有子曰 "禮之用和爲貴 先王之道 斯爲美 小大由之
유자왈   예지용화위귀 선왕지도 사위미 소대유지

"공사부의 말씀입니다. 일본 문화의 근간을 이루고 있고, 사회·정치적인 본류를 밝히고 있으며, 일본인을 하나로 모으는 역할을 한다고 자랑하는 '헌법 17조'이지만, 실제로는 공사부의 말씀을 자신들의 처지에 맞게 조금씩 손질해 놓은 것에 불과합니다."

"그렇군요. 요즘이야 돈 좀 만지니 일본이 대단한 나라처럼 알려져 있지만 조금만 과거로 거슬러 올라가면 역시 별 볼일 없는 변방의 섬나라였군요."

신 차장의 설명에 장 대리는 기분이 좋아졌다. 아무리 시간이 흐르고 세대가 바뀌었다고 해도 일본에 대해 좋은 얘기보다는 안 좋은 얘기를 들을 때 기분이 더 좋아지는 것은 어쩔 수 없었다. 그러나 신 차장은 지금까지의 설명 분위기와 달리 반대의 뜻을 말하기 시작했다.

"하지만 일방적으로 그렇게만 매도하기는 힘듭니다. 어떻게 보면 '헌법 17조'의 제1조가 공사부께서 말씀하셨던 '화和'의 개념을 가장 잘 설명하고 있으면서도, 그것을 우리의 일상생활에 어떻게 활용하고 접목시킬 것인지에 대해 가장 정확하게 제시해 주고 있기 때문입니다."

신 차장의 설명은 계속 이어졌다.

> 하나를 말하되, '화和'를 존중하면 다툼을 일으키지 않는 것을 근본으로 하라. 사람은 패거리를 만들고 싶어 하고, 또한 깨달은(그래서 혼자서 능히 살 수 있는) 사람이 적다. 그래서 혹여 군주나 부모의 말에 따르지 않거나 주위의 사람과도 잘 지내지 못하는 것이다. 그러나 위아래 사람과 협력하고 친함을 가지고 의논한다면 사물의 이치에 스스로 통달하게 돼 어떠한 일이라도 성취하는 것이다.
>
> — 헌법 17조, 제1조

一曰, 以和爲貴 無忤爲宗. 人皆有黨 亦少達者. 以是, 或不順君父 乍
일 왈   이 화 위 귀   무 오 위 종   인 개 유 당   역 소 달 자   이 시   혹 불 순 군 부 사

違于隣里. 然上和下睦 諧於論事, 則事理自通 何事不成.
위 우 린 리   연 상 화 하 목   해 어 론 사   칙 사 리 자 통   하 사 불 성

"'헌법 17조' 제1조 전문입니다. 역시 '화和'를 강조하고 있습니다. '위아래 사람과 협력하고 친함을 가지고 의논한다면 사물의 이치에 스스로 통달하게 돼 어떠한 일이라도 성취할 수 있음'을 말하고 있습니다."

"뭐, 듣고 나니 더욱더 『논어』의 말씀과 비슷하네요."

"그렇습니다. 더 나아가서는 오늘 읽은 『중용』 1장의 내용과도 일맥상통하지요. 우리가 보통 사서오경을 읽거나 옛 성현의 말씀에 대해 공부하는 것을 지극히 개인적인 '자기 수양'으로만 인식하다 보니, 『중용』

1장의 내용 역시 스스로를 갈고닦아, 혼자 있을 때 더욱더 올바를 것을 말한 장으로만 이해하기가 쉽습니다. 그러나 결국 그러한 공부의 정점은 주위와 '화'하여 나 스스로는 물론, 주위 사람도 성취할 수 있도록 도와주는 데에 있습니다. 오늘 1장을 공부하는 데 있어, 그리고 앞으로 열하루 동안 우리가 하는 '일'에 대해 『중용』을 통해 생각해 보는 데 있어 반드시 명심해야 할 부분이지요."

장 대리는 『중용』 1장을 다시 읽어 보았다. 과연, 신 차장이 말한 것처럼 이전에는 '그 유명한' 첫 문장 또는 그에 버금가게 유명한 바로 그다음 문장만이 눈에 들어왔다면, 재차 읽었을 때에는 '화'를 강조한 문장도 새로운 뜻으로 마음속에 다가왔다.

어느덧 시간이 다 되었다. 책을 덮으면서도 신 차장의 이야기는 계속되었다.

"언젠가 장 대리가 물었죠? '왜 저를 도와주시는 거죠?'라고. 그때 저는 답했습니다. '저를 어떤 시험에 들게 한 것'이라고요. 이후 자세하게 말할 기회가 없어서 설명하지 못했습니다만……."

신 차장의 목소리가 미세하게 떨렸다. 표정 역시 이전에 보기 힘들었던 조금은 상기된 얼굴이었다. 무언가 꺼내 놓기 어려운 이야기를 하려는 것임을 직감적으로 알 수 있었다.

"사실, 제가 대리 진급할 때 물을 먹은 적이 있습니다."

놀라운 얘기였다. 신 차장은 동기들 가운데서는 물론 회사 내에서도 높은 평가를 받아 왔고 항상 누구에게나 능력을 인정받는 사람이어서 당연히 입사 후 장 대리 자신과 같은 굴곡 없이 늘 승승장구해 왔을 것이라고 생각해 왔는데 의외였다.

"근데, 지금 차장님 연차가 동기들보다 뒤쳐지지 않잖아요. 아니, 오히려 가장 빠른 편 아니신가요?"

"물론, 그렇습니다. 이후 과장 진급 때 한 번, 차장 때 한 번, 두 차례 연속 특진을 해서 대리 진급에서 뒤쳐진 걸 따라잡았죠."

"그런데 도대체 왜 진급에서 누락되셨나요? 평가? 어학? 아니면, 무슨 규정 위반이라도 저지르셨나요?"

"화和의 부재不在."

"화의 부재요?"

"네. 그때 제게는 '화'가 없었습니다."

"'화'가 없다면……."

"제 성과는 좋았지만, 주변의 동료들은 하나같이 성과가 저조했습니다. 그들이 어떻게 일하든 말든, 전 제게 맡겨진 일에 최선을 다했으니까요. 상사들이 출장을 가거나, 나 혼자 사무실에 남아 일해야 할 때에도 저는 마치 상사를 포함해 다른 사람들이 제 옆에서 저를 지켜보는 것처럼 단 한순간도 자세를 흐트러트리지 않은 채 제 할 일을 해 냈죠."

"이른바 '보이지 않는 것들일지라도 조심하고 들리지 않는 것들일지라도 두려워하는 것'을 철저하게 실천하신 셈이군요. 그런데 왜 대리 진급에서 누락되신 거죠? 말씀하신 대로 '화'가 없어서였나요?"

"네. 제 주변에서 저와 함께 일하기 힘들다는 얘기가 파다했답니다. 비단 제가 들들 볶았던 바로 밑 후배뿐만이 아니라, 저보다 훨씬 연배가 높은 고참들이나 상사들까지도 그랬죠. 저는 제 능력과 성과에 대한 자신감과 평상시 제 성실한 태도에 대한 당당함만을 믿고 주위와 '화'하는 데에는 등한시했었습니다."

"그러면, 그때 제게 말한 '어떤 시험'이라는 것이……."

"그렇습니다. 제 주위와 '화'할 수 있는, 그래서 나뿐만 아니라 나와 함께하는 그 사람 역시 무언가를 이루도록 해 줄 수 있는지에 대한 시험입니다."

술술 설명을 이어 나가던 여느 날과 달리 조심스럽게 이어 온 이야기를 마친 신 차장의 얼굴을 장 대리는 물끄러미 바라다보았다. 그러고는 웃음을 지어 보였다.

"그 '화'를 제대로 이룰 수 있도록 남은 열한 장의 『중용』도 제가 한번 열심히 따라가 볼게요."

그 말에 신 차장은 이제껏 보았던 어느 웃음보다 더 환한 웃음을 지어 보였다. 자리를 정리하고 일어나 나가다 말고 신 차장이 돌아서며 장 대리에게 말했다. 마치 다른 사람이 들으면 안 되는 비밀 얘기라도 하려는 듯이 목소리까지 낮추었다.

"근데, 재미있는 사실 하나 알려드릴까요?"

"뭔데요?"

"아까, '헌법 17조' 제1조에 담긴 깊은 뜻에 대해 얘기할 때 장 대리가 조금은 질투 섞인 아쉬운 표정을 짓던데……."

"사실, 조금 그랬습니다. 우리가 우습게 알았던 일본이 이미 서기 600년경 그런 개념을 잡고 있었다니……."

"최근에 알려진 사실인데…… 우리가 오늘 한참 동안이나 얘기했던 '헌법 17조'는 쇼토쿠타이시가 쓴 게 아니라는 것이 정설로 받아들여지고 있습니다."

"그러면?"

"후대 일본 학자들이 자신들의 과거 조상 업적을 높이기 위해 근대에 와서 첨가하고 꾸며 만든 위작이라는 거죠."

"역시! 그러면 그렇지."

"자, 그러니 오늘 하루도 기분 좋게 시작해 봅시다!"

그렇게 마지막 열하루의 첫 수업이 끝났다.

2
【균형】

한쪽 끝을 봤으면 즉시
다른 쪽 끝을 생각하라

執其兩端 用其中於民

공자께서 말씀하셨습니다. "순임금은 아마도 엄청나게 지혜로운 분이었음에 틀림이 없다. 왜냐하면 그분께서는 본인 스스로 이미 대단한 분이었음에도 평생토록 남에게 묻기를 좋아하셨고, 주위 사람의 하찮은 말에도 관심을 갖고 살펴 들어 주었다고 한다. 또한 다른 사람의 잘못된 행동은 숨겨 주고, 잘한 행동은 드러내 칭송해 주었으며, 어떠한 일이 있으면 양 극단 가운데 하나를 선택하지 않고, 그 양 끝을 모두 고려하되 백성에게는 그 중간에 있는 가장 적절한 것을 사용하셨다. 아마도 그러했기에 사람들이 순임금을 이제껏 칭송하는 것일 게다."

– 『중용』 제6장

子曰 舜은 其大知(智)也與신저. 舜이 好問而好察邇言하시되 隱惡
자왈 순   기대지   야여   순   호문이호찰이언   은악

而揚善하시며 執其兩端하사 用其中於民하시니 其斯以爲舜乎신저.
이 양 선   집 기 양 단   용 기 중 어 민   기 사 이 위 순 호

"신 차장님, 어제 왜 나 대리 안 혼내셨나요?"

장 대리는 자리에 앉자마자 신 차장에게 물었다. 어제 신 차장의 부서에 있는 나 대리가 제법 큰 사고를 쳤는데, 신 차장이 자기 일도 못하고 하루 종일 전화통을 붙잡고 그 일의 뒷수습을 하면서도 정작 나 대리에게는 일체의 책임을 묻지 않는 모습을 보고 하는 말인 듯했다.

"차장님, 근데요…… 걔 예전부터 이래저래 사소한 사고 많이 치기로 유명했어요."

그러자 신 차장이 빙그레 웃으며 물었다.

"그래요? 그럼 장 대리는 제가 어떻게 했으면 좋겠나요?"

"차장님이요? 그냥 걔 확 잘라 버렸으면 좋겠어요."

장 대리는 그 말과 함께 손을 칼날처럼 만들어 자신의 목을 긋는 시늉을 했다. 신 차장이 말리고 나섰다.

"자, 그만. 공부합시다."

그 말과 함께 신 차장이 펼쳐 읽은 것은 6장이었다.

"이 장에서 공사부는 순임금의 인품과 지혜로운 통치술에 대한 이야기를 통해 우리에게 가르침을 주고 있습니다. 그런데 장 대리, 순임금이 누구인지는 아나요?"

"요순시대 할 때의 그 순임금이잖아요. 옛날 고사 책에서도 본 거 같고…… 예전 우리 수업할 때에도 문왕, 무왕과 함께 몇 차례 언급됐던 것 같은데요."

"맞아요. 잘 기억하고 있네요."

이후 순임금에 대한 신 차장의 짧은 설명이 이어졌다. 순임금은 우리가 삼황오제三皇五帝 시대로 알고 있는 중국 고대 신화 속 여덟 명의 통치자 가운데 한 명이라고 알려져 있다. 삼황은 책에 따라 '복희伏羲, 여와女媧, 신농神農'으로 구분*하기도 하고, '천황天皇, 지황地皇, 인황人皇'으로 구분**되기도 하며, '복희, 신농, 황제黃帝'로 분류해 놓은 책***도 있다고 했다.

"이 장은 바로 그 순임금의 치정治定, 치세治世. 즉, '일하는 방식'에 대해 설명해 놓은 장입니다."

"순임금의 일하는 방식은 '묻기를 좋아하고 가까운 말을 살피기를 좋아했으며 악을 숨기고 선을 높이는 것(好問而好察邇言 隱惡而揚善)'이셨군요."

"맞습니다. 더불어, '양 끝을 잡고 그 가운데를 백성들에게 사용(執其兩端 用其中於民)하셨죠. 오늘은 바로 이 '執其兩端(집기양단)'으로 일하는 방식에 대해 이야기를 나눠 볼까 합니다."

신 차장은 아예 책을 덮고 이야기를 계속 이어 나갔다.

"장 대리는 혹시, 악바르 알 베이커Akbar Al Baker라는 이름을 들어 본 적이 있습니까?"

"아랍 사람인가요? 처음 들어보는 이름입니다."

"그럼, 카타르 항공(Qatar Airways)이라는 회사 이름은 들어 본 적이 있겠죠?"

"아! 알죠. 작년에 유럽 출장 갈 때 이용했었어요."

"악바르 알 베이커는 바로 그 카타르 항공 그룹의 CEO입니다. 세계에서 가장 유명한 아랍인 최고경영자 중 한 사람입니다."

---

* 『풍속통의風俗通義』
** 『사기史記』
*** 『십팔사략十八史略』

"아, 그렇군요. 혹시, 아랍 부족의 왕자인가요? 아랍에서 잘 나가는 사람들은 대부분 넷째 왕비의 열두 번째 왕자 뭐 그렇잖아요."

"아닙니다. 일반 평민으로 알려져 있습니다. 카타르 도하에서 태어나 대학에서 경제학과 무역학을 전공한 뒤 여러 항공 관련 업체에서 두루 실적을 쌓은 뒤 1997년 카타르 항공 CEO로 취임한 인물입니다. 오죽하면 별명이 'from zero to hero'겠습니까?"

"아무것도 없는 밑바닥에서 시작해서 영웅이 되었다면, 성공한 CEO인가 보군요."

"어떤 면에서는요."

"어떤 면이라 하시면?"

"악바르 알 베이커가 취임할 무렵만 하더라도 카타르 항공은 4대의 낡은 비행기로 걸프 지역 주요 도시만 셔틀 운행하던 아랍에서도 가장 작은 군소 항공사 중 하나였죠. 그런데 그의 취임 이후 단 10년 만에 카타르 항공은 150대가 넘는 항공기를 보유한, 전 세계 140여 개 도시를 운행하는 초대형 항공사로 성장하게 되었죠."

"엄청나군요."

"그렇습니다. 하지만…… 그는 '세계 최악의 CEO'를 뽑는 인터넷 투표에서 항상 순위권에 드는 '나쁜 CEO'이기도 합니다."

"아니, 경영자가 그처럼 엄청난 실적을 올렸는데, 대체 왜?"

"그가 종업원들에게 가운데(中)가 아닌 양쪽 끝(兩端)을 사용하는 경영자였기 때문이죠."

신 차장의 설명에 따르면 악바르 알 베이커는 카타르 항공의 성장과 수익 개선이라는 두 마리 토끼를 쫓기 위해, 회사에 몸담고 있는 구성원들을 숨조차 쉬기 힘들 정도로 다그치고 몰아세웠다고 한다. 감시 체계를 강화해서 회사 내에서 잠시라도 사적 행위를 하면 곧바로 질책이 이어졌고, 그것이 누적될 경우 해고에까지 이르렀다. 그런 날카로운 감시와 처벌은 여성 근로자에게 더욱더 엄격하고 철저해서, 임신 또는 육아 문제로 어려움을 겪는 여직원들은 보호받기는커녕 여지없이 해고의 압박에 시달려야 했다.

듣고 보니, 놀라운 실적 결과가 함께 일하는 구성원들을 쥐어짜고 못 살게 굴어서 얻어 낸 결과인 듯해서 바로 조금 전까지의 감동이 물거품처럼 사라져 버렸다. 그런데 다시 생각해 보면, 요즘같이 각박하고 치열한 경쟁의 틈바구니에서 카타르 항공 같은 군소 항공사가 지금 같은 모습으로 성장하려면 어쩔 수 없었던 선택이 아니었을까 하는 생각이 들었다.

"근데, 만일 악바르 알 베이커가 그냥 물에 물 탄 듯, 술에 술 탄 듯했으면 지금과 같은 성과를 이뤄 낼 수 있었을까요? 조금은 어쩔 수 없었던 선택 같은데요?"

"그렇게 생각할 수도 있겠네요. 그런데 여기서 한 가지 생각해 보아야 할 것이, 많은 이들이 『중용』이라 하면 '가운데 중(中)' 자에만 몰두해서, 빨강도 파랑도 아닌, 흰색이나 검은색 모두 아닌, 좌나 우도 아니고, 진보나 보수도 아니고, 남도 북도 아닌 어중간한 그 무엇인가를 생각하는 경우가 많은데, 지극히 단순하고도 단편적인 생각의 결과입니다. 이 장을 포함해 『중용』 전체에서 중요한 것은 '가운데'가 아닙니다."

신 차장은 『중용』에 대해 이야기하면서 '가운데를 택하거나 지키는 것이 중요하지 않다'고 말하고 있었다. 머릿속이 갑자기 어지러워졌다. 신 차장의 설명을 더 들어 보는 수밖에 없었다.

"단순히 '가운데를 지켰다'가 아니라, '양 극단을 살폈다'는 점과 그를 통해 '선택'했다는 부분이 더욱더 중요합니다. 일전에도 한번 언급했었던『논어』「위령공」편에는 이런 얘기가 나옵니다."

> 공자께서 말씀하셨다. "대중이 싫어하는 것일지라도 반드시 살펴야 한다. 대중이 좋아하는 것일지라도 반드시 살펴야 한다."
>
> —『논어』「위령공」편 제27장

> 子曰 衆惡之 必察焉 衆好之 必察焉
> 자 왈 중 오 지 필 찰 언 중 호 지 필 찰 언

"사람을 택해서 쓰는 것에 대해 공사부께서 하신 말씀이시죠."
이어진 신 차장의 설명에 따르면 순임금이나 공자 모두 절대로 사사로운 감정에 따라 사람들을 마냥 편하게 대해 주자는 온정주의자는 아니었다고 한다. 오히려 때로는 역사 속의 어느 폭군보다도 더 냉혹하고 엄하게 주위를 벌하고 다스리기도 했다.
"순임금은 50세의 나이에 요임금을 대신해서 정사를 펼쳤고, 58세가 되어서야 왕위에 오르셨는데, 왕위에 오르자마자 그간 국정을 어지럽히던 이들을 벌했습니다. 그 이야기가『맹자』에 언급되어 있습니다."

> 순임금은 공공을 유주에 유배 보내고, 환두를 숭산으로 쫓아냈으며, 삼묘를 죽이고 (그) 부하들을 삼위 땅으로 축출했고, 곤을 우산으로 보내어 가두니, 이 넷에게 죄를 물어 모두 복종하게 된 것은 어질지 못한 자들을 벌했기 때문이다.
>
> —『맹자』「만장 상萬章上」편 제3장

舜, 流共工于幽州 放驩兜于崇山 殺三苗于三危 殛鯤于羽山 四罪而
순 유공공우유주 방환두우숭산 살삼묘우삼위 극곤우우산 사죄이

天下咸服 誅不仁也.
천하함복 주불인야

"살벌했군요."

"그렇습니다. 결코 순임금은 온순하기만 하거나, 두루뭉실하게 사람이 좋아서 주위에 적이 없었던 호인好人인 것만은 아니었습니다. 다만, 냉정하게 정사를 처리할 때는 처리하고, 선량한 일반 백성들을 다스릴 때에는 또 그에 맞게 인자함과 온화함으로 그들을 대했기에 만백성들로부터 칭송을 받게 된 것입니다."

"그랬군요."

"때문에 그가 택한 중용은 단순히 이도 저도 아닌 가운데에 거居하며 적도 아군도 만들지 않고 그저 체면 유지, 생존만을 추구하는 것이 아니라, 어느 한쪽에 치우치지 않고 서로 모순이 되는 양쪽 모두를 살펴 그중 상황과 주어진 환경에 맞고 어느 한쪽에 일방적으로 유리하지 않은 길(中道)을 택하는 것이었습니다."

"반대로 앞서 얘기했던 카타르 항공의 악바르 알 베이커의 경우 한쪽 극단에만 치우쳐, 다른 쪽 극단을 두루 살피고, 그 가운데 적정한 위치에 자신을 두고 보다 중용을 갖춘 경영을 하는 데 실패하다 보니 그런 악명이 붙여지게 된 거고요?"

"맞습니다. 불인不仁한 사람들을 축출하고 처벌하고 유배 보냈으면 나머지 사람들에게는 다른 모습으로 다가갔어야 했는데, 변함없는 모습으로 나머지 사람들 가운데 새로운 '불인'한 사람을 찾아내는 데에만 혈안이 되어 있다 보니, 성과 측면에서는 탁월한 경영자였음에도 제대로 된

평가를 받지 못하고 말았습니다."

"그렇군요. 그런데 듣고 보니 『중용』의 이 장은 마치 대학 교양 철학 시간에 배웠던 헤겔*의 변증법과도 일맥상통하는 느낌인데요?"

"맞습니다. 때문에 이 6장은 동양철학, 특히 사서삼경에 대해 쉽게 받아들이지 못하는 서양철학 전공자나 특히 서양인들에게 설명해 주면 가장 쉽게 이해하는 문장이기도 합니다."

"그렇겠네요."

잠시 신 차장이 뜸을 들였다. 장 대리는 순간 신 차장님이 아까 시작할 무렵에 '공부합시다'라며 넘어갔던 나 대리에 대한 얘기를 하려고 그러는구나, 라고 느꼈다. 함께 지내 보니 신 차장은 타인의 얘기를 할 때에는 잠깐 먼 허공을 바라보며 뜸을 들였다가 이야기를 시작하는 특징이 있었다. 아무래도 사람에 대한 얘기에 신중을 기하려고 일부러 들인 습관인 듯했다.

"아까 장 대리가 말한 나 대리 말인데……."

역시, 장 대리의 예상이 맞아떨어졌다.

"일부 문제가 있다는 지적, 동의합니다. 잘하고 있는 부분도 있지만, 도와줘야 할 부분도 분명히 있죠. 다만, 장 대리에게 부탁드리고 싶은 것은 한쪽 극단만 보지 말아 달라는 겁니다. 어떤 일, 어떤 사람이든 간에 양 극단이라는 것이 존재합니다. 그 양 극단을 먼저 살펴 그를 종합적으로 판단해 줬으면 합니다."

신 차장의 부탁에 장 대리는 수긍하는 수밖에 없었다.

● Georg Wilhelm Friedrich Hegel. 독일의 철학자. 만물이 원래의 상태(正)에 대한 내부적인 자기부정(反)으로 촉발되는 모순 상태를 해결하려는 변화를 통해 끊임없이 새로운 경지(合)를 만들어 간다는 '정반합'의 개념으로 기존의 변증법辨證法을 정형화하였다.

'순임금도 그러셨다는데…… 뭐, 할 수 있나?'

"알겠습니다. 저도 나 대리의 다른 극단을 한번 살펴보기 위해 노력해 보겠습니다."

수업을 마치며 장 대리에게 생각지도 않았던 새로운 고민 하나가 생겨났다.

'나 대리 그 밉상 녀석한테 다른 긍정적인 부분의 극단이라는 게 존재하기나 할까?'

3
【열정】

작은 일에 대한 존중이 있어야
존중받을 큰일을 만든다

君子之道 費而隱

군자의 '도'는 세상만사에 널리 쓰이는 것 같으면서도 은근히 숨겨져 잘 드러나지 않을 때가 많습니다. (때문에 우리가 잘 알아채지 못하는 것이지요.) 부부 사이에 벌어지는 간혹 어리석은 상황에서도 능히 '도'가 작동하는 경우를 발견할 수 있지만, 반면 그 지극한 경지에 이르면 비록 성인이라도 '도'를 쉬이 발견하거나 알아채지 못하는 경우가 있습니다. 또, 부부 사이에 벌어지는 어리석은 상황 속에서도 능히 '도'를 행할 수 있을 때도 있지만, 그 지극한 경지에 이르면 아무리 성인이라도 '도'를 행하지 못하는 경우가 있습니다. 사람이라는 존재는 천지의 위대함에 대해서도 서운함과 섭섭함을 느끼는 존재이기 때문에 그렇습니다. 그렇기에 사람, 특히 군자의 '도'는 크기로 말하자면 천하의 어떤 것으로도 그를 다 실을 수 없을 정도로 크고, 작기로 말하자면 천하의 어떤 것으로도 쪼갤 수 없을 만큼 작다고 말할 수 있겠습니다. 하지

만 『시경』 「대아大雅」의 '조록旱麓' 편에는 이런 글이 적혀 있습니다. '솔
개는 하늘 위를 날고, 고기는 연못에서 뛰고 있네, 점잖은 군자께서 어
찌 인재를 잘 쓰지 않으리오.' 즉, 솔개가 날아오를수록 물고기는 물속
깊숙이 그 몸을 피하고, 물고기가 물속으로 숨을수록 솔개는 더 잘 보
기 위해 하늘 높이 맴도는 상황에 빗대 천지조화의 미묘함을 말한 것
입니다. 그러므로 군자의 도는 부부 관계처럼 지극히 작고 익숙한 것들
을 단초로 만들어지지만 그 지극함에 이르러서는 보다 넓고 열린 시각
으로 천지, 위아래를 두루 살펴야 하는 것입니다.

-『중용』 제12장

君子之道는 費而隱이니라. 夫婦之愚로도 可以與知焉이로되 及其
군자지도   비이은   부부지우   가이여지언   급기

至也하여는 雖聖人이라도 亦有所不知焉하며 夫婦之不肖로도 可
지야   수성인   역유소부지언   부부지불초   가

以能行焉이로되 及其至也하여는 雖聖人이라도 亦有所不能焉하며
이능행언   급기지야   수성인   역유소불능언

天地之大也에도 人猶有所憾이라 故로 君子語大인댄 天下莫能載
천지지대야   인유유소감   고   군자어대   천하막능재

焉하며 語小인댄 天下莫能破焉이니라. 詩云 鳶飛戾天이어늘 魚躍
언   어소   천하막능파언   시운 연비려천   어약

于淵이라 하니 言其上下察也니라. 君子之道는 造端乎夫婦니 及其
우연   언기상하찰야   군자지도   조단호부부   급기

至也하여는 察乎天地니라.
지야   찰호천지

누군가가 자신의 어깨 위에 손을 올리는 느낌을 받은 장 대리는 살며
시 고개를 들었다. 지금 이곳에 앉아 있는 자신의 어깨 위에 말없이 손을

없을 만한 사람은 여럿이 안 되었기에, 아니, 지금 이 시간이라면 그럴 사람이 단 한 사람밖에 없었기에 장 대리는 고개를 들었을 뿐 구태여 눈을 돌려 누구인지는 확인하지 않았다.

"어제 집에 안 들어갔나요?"

신 차장의 물음에 장 대리는 고개를 두어 번 끄덕거리는 걸로 대신했다.

"피곤하겠군요. 그럼 오늘 하루는 건너뛸까요?"

그 물음에는 고개를 가로저었다. 신 차장의 물음대로 어제 밤새도록 사무실을 지킨 터라 몸은 산산조각이 날 것처럼 피곤했지만, 마음 역시 산산조각이 날 지경이라 『중용』을 읽고 신 차장으로부터 조언을 듣지 않으면 몸과 마음이 더 힘들어질 것 같았기 때문이다.

늘 그랬던 것처럼 신 차장이 먼저 읽고 장 대리가 따라 읽었다. 읽기를 마치고 나서 몇 분이 지나도록 신 차장은 별말이 없었다. 장 대리 역시 말이 없었다.

얼마가 지났을까?

장 대리는 신 차장이 일부러 침묵을 지키고 있다는 것을 깨닫고 『중용』 지면 위에 두었던 시선을 신 차장에게 향했다. 역시 예상했던 것처럼 신 차장은 오늘 읽을 문장을 다 읽은 뒤로 계속해서 장 대리를 쳐다보고 있었던 듯했다. 시선이 마주치자 그제야 비로소 신 차장은 입을 열었다.

"귀찮아 죽겠죠?"

똑같았다. 마치 『중용』을 처음 읽기로 한 날, 청계천의 한 백반집에서 "괜찮아요" 한마디에 무너져 내렸던 그때처럼. 별 의미 없을 것 같은 말, 늘 쓰던 일상적인 말이었음에도 신 차장의 "귀찮아 죽겠죠?" 한마디에 새벽 나절부터 정신력으로 붙잡고 있었던 굵은 지팡이 하나가 힘없이 '툭' 하고 부러지고 말았다. 백반집에서처럼 펑펑 울지는 않았지만, 장 대리는 깊은 한숨을 연거푸 내쉬다 물었다.

"저더러 그만두라는 소리인 거죠?"

"요즘도 여전히, 성 대리 보고서 만드는 거 서포트하고 있죠?"

"네. 아니, 저보다 입사 날짜는 1년이 늦고, 여자라 군대를 안 갔다 왔으니 나이로는 네 살 가까이 어린 성 대리가 발표하기로 한 보고서 작성을 서포트하라고 하시니, 제가 팀장님께 찍혀도 단단히 찍혔나 봅니다."

"음……."

"게다가 그 친구는 자기가 해야 할 일도 제대로 마무리하지 못해서 매번 선배들이 다 달라붙게 만드는 사고뭉치라고요. 그런데도 팀장님이 이러시는 걸 보면, 뭐, 저더러 그만두라는 소리인 거죠. 부끄러우면 알아서 짐 싸서 나가라는."

그러다가 문득 화가 치솟았는지 장 대리는 책상을 내리치며 버럭 화를 내기 시작했다.

"아니, 도대체가 이게 말이 되나요? 말이! 저보다 늦게 입사한 나이 어린 후배에게는 본부장님 앞에서 발표할 기회를 주고, 그보다 선배인 저한테는 보고서 작성에 필요한 백 데이터(Back data 또는 Basic resource)나 취합하라니. 내보내려면 그냥 곱게 나가라고 할 것이지, 이렇게 망신까지 줘서 내보낼 필요가 있느냐고요!"

"장 대리가 해야 할 작업이 많이 어려운 작업인가요?"

"어렵고 복잡한 작업이기라도 하면 말을 안 하겠습니다. 그냥 노가다입니다. 상노가다. 어젯밤도 자료 취합하고 엑셀 파일로 변환해서 정리하느라 아침까지 밤 꼴딱 샜습니다."

"들었습니다. 안내 데스크 보안 직원이 그러더군요. 어제 사무실에서 밤샌 직원이 있다고. 아까 얼굴 보고서는 그게 바로 장 대리라는 걸 알았습니다."

또다시 한참 동안 침묵이 계속되었다. 그 침묵을 다시 깬 것 역시 신 차장이었다.

"장 대리, 혹시 우리나라 사람 중에 공자, 맹자에 필적할 만한 뛰어난 철학자이자 웅변가, 교사이자 심리학자가 있었다는 사실 알고 있나요?"

원래도 신 차장의 물음에 잘 대답한 편은 아니었지만, 오늘은 더더욱 머리가 멍해서 아무런 답을 할 수가 없었다. 그런 사정을 이해한 듯 물음과 함께 답이 이어졌다.

"저는 우리가 자주 쓰는 속담이나 수수께끼를 만들어 낸 우리의 평범한 조상들이 바로 그 철학자이자 웅변가요, 교사이자 심리학자였던 사람들이었다고 믿습니다. 속담과 수수께끼를 살펴보면 쓰인 단어는 평범하고, 말 자체도 화려한 수식 없이 담백하기 그지없지만 곱씹어 보면 볼수록 정말로 비범한 철학적 사유와 사물의 본질을 꿰뚫어 보는 혜안이 담겨져 있는 듯합니다."

평상시 별 관심이 없었던 장 대리는 신 차장이 속담이나 수수께끼의 어떤 면을 보고 저리 극찬을 하는지 잘 와 닿지가 않았다.

"오늘 읽은 『중용』 12장 본문을 한마디로 정리해 놓은 우리말 속담이 있다면 믿겨지나요?"

"에이, 설마요."

"물론, 완벽하게 그 뜻을 대체할 수는 없겠지만 조금 과장한다면 우리속담 '안에서 새는 바가지, 밖에서도 샌다' 이거 하나면 충분하다고 봅니다. 공사부께서는 부부 관계만으로도 능히 천하의 도를 이해할 수 있노라고 말씀하고 계십니다. 자, 오늘 읽은 12장의 내용을 다시 한 번 봅시다."

그 말과 함께 장 대리는 방금 전 읽었던 12장의 문장을 살펴보았다. 길이는 짧았지만, 쓰인 단어가 만만치가 않았다.

"이 장에서 공사부는 우리가 추구하는 궁극의 지향점인 '군자의 도(君子之道)'를 대비해서 설명하는 대상으로 '부부간의 어리석음(夫婦之愚)'을 들고 있습니다. 부부간에 벌어지는 어리석은 삶의 방식, 태도들로도 충분히 군자의 도를 배우고 익히고 이해할 수 있다는 얘기를 하고 있죠. 그래서 유교가 보수적이고 남존여비 사상을 담고 있다고 주장하는 사람들이 자주 자신들 주장의 근거로 활용하는 문장입니다."

장 대리가 보기에도 그렇게 오해할 만한 여지는 충분해 보였다.

"그러나 그것은 단순히 읽히는 내용만을 가지고 판단한 결과입니다. 실제로 여기에서 '부부간의 어리석음'이라는 말은 부부지간의 일들이 어리석다는 뜻이 아닙니다. 그렇게 해석을 하면 나머지 문장들이 잘 이해가 되지 않을 겁니다. 여기서는 부부 사이의 일들이 별다른 지혜나 기술이 필요하지 않을 정도로 기본적이고 또 우리 삶의 근원이 된다는 정도로 이해하면 나머지 문장들이 훨씬 더 잘 이해가 되실 겁니다."

"그럼, 우리 삶의 기본이 되는 '부부지간의 도'로부터 '군자가 되기 위해 필요한 도'를 깨칠 수 있음을 이야기한 문장이라고 이해하면 되는 걸까요?"

"그렇습니다. 공사부 역시 그러했지만 거창한 것을 이룬, 위대하고도 대단한 인물일수록 '사소한 일', '사소한 일을 하는 사람'에 대해 존중하고 귀하게 여기는 것이 몸에 밴 사람들이었습니다."

그러면서 신 차장이 예로 든 사람은 미국의 유명한 CEO였던 스티브 오드랜드Steve Odland의 일화였다. 약 45년 전, 스티브 오드랜드가 학생이었을 무렵 아르바이트로 한 고급 식당 웨이터로 일하고 있었는데, 일이 손에 익지 않다 보니 디저트로 제공된 포도색 셔벗을 한 부티나는 중년 여성의 하얀 실크 블라우스 위에 쏟고 말았다고 한다. '이게 얼마짜리 옷인 줄 알아?', '당장 배상해!'라는 고성이 터져 나올 줄 알았는데, 의외로 중년 여성은, "괜찮아요. 비싸지 않은 옷이에요. 어차피 오늘 입고 세탁하려고 했어요. 많이 놀랐죠?"라며 오히려 그를 위로했다고 한다. 알고 보니 그 여성은 지역에서 유명한 부호이자 존경받는 유명 인사였다. 그런데 이후로 그가 미국 유수 기업의 최고 경영자로 승승장구하게 된 뒤 만난 유명한 사람, 성공한 사람들 대부분이 그 중년 여성과 같은 특징이 있었다고 한다. 식당 웨이터나 빌딩 청소부 또는 호텔 벨보이 같은 사람들에게 특히 친절하고 그들의 업무를 존중하는 그와 같은 사례들을 모아 미국의 유력 일간지 「USA Today」는 '웨이터의 법칙(Server's Rules)'이라 이름 짓기도 했다.

"이를 두고 단순히 '본인의 이미지 메이킹을 하는 것'이라고 폄하하거나, '그냥 인성이 된 사람들이 성공한다는 윤리 책에서나 나올 이야기'라고 의미를 축소해서 받아들일 수도 있지만, 저는 오늘 읽은 『중용』 12장의 이야기를 토대로 '작은 일을 존중하는 사람에게 존중받을 만한 큰일이 주어진다'는 말씀을 드리고 싶어요. 『맹자』에 보면 이런 얘기가 나와요."

> 맹자가 이르기를 "백성이 가장 귀중하고 사직이 그다음이고 임금은 가볍다. 이러하므로 농민의 마음을 얻으면 천자가 되고, 천자의 마음을 얻으면 제후가 되고, 제후의 마음을 얻으면 대부가 된다. 제후가 사직을 위태롭게 하면 제후를 변경하여 바꾼다. 제사에 쓸 희생이 잘되고, 제사에 쓸 그릇이 깨끗하며 때에 맞추어 제사를 지내야 한다. 그래도 가뭄이나 홍수가 나면 제사 지내는 사직을 변경하여 바꾼다" 하였다.
>
> ─『맹자』, 「진심 하盡心下」 제14장

孟子曰 "民為貴 社稷次之 君為輕 是故得乎丘民而為天子 得乎天子
맹 자 왈   민 위 귀 사 직 차 지 군 위 경 시 고 득 호 구 민 이 위 천 자 득 호 천 자

為諸侯 得乎諸侯為大夫 諸侯危社稷 則變置 犧牲既成 粢盛既潔 祭
위 제 후 득 호 제 후 위 대 부 제 후 위 사 직 즉 변 치 희 생 기 성 자 성 기 결 제

祀以時 然而旱乾水溢 則變置社稷
사 이 시 연 이 한 건 수 일 즉 변 치 사 직

"맹자 시절부터 탁월한 사람, 깨달은 사람들이 기본적인 일을 중요시
하고 그것이 거창한 일, 대단한 일의 근간이 된다고 여긴 것은 변함이 없
었습니다. 그들은 제후들이 사직을 보전하고 나라를 경영하는 것도 백
성들이 씨를 뿌리고 수확을 하는 기본적인 일들을 제대로 해야만 가능
하다는 것을 한 번도 잊어버린 적이 없습니다."

"그런 작자들이 백성들을 그렇게 못살게 굴었군요."

장 대리는 괜히 퉁명스럽게 딴죽을 걸었다. 그럼에도 신 차장은 미소
를 잃지 않으며 답했다.

"물론, 기본이 되는 일, 그 기본이 되는 일을 하는 사람들의 중요성을
잊어버리거나 그런 그들을 업신여기고 못살게 굴었던 작자들이 있었죠.
지금도 여전히 사회 곳곳에 있고요. 그런데 역사 전체로 봤을 때 그런 작
자들의 말로가 어땠는지를 살펴본다면 오늘 제 이야기를 충분히 이해할
수 있을 겁니다."

쉽게 수긍하기가 힘들었다. 다른 무엇보다도 생글생글 웃으면서 일거
리를 툭툭 던져 주는 성 대리의 얼굴이 떠올라 더욱 그랬다. 신 차장
역시 그런 장 대리에게 억지로 자신의 생각을 더 이상 고집하지 않았다.
어차피 이해하고 마음으로 받아들이려면 시간이 좀 더 필요하다는 것을
신 차장도 잘 알고 있었다.

아무런 대꾸나 미동도 없이 오늘 읽은 『중용』 12장 문장을 펼쳐 놓고 앉아 있는 장 대리를 두고 먼저 자리에서 일어나며 신 차장이 몇 마디 덧붙였다.

"다른 사람의 하찮은 일, 보잘것없어 보이는 일조차 높이 보고 존경하고 대접해 주어야 성공한다고 말하는데, 하물며 자신이 하는 일을 하찮게 보고, 보잘것없이 보고, 천대하고 미워한다면 어떻게 그 일을 즐길 수 있고, 성공할 수 있겠습니까? 쉽지는 않겠지만, 우선 일에 대한 생각부터 조금은 바꿔 봤으면 좋겠습니다. 우리가 보통 아침에 출근하면 '무슨 일을 할까?'부터 생각하고 허겁지겁 업무에 돌입하는 것이 보통인데, 앞으로 며칠만 '무슨 일을 할까?'라고 생각하기 전에 먼저, '내가 하는 일이 무슨 일이지?'라는 생각을 해 봤으면 좋겠습니다."

쉽지 않은 충고였다. 하지만 쉽지 않다고 포기하기도 어려운 충고였다.

4
【기초】

바탕이 단단해야
성공도 따라온다

辟如行遠必自邇 辟如登高必自卑

군자의 '도'는 비유하자면, 우리가 어디 멀리 갈 때에도 돌이켜 보면 반드시 가까운 데에서부터 출발할 수밖에 없는 것과 같고, 제 아무리 높은 곳을 올라간다 할지라도 결국에는 반드시 그 시작은 낮은 곳인 것과 같습니다. (즉, 제 아무리 거창한 천하의 '도'라는 것도, 결국 그 시작은 한 사람의 '도', 한 가정의 '도'에서부터 시작하는 법입니다.)『시경』「소아小雅」의 '상체常棣' 편에는 이런 글이 적혀 있습니다. "처자식들이 서로 사이가 좋아서, 거문고를 뜯고 비파를 타는 것 같도다, 형제가 이미 합심하여 집안이 화목하고 즐거움이 넘친다." 공자께서 말씀하셨습니다. "(가정이 그러하다면, 그) 부모도 아마 편안할 것이다."

– 『중용』제15장

君子之道는 辟(譬)如行遠必自邇하며 辟如登高必自卑니라. 詩曰 妻
군 자 지 도   비   여 행 원 필 자 이   비 여 등 고 필 자 비   시 왈 처

子好合이 如鼓瑟琴하며 兄弟既翕하여 和樂且耽이로다 宜爾室家
자 호 합   여 고 슬 금   형 제 기 흡   화 락 차 담   의 이 실 가

하며 樂爾妻帑노로라 하여늘. 子曰 父母其順矣乎하시니라.
        낙 이 처 노   자 왈 부 모 기 순 의 호

신 차장이 홀로 앉아 책을 읽고 있는 직원 고충 상담실로 장 대리가 들어섰다. 기분이 어제보다는 많이 나아진 것 같았지만, 여전히 힘이 없어 보였다. 신 차장은 장 대리가 앉기를 기다려 『중용』 문장을 읽었다. 그런데 그 읽는 톤이나 억양이 우스꽝스러웠다. 마치 케이블 텔레비전에서 곧잘 틀어 주는 중국 고전 사극에 나오는 정의로운 재판관이나 영웅호걸들이 결정적인 대사를 내뱉을 때의 딱 그런 느낌이었다.

'내가 축 늘어져 있으니 신 차장님이 웃으라고 일부러 재미있게 그러신 건가?'

추측의 답은 금세 나왔다.

"이 문장 많이 들어 본 것 같지 않나요?"

읽기를 마친 신 차장이 장 대리에게 물었다. 그러나 장 대리는 고개만 갸웃할 뿐이었다.

"글쎄요……."

그러자 신 차장은 휴대폰을 꺼내 광고 영상 하나를 보여 줬다.

더 높은 세상을 꿈꾸는 그대에게,

자사 왈, 등고자비登高自卑.

중국, 중원에서 답을 얻다.

"모 항공사의 광고에 나온 문구예요. 이게 배경이 아마 '황산'이었죠?"

그러자 장 대리는 손바닥으로 '쿵' 소리가 나도록 탁자를 내리쳤다.

"아, 알아요! 그 광고."

"한때 크게 유행했었죠?"

"네. 그럼, 거기서 '자사 왈'이라는게?"

"『중용』을 지은 것이 자사子思라고 말씀드렸었죠."

"그럼, 이 책, 이 구절을 갖고 만든 광고로군요."

"네, 그렇습니다. 우리도 모르는 새에 고전은 우리 주변 아주 가까운 곳에서 흔하게 널리 쓰이고 있었죠."

왜 신 차장이 일부러 억양을 그렇게 해서 읽었는지 이해가 되었다. 광고에서 성우가 읽은 억양을 흉내 낸 것이었다. 물론, 그 이유가 단순히 광고와의 연관성을 설명하기 위해서만은 아니었겠지만. 아마도 여전히 낙담하고 있는 장 대리에게 힘을 불어넣어 주고 싶어서였음이 틀림없었다.

"아직도 풀이 죽어 있군요."

"시다바리● 노릇 하는 건 여전하니까요."

장 대리는 엉덩이를 쑥 빼고 한숨을 내쉬다가 신 차장의 눈길을 인식하고는 다시 자세를 고쳐 잡았다.

"아, 물론, 어제 읽은『중용』12장의 글귀와 차장님 말씀이 큰 힘이 되었어요. 시간이 좀 지나고, 이번 작업 마치고 나면 곧 괜찮아질 겁니다."

여전히 다혈질에 툭툭대기 일쑤였지만 그래도 그동안 장 대리는 부쩍 성장한 듯했다. 그런 장 대리를 물끄러미 바라보던 신 차장이 질문을 하나 던졌다. 오늘 읽은『중용』15장 글귀에 관한 것은 아니었다.

● 下した. 하급자, 보조, 부하 등을 일컫는 일본식 은어.

4. 바탕이 단단해야 성공도 따라온다 • **269**

"장 대리는 혹시 '진융金庸'이라는 사람의 이름을 들어 본 적이 있나요?"

"진융이요? 글쎄요…… 처음 들어 보는 이름인데요?"

장 대리는 고개를 갸웃거렸다. 그런 표정을 보며 신 차장은 뭔가 생각 났다는 듯이 다시 물었다.

"아, 중국어 발음으로 읽은 이름은 못 들어 봤을 수도 있군요. 절필하 신 지가 꽤 돼서, 옛날 활동하실 당시 우리에게 알려진 필명과 지금 제가 말씀드린 필명은 읽는 방법이 다를 테니까요. 혹시 '김용'이라고 하면?"

그제야 장 대리는 무언가 알겠다는 듯이 환한 표정으로 답했다.

"무협소설 작가 김용 말씀하신 거죠?"

"네, 맞습니다.『소오강호』,『천룡팔부』같은 걸작 무협소설들을 지은 분이죠. 우니라나에서는 1980년대 말에서 1990년대 초반에 유명세를 떨쳤던 작가인데 장 대리도 잘 아는 군요."

"저희 어릴 때 명절이면 텔레비전에서 틀어 줬던 홍콩 영화 중 상당수 가 그분의 소설을 원작으로 한 영화였으니까요."

"그렇죠. 말씀하신 작품을 포함해서,『의천도룡기』,『신조협려』,『녹정 기』등 진융 선생의 무협 소설을 원작으로 만들어진 영화는 수도 없이 많죠. 때문에 중화권에서는 진융 선생을 가리켜 '신이 내린 필력'이라 하 여 '신필神筆'이라고도 합니다."

신 차장은 진융 작가의 팬이기라도 한 듯 이후 한참 동안이나 진융 작 가와 그의 작품들에 대한 설명에 열을 올렸다. 장 대리 역시 매번 추석이 나 설날 텔레비전에서 해 주던 홍콩 무협 영화들이 대부분 한 사람의 원 작소설을 바탕으로 만들어졌다는 사실이나, 그랬던 그가 돌연 절필을 선언하고 유유자적한 삶을 살기 시작했다는 사실 등이 흥미로워 신 차 장의 이야기에 푹 빠져 있었다. 그러다 문득 신 차장이 물었다.

"그런데 장 대리는 진융 선생이 단기간에, 이렇게 주옥같은 작품들을 한 편도 아닌 수십 편이나 써 낼 수 있었던 원동력이 어디에 있었다고 생각하나요?"

"글쎄요…… '신필'이라는 별명에 걸맞게 원래부터 타고난 천재성이 아니었을까요?"

신 차장은 고개를 끄덕였다.

"맞습니다. 이 정도의 작가라면 어느 정도 타고난 천재성이 있었음을 부정할 수는 없을 것입니다. 그러나 진융 선생에게는 그보다 더 크고 강한 무언가가 있었습니다."

"그게 무엇일까요?"

"그의 '직업'이었습니다."

신 차장의 설명에 따르면 진융 작가가 원래부터 무협소설 작가는 아니었다고 한다. 아니, 아예 소설 쓰기 교육이라고는 받아 본 적이 없는 그저 평범한(?) 신문기자였다. 그랬던 그가 소설을 쓰게 된 계기는 라디오가 전성기를 맞이하고, 텔레비전이 도입되기 시작하면서 몸담고 있던 신문사의 구독율이 나날이 떨어지자, 독자들을 불러 모으기 위한 방편으로 역사적 사실과 상상의 산물을 적절하게 섞은 역사소설을 연재하기 시작했는데, 그 소설이 말 그대로 대박을 치게 되면서부터였다고 한다.

"불과 20년도 안 되는 기간 동안 활동했지만, 그가 집필한 15편의 소설은 모두 중화권은 물론 전 세계적으로 큰 히트를 쳤고, 수십 년이 지난 지금까지도 독자들의 사랑을 받는 걸작으로 남았습니다. 그럴 수 있었던 가장 큰 원동력이 바로 그의 '직업' 때문이었다는 말씀입니다."

"직업이라면…… 기자 말인가요?"

"네, 그렇습니다."

"그럴 만도 하군요. 기자는 매일매일 글 쓰는 것이 일이니까요."

"글도 글이지만, 기자들에게 가장 중요한 것이 팩트와 레퍼런스에 대한 체크입니다. 누가, 왜, 어떻게, 어디서, 언제, 누구에게 등등을 면밀하게 확인해서 수집한 정보에 대한 신뢰도를 높이는 일이지요. 그러고 나서 그 '재료'들을 가지고 글로 풀어내는 것입니다. 진융 선생은 바로 그 부분에 있어서 자신의 직업적 특성상 투철하게 학습할 수밖에 없었죠."

"말 그대로 준비된 작가였군요."

"그렇습니다. 주인공이 하늘을 날거나 장풍을 쏘고, 9척 장신*의 거한 巨漢이나 인육人肉을 파는 만두 가게가 등장하는 무협소설임에도 진융 선생의 소설들이 하나같이 마치 실제 역사 속 이야기를 다룬 듯 실감나고 생생하게 다가온 이유도 그 때문입니다."

"그렇군요."

"이왕 무협 얘기가 나온 김에 그쪽 얘기를 좀 더 하죠. 흔히 무협이나 무술을 다룬 영화에서 고수들에게 무술을 배우겠다며 청년이 찾아오면 고수들은 무술을 가르치는 대신에 물을 긷게 하고 나무를 베어 와 장작을 패게 만들고 그것으로 밥을 짓고 하는 일들을 시킵니다."

"대부분 3년을 시키죠."

"그것도 이유가 있습니다. 『예기』를 보면 이런 글귀가 있습니다."

> 공자가 말씀하셨다. "자식이 태어나 3년이 되어야 비로소 부모의 품을 벗어날 수 있다. 대체로 삼년상이라는 것은 천하의 공통된 것이다."
>
> —『예기』, 권58 삼년간조 38장

---

* 1척은 약 30.3센티미터로 현재의 기준으로 하면 272.7센티미터.

子曰 子生三年 然後免於父母之懷 夫三年之喪 天下之通喪也.
자 왈 자 생 삼 년 연 후 면 어 부 모 지 회 부 삼 년 지 상 천 하 지 통 상 야

"과거 우리 선조들이 부모가 돌아가시면 왜 무덤 옆에 초막을 짓고, 3년 간 그곳에 살며 이른바 '시묘侍墓'살이를 했는지를 밝혀 주는 글귀입니다. 인간이 태어나서 최초로 인간 노릇을 하기까지 걸리는 시간이 3년인데, 그 3년간 부모가 내게 생명을 불어넣어 주시고, 안전을 지켜 주시고, 멀쩡 한 인간으로 키워 주셨으니, 돌아가셨을 때 3년 시묘살이를 통해 그 은혜 를 되갚아야 한다는 것이죠."

신 차장의 설명이 너무 진지해서 장 대리는 공연히 장난기가 발동했다.

"부모님은 두 분이니까, 2로 나눠서 1년 반씩 해야 하는 것 아닌가요?"

"그 당시에는 자식이 최소한 대여섯 명은 됐으니까, 5나 6을 곱하 면……"

"차장님…… 제가 졌습니다. 그만하시죠."

"그게 낫겠죠? 아무튼……"

계속된 신 차장의 설명에 따르면 일반적인 무협소설 등에서 실제로 무술을 배우기 전에 밥을 짓고 빨래를 하는 등의 허드렛일을 하는 기간 이 천편일률적으로 '3년'인 것은 동양 문화권에서 '3년'이라는 기간을 인식하는 공통적인 정서와도 무관하지 않다고 했다.

"그 3년을 거쳐야만 하나의 멀쩡한 인간, 정상적인 구성원, 문파의 일 원으로 받아들일 수 있다고 생각했던 것이지요. 그런데 재미있는 것 은……"

"재미있는 것은요?"

"나중에 보면 그런 작업들, 예를 들어 큰 항아리를 짊어지고 먹는 물

을 기른다거나, 밥을 짓기 위해 동으로 만든 솥단지를 닦는 거라던가 하는 일들을 하면서 기른 근육, 기교 등이 무술 연마에 큰 힘이 되더라는 겁니다."

"허드렛일을 통해 기초 체력을 기르도록 한 거군요."

"맞습니다. 그런데 그런 일들은 무협소설에서만 펼쳐지는 건 아닌 것 같습니다. 장 대리는 혹시 잰 필즈Jan Fields라는 여성의 이름을 들어 본 적이 있나요?"

"아니요. 없는데요."

"그럴 겁니다. 우리나라에는 그다지 널리 알려진 이름이 아니니까요. 1970년대 말에 오하이오 주의 자그마한 맥도날드 매장에서 감자 튀김을 담당했던 아르바이트 학생의 이름입니다."

"아르바이트 학생이요? 제가 그 이름을 모르는 것보다도 차장님이 그 이름을 아는 게 더 신기한데요?"

"아, 물론, 1978년도에 그랬다는 거지, 이후로도 계속 아르바이트 학생이었던 건 아닙니다. 이후 2000년대에는 미국 내 1만 4천 개가 넘는 매장을 총괄하는 맥도날드 미국 법인의 사장으로 취임했고, 「포브스Forbes」지와 「월스트리트저널Wall Street Journal」에 의해 '가장 영향력 있는 100인의 여성'과 '세계에서 가장 힘센 50인의 여성'에 뽑히기도 한 위대한 여성 경영자이니까요."

"대단한 분이군요."

"네, 그렇습니다. 그런데 그녀는 매번 인터뷰할 때마다 자신의 모든 경력과 업적은 오하이오 주 데이톤 시의 자그마한 맥도날드 매장 감자 튀김용 기름 솥 덕분이라고 하고 있습니다."

"그거야, 그냥 형식적으로 혹은 이미지 관리용으로 자신도 밑바닥부터 성장했다고 말하기 위해 그런 것 아닌가요?"

"그렇지만은 않은 것 같습니다. 그녀는 자신이 관리자가 아니라, 매장 내에서 가장 위험하고 지저분하며 모두가 회피하는 그 뜨거운 기름 솥을 1년 넘게 담당하면서 개인적으로는 인내와 끈기, 위험물에 대한 조심성 등을 배웠고, 매장 전반의 돌아가는 모습과 동료들 간의 관계에 대해 익혔으며, 단순한 메뉴이지만 매뉴얼을 어떻게 개선하고, 담당 직원들을 어떻게 로테이션 하느냐에 따라 그 맛이 확연하게 틀려지는 모습을 보면서 전반적인 매장 운영과 인력 관리에 대해 익혔다고 했습니다."

"그런 경험이 이후 관리자로 성장하면서 크게 도움이 되었고요?"

"두말한 필요가 없는 사실이겠지요. 자, 다시 오늘 읽은 『중용』으로 돌아갑시다. '君子之道(군자지도) 辟如行遠必自邇(비여행원필자이) 辟如登高必自卑(비여등고필자비)'라 했습니다."

"'군자의 도는 멀리 갈 때에도 돌이켜 보면 반드시 가까운 데에서부터 출발할 수밖에 없는 것과 같고, 제 아무리 높은 곳을 오른다 해도 결국에는 반드시 그 시작이 낮은 곳인 것과 같다'라 하셨죠."

"맞습니다. 흔히 멀리까지 다다른 모습, 높이 올라 우뚝 선 모습들만을 비춰 보여 주기에 현재 가까이 있는 것들, 낮은 곳에서 해야 할 일들은 등한시하는 경우가 많은데, 바꿔 말하면 군자 혹은 성공한 이들의 현재는 가까이 챙겨야 할 일들, 낮은 곳에서 해 줘야 하는 일들을 성실하게 해 낸 그리 멀지 않은 과거의 결과물들입니다."

"……"

"역시, 장 대리에게는 아직까지 '공자님 말씀'이죠?"

여전히 완전하게 공감하지 못하는 듯한 장 대리의 얼굴을 살피며 신차장이 농담처럼 던진 말이었다. '공자'를 '공사부'라 부르며 극진히 대하는 신 차장에게서는 쉽게 듣기 힘든 말이었다. 그 말에 장 대리도 웃고 말았다. 신 차장은 책장을 덮으며 말했다.

"장 대리, 기본적인 일, 하찮은 일들을 하지 않고 처음부터 거창하고 위대한 일들을 해내는 사람들이 곧 인재인 것은 아닙니다. 아무리 하찮고 보잘것없는 일이라도 그 사람에게 맡겼다 하면 그렇지 않은 일이 되게 만들어 내는 것이 기술입니다."

장 대리 역시 책장을 덮으며 말했다.

"네, 알겠습니다. 또 물 길어 와서 솥단지 걸고 밥 지으러 가야겠네요."

5
【염원】

최소한의 기회조차
가장 간절한 사람의 몫이다

天地生物 必因其材而篤焉

공자께서 말씀하셨습니다. "순임금은 아마도 대단한 효자였음이 틀림없다! '덕'을 지니고 있음은 거의 성인이 되고도 남을 수준이었고, 존귀한 지위로 말하자면 능히 천자가 되고도 남을 정도여서 온 천하의 부와 권력을 다 가진 분이었다. 그런 순임금의 제사를 종묘에서 모시고, 자손은 그것을 지켰다. (천하를 바로 세우고, 자신의 뜻을 펼치는 것으로써 조상을 잘 모셨다.) 순임금의 사례처럼 큰 '덕'을 갖추고 있으면 반드시 그에 상응하는 지위를 얻게 될 것이며, 반드시 그에 합당한 녹(돈, 재물 등)을 얻을 수 있을 것이다. 또한 반드시 그 이름(명예)을 얻게 될 것이며, 반드시 오래 살 수 있는 장수의 복을 얻을 수 있을 것이다. 왜냐하면 하늘(신, 귀신, 우주의 본질 등)이 만물을 만들어 낼 적에는 반드시 그 타고난 재질에 따라 돈독하게 도와주기 때문이다. 대신 제대로 심어져 있는 것은 하늘이 그것을 복돋아 주고, 제대로 하지 못해 이미 기울어

져 버린 것은 하늘이 뒤엎어 버린다. 『시경』「대아」의 '가락嘉樂' 편에는
이런 글이 적혀 있다. '아름답고 즐거운 군자이시여, 기뻐하는 아름다
운 덕이여, 백성에게 마땅하고 사람에게 마땅하다. (그러니) 하늘이 (그
에게) 녹을 내리네. (하늘이 군자를) 보호하고 도우며 그에게 명하시네.
하늘로부터 그에게 거듭 베푸네.' 그러므로 큰 '덕'을 갖춘 사람은 반드
시 천명을 받게 되는 것이다."

- 『중용』제17장

子曰 舜은 其大孝也與신저 德爲聖人이시고 尊爲天子시고 富有四
자왈 순   기대효야여   덕위성인   존위천자   부유사

海之內하사 宗廟饗之하시며 子孫保之하시니라. 故로 大德은 必得
해 지 내   종묘향지   자손보지   고 대덕 필득

其位하며 必得其祿하며 必得其名하며 必得其壽니라. 故로 天之生
기 위   필득기록   필득기명   필득기수   고 천지생

物이 必因其材而篤焉하나니 故로 栽者를 培之하고 傾者를 覆之니
물   필인기재이독언   고 재자 배지   경자 복지

라. 詩曰 嘉樂君子여 憲憲(顯顯)令德이로다 宜民宜人이라 受祿于
시왈 가락군자   헌헌 현현 령덕   의민의인   수록우

天이어늘 保佑命之하시고 自天申之라 하니. 故로 大德者는 必受命
천   보우명지   자천신지   고 대덕자   필수명

이니라.

"차장님, 그 얘기 알아요? 임원 되는 것은 '운칠복삼'이라고 한대요."
"운칠복삼? 그게 무슨 말이죠?"
"대기업에서 임원이 되려면 운이 70퍼센트, 복이 30퍼센트 필요하다
는 얘기죠. 한마디로 능력은 별로 상관이 없다는 말이고요."

아마도 출근하자마자 어제 저녁에 발표된 임원 인사 결과를 보고 하는 말인 듯했다.

"이번에 상무가 되신 구매본부 정 부장님은 진짜 '운칠복삼'의 증거예요, 증거. 어떻게 그런 분이 임원이 될 수 있었을까요?"

웬일로 신 차장은 타박 대신 장 대리의 말에 맞장구를 쳐주었다.

"글쎄요. 저도 궁금하네요."

그런데 신 차장의 그런 맞장구가 오히려 장 대리의 말문을 막아 버렸다. 맥이 풀려 버린 장 대리가 책장을 이리저리 넘기며 물었다.

"차장님 읽으시죠. 오늘은 몇 장을 공부해 볼까요?"

"17장입니다."

신 차장은 웃으며 『중용』 17장을 읽고 풀어내기 시작했다.

"순임금은 임금으로서도 명성이 높았지만, 효심이 지극하기로도 공사부 대에까지 이름이 높았습니다."

"순임금은 생면부지인 요임금에게 왕위를 물려받은 게 아닌가요?"

"맞습니다."

"그렇다면 아버지가 왕이라서 왕권을 물려받기 위해 효도를 했을 리도 없고."

"왕은커녕 앞을 못 보는 장애가 있었고, 일단 장애를 떠나서 어리석고 둔하기로 오명이 자자했던 인물이었습니다."

신 차장의 설명에 따르면, 순임금이 아직 왕이 되기 전 어린 시절의 이름이었던 중화重華로 불렸을 때, 젊은 중화의 계모는 전처의 소생이자 어질고 현명했던 그를 질시하여 아둔한 남편을 꼬여서 중화를 죽일 계획을 세웠다고 한다. 계모는 착하고 말 잘 듣는 중화에게 우물을 파도록 시켰다. 그러고는 구덩이가 어느 정도 깊이 파이자 흙으로 덮어 죽이려 들었다. 그러나 중화는 그런 낌새를 미리 알아채고 우물을 파는 틈틈이 빠져나올 구멍을 옆에 뚫고 있었다. 또 이런 일도 있었다. 창고 지붕에 구멍이 났다며 아버지가 중화에게 지붕 위로 올라가 보라고 했다. 중화가 사다리를 타고 올라가 지붕을 이리저리 둘러보고 있는데, 계모에게 홀딱 빠져 있던 우매한 아버지는 사다리를 치우고 창고에 불을 질러 아들 중화를 죽이려고 했다. 다행히 중화의 부인이 미리 기별을 해 주어 역시 목숨만은 보전할 수 있었다고 한다.

"겨우 목숨을 건졌음에도 계모의 말에 속아 넘어간 어리석고 못난 아버지는 물론, 실질적으로 자기 자신을 죽이려 했던 계모에게도 중화는 효심으로 대했습니다. 이후 왕으로 등극해 천하를 다스리게 되었을 때도 순임금은 그런 아버지를 결코 내치지 않았습니다. 오히려 평생토록 극진하게 봉양하기 위해 애썼죠."

"대단하신 분이네요."

"맞습니다. 그래서일까요? 순임금은 훌륭한 임금이 되어 선정을 펼친 것은 물론, 큰 덕을 쌓아 성인의 반열에 오르게 되었습니다. 게다가 전해지는 얘기로는 본인 스스로 110세까지 장수했고 자손들도 다들 잘돼서 크게 번성했다고 합니다."

"부럽네요."

"자, 그러면 순임금도 '운칠복삼'이었던 걸까요? 우리는 흔히 요임금이 무능력한 자신의 아들 단주丹朱 대신 순임금에게 왕위를 넘겨준 것이 단순히 순임금의 인품에 대한 명성이 자자해서였다고 간단하게 말하고 있지만, 그가 그런 인품을 쌓기까지의 과정을 살펴보면 이루 말할 수 없는 고단한 삶의 기록들이 담겨 있습니다."

순임금의 부친이었던 고수瞽叟는 장님이었기 때문에 순임금은 그런 아버지를 봉양하기 위해 어렸을 때부터 고기잡이, 도자기 굽기, 허드렛일, 날품팔이, 노점상, 밭일 등 온갖 일들을 가리지 않고 다 해야 했다.

"불우한 가정 형편에, 자신을 싫어하는 부모와 호시탐탐 장자의 자리를 노리는 배다른 동생의 위험 속에서도 순임금은 그런 허드렛일을 도맡아 하며 살림을 챙겼습니다. 다시 오늘 읽은 17장으로 돌아가 볼까요?"

신 차장은 17장 앞부분의 순임금 구절은 건너뛰고 중간 부분부터 다시 읽고 풀어냈다.

"문장의 중간에 '왜냐하면 하늘이 만물을 만들어 낼 적에는 반드시 그 타고난 재질에 따라 돈독하게 도와주기 때문이다(故天之生物必因其材而篤焉)'라는 구절이 있습니다. 이 구절 탓에 한때 『중용』은 물론, 전반적인 유학이 '타고남에 지나치게 순응하는 운명론적 학문이다' 또는 '핏줄, 출신 배경 등을 지나치게 강조하는 보수, 기득권 세력의 학문이다'라는 비판 아닌 비판을 들어야 했습니다."

"조금 그렇게 보이기도 합니다."

"언제나 글이든 말이든 그 일부분만 떼어내서, 지엽적인 것에만 집중하다 보면 본래의 뜻에 오해가 생기는 것이 일반적인 것 같습니다."

신 차장은 곧바로 문장 하나를 더 읽었다. 바로 뒤에 이어지는 문장이었다.

"그러나 곧바로 이어지는 문장, '대신 제대로 심어져 있는 것은 하늘이 그것을 복돋아 주고, 제대로 하지 못해 이미 기울어져 버린 것은 하늘이 뒤엎어 버린다(故栽者培之 傾者覆之)'까지 읽어 보면 그런 비판이 글 자체를 지나치게 편협하게 보고, 자의적으로 해석해서 나온 결과라는 것을 알 수가 있습니다. 『중용』에서 말하고자 한 것은 '타고난 본성은 바꿀 수 없으니 태어난 대로 순응하고 살라'는 말이 아니었습니다. 그보다는 본성은 타고나지만 그 본성을 바탕으로 자신의 삶을 극진히 할 경우, 하늘은 그에 따라 싹수가 있는 사람은 더 북돋아 주고, 그런 노력을 하지 않아 글러 먹은 사람은 도와주지 않는다'라는 말이었습니다.”

“우리에게도 그런 속담이 있지 않나요? ‘하늘은 스스로 돕는 자를 돕는다'라는.”

“맞습니다. 비슷한 뜻으로 이해하시면 되겠습니다. 다만, 그 속담은 고대 그리스의 격언입니다. 그랬던 것이 이후 성경과 코란 등에서 비슷한 뜻이되 조금씩 다른 형태의 문장으로 변형되어 널리 통용되었다가, 벤저민 프랭클린이 지은 책에 쓰여 지금처럼 전 세계에 널리 퍼지게 되었죠.”

“그렇군요. 그렇다면, 순임금 역시?”

“맞습니다. 순임금은 태어나기를 그렇게 태어났습니다. 아버지는 장님에 세상 물정에도 어두웠고, 어머니는 일찍 돌아가셨으며, 새로 들어온 어머니는 표독스럽고 음흉했고 배다른 동생은 질투가 많고 난폭했습니다. 하지만 그런 것들을 부정하지 않고 자신이 해야 하는 일, 할 수 있는 일을 극진하게 열심히 했습니다. 그 결과 타고난 혹은 원래부터 주어진 삶 자체가 변한 것은 아니었지만, 이후 그에게 주어지는 삶의 모습은 분명히 변해 갔지요.”

“그게 이번에 새로 임원이 되신 정 부장님과 무슨 상관이 있나요?”

“글쎄요. 잘 모르겠습니다.”

“네? 전 또 신 차장님은 제가 모르는 정 부장님의 무언가 대단한 면을 알고 계신 줄 알았어요.”

“아닙니다. 저도 그분에 대해서는 잘 알지 못합니다. 다만, 우리가 쉽게 ‘운’ 또는 ‘팔자'라고 하는 것들의 상당수가 우리의 인생 자체에는 크게 영향을 끼치지 못하며 그보다는 이후에 우리가 어떻게 살아가는지가 더 중요하다는 말씀을 드리고자 함이었습니다. 다시 순임금의 이야기로 돌아가 보겠습니다."

이어진 신 차장의 설명에 따르면 순임금의 조상은 사실 고대 중국 신화 속 제왕 가운데 하나인 전욱顓頊 고양씨高陽氏의 후손이었다고 한다. 그랬음에도 순임금의 조상들은 배움을 게을리하고 스스로 노력하지 않은 통에 빈천한 삶을 살아갈 수밖에 없었다고 한다. 반면, 순임금은 그런 몰락한 가문에서 태어났음에도 늘 배우고 익히기를 게을리하지 않고, 아무리 하잘것없는 일이라도 최선을 다 했기에 그의 타고난 품성과 재질이 만개할 수 있었고, 그 소문이 요임금의 귀에까지 들어가 큰 자리에 발탁될 수 있었다.

"그렇군요……."

신 차장의 설명에 장 대리는 고개를 끄덕였다. 그러나 온전한 수긍의 의미는 아니었다.

"그런데…… 그건 요순시대에나 가능한 일이지 요즘은 또 아닌 것 같아요."

뜻밖의 반응에 신 차장은 장 대리의 얼굴을 가만히 바라보았다. 더 얘기해 보라는 표정이었다. 잠시, '기탄할까?' 생각도 해 보았지만, 이왕 말 나온 김에 '그냥 해 버리자!' 싶었다.

"신 차장님은 혹시 '개천에서 용난다'는 말 아세요?"

"알죠. 우리네 속담 아닙니까?"

"그럼 이게 요즘도 가능한 말인가요?"

"글쎄요. 저는 잘 생각 안 해 봤는데, 주위에서 많이들 '그렇지 않다', '개천에서 용 나던 시대는 이미 지나갔다'는 말들을 하더군요."

"그렇죠? 근데, 그게 아니래요. 21세기 대한민국은 아직까지도 개천에서 용이 난답니다."

"그래요?"

"근데, 그 개천은 도곡동에 흐르는 양재천, 목동에 흐르는 안양천 그리고 분당에 흐르는 탄천, 이 세 개천만 해당된다네요."

장 대리의 기발한 농담에 신 차장은 마냥 웃을 수만은 없었다. 소위 '수저론' 등으로 대변되는 사회적 불평등에 대한 진한 페이소스pathos가 느껴지는 블랙 유머였기 때문이다. 농담을 인용하긴 했지만, 이야기를 하는 장 대리의 표정은 전에 없이 진지하기만 했다.

"차장님, 오늘 읽은 『중용』 문장, 해 주신 말씀 다 이해는 하겠는데요, 요즘 같은 세상, 특히 대한민국에서는 있는 그대로 받아들이기에 조금은 쉽지 않겠다 싶네요."

신 차장 역시 무거운 표정으로 답했다.

"맞습니다. 오늘 읽은 문장은, 그리고 제가 드린 말씀은 분명히 '레이스에서 출발점이 다른데 이후에 어떻게 뛰느냐에 따라 결과는 달라진다, 모든 게 다 너에게 달려 있다, 네 있는 힘을 다해 열심히 뛰어라' 라는 식으로 받아들여질 수 있습니다. 장 대리의 생각, 충분히 이해가 갑니다. 다만, 그렇다고 해서 주저앉아 있을 수만은 없지 않습니까? 조금이라도 더 나은 방향으로 한 걸음, 단 한 걸음씩이라도 옮겨 가야 지금보다는 더 나은 삶을 살 수 있게 되지 않겠습니까?"

그 말에 장 대리는 엷은 미소를 띠며 답했다.

"알겠습니다. '하늘은 공평하게 사람들을 대하는 것 같지만 더 열심히 노력하는 사람에게, 더 덕을 쌓는 사람에게, 조금이라도 더 많은 복을 주고 최소한 기회라도 더 준다' 정도로 오늘 말씀을 이해하면 될 것 같습니다."

장 대리의 미소 띤 얼굴이 오히려 신 차장의 마음을 무겁게 짓눌렀다. 신 차장은 이전에 듣기 힘들었던 힘없는 목소리로 말했다.

"미안합니다. 장 대리보다 한 해라도 더 산 기성세대로서……."

결국 함께 『중용』을 읽기 시작한 이후로 가장 무거운 분위기 속에서 수업이 끝났다.

6
【필연】

지극해야
우연도 나를 돕는다
至誠如神

지극함과 정성스러움을 바탕으로 한 '도(여기에서는 '중용'으로 봐도 무방함)'를 지닌 이는 다가올 앞일을 미리 알 수가 있습니다. 왜냐하면 한 나라가 장래에 흥하려면 그전에 반드시 상서로운 조짐이 있게 마련이고, 마찬가지로 한 나라가 장차 망하려 해도 반드시 괴이한 재앙이 미리 있게 마련인데, 그러한 상서로운 조짐과 괴이한 재앙은 '시초점'이나 '거북점' 같은 점괘에도 나타나지만, 사실은 나라의 정세와 사회의 분위기, 대신들이 펴는 정책과 백성들의 얼굴 표정 그리고 최고 권력자의 평상시 행동거지 등에도 그대로 나타나기 때문입니다. 그러므로 지극함과 정성스러움을 바탕으로 제대로 된 '도'를 지닌 사람은 먼저 그를 알아차리고 한 나라의 장래를 미리 점치는 것입니다. 그렇기 때문에 그 과정을 잘 모르는 사람들은 마치 그들이 신이나 무당처럼 미래를 훤히 들여다보는 예지력을 가지고 있다고 오해하기도 하는 것입니다.

–『중용』제24장

至誠之道는 可以前知니 國家將興에 必有禎祥하며 國家將亡에 必
지성지도   가이전지   국가장흥   필유정상   국가장망   필

有妖孽하여 見乎蓍龜하며 動乎四體라 禍福將至에 善을 必先知之
유요얼   견호시귀   동호사체   화복장지   선   필선지지

하며 不善을 必先知之하나니 故로 至誠은 如神이니라.
불선   필선지지   고   지성   여신

"아! 난 이런 내용이 좋아요. 그렇지! 바로 제가 원하던 거였어요. 이제
야 나오네요. 하하하!"

읽기를 마치자마자 장 대리는 손바닥으로 책상을 치며 기분 좋아했다.
무거운 분위기 속에서 끝났던 어제의 수업은 이미 기억 속에서 사라져
버린 듯했다. 이런 성격이 장 대리의 장점이라면 장점이었다. 장 대리가
너무나 즐거워하니 신 차장은 멀뚱멀뚱 쳐다볼 수밖에 없었다.

"전 특히 이 구절이 정말 마음에 드네요. 일단 '한 나라가 장래에 흥하
려면 그전에 반드시 상서로운 조짐이 있다(國家將興 必有禎祥)' 이 구절이
랑 맨 마지막에 '그들이 신이나 무당처럼 미래를 훤히 들여다보는 예지
력을 가지고 있다고 오해하기도 하는 것이다(至誠如神)' 이 구절. 이런 구
절이 바로 제가 원했던 구절이라고요."

그 말을 듣자 신 차장은 장 대리가 '원한 내용'이 무엇인지 감이 잡혔
다. 대학생 시절, 신 차장이 『주역』과 관련된 전공 강의를 들을 때 수업
을 듣겠노라고 찾아왔던 공과대학 소속의 두 학생 역시 장 대리와 비슷
한 얘기를 했었기 때문이다.

'『주역』을 읽으면 뭔가 미래를 내다볼 수 있을 것 같기도 하고, 뭔가 인생에 도움이 될 만한 거창한 비밀 같은 것들을 배울 수 있을 것 같기도 해서요.'

물론 『주역』이라는 과목이 워낙에 전공을 하는 학생들도 버거워하는 과목이라는 것을 뒤늦게 안 두 학생이 수강 신청 정정 기간에 수강을 포기하면서 같이 수업을 듣는 것은 불발이 되었지만, 일반인들이 『주역』을 포함해 사서삼경 또는 사서오경을 바라보는 생각을 엿볼 수 있었던 계기가 되었다.

"맞는 말이에요. 좀 이런 것도 나오고, 공사부나 맹사부께서도 속 시원하게 '내가 네 운명에 대해 알려 주마!' 뭐 이런 얘기를 해 주시면 좋을 텐데 말이죠. 그렇죠?"

신 차장이 너무 순순하게 자신의 얘기에 동조하자 장 대리는 직감적으로 '또 신 차장님이 뭔가 꼬투리를 잡으려고 하는구나!'라고 느꼈다.

"에이, 꼭 그런 것은 아니고요. 그렇게 말하는 건 무당이나 하는 거죠."

"무당이요? 장 대리는 혹시 무당이 굿을 준비하는 모습을 본 적이 있나요?"

역시, 신 차장은 장 대리의 생각에 대해 뭔가 다른 걸 얘기하고 싶은 듯했다. 얘기는 엉뚱하게 무당의 굿에 대한 것으로 흘러갔다.

"예전에 제가 무속巫俗에 관심을 갖고 공부할 때, 스승으로 모셨던 만신● 분의 소개로 우연히 백령도에서 열린 철물이굿이라는 것을 볼 기회가 있었습니다. 철물이굿은 경기도 북부, 황해도 등지에서 열리는 굿인데, 그 준비 과정을 보면⋯⋯."

● 한반도 북부 지역에서 여자 무당을 높여 부르는 말.

신 차장은 자신이 보았던 철물이굿의 제물 종류와 그 제물 하나하나를 준비하는 과정을 설명해 주었는데 말로만 들어도 절차의 복잡함과 절차마다 쏟는 정성의 대단함에 입을 다물 수가 없었다. 철물이굿에는 조상천, 수래천, 다래천, 감홍천 등 다양한 종류의 무명천이 쓰이는데, 그 천 역시 그냥 시중에서 사 오는 것이 아니라, 최상급의 목화 송이를 따서 베틀을 사용해 직접 짜서 쓴다고 했다. 천을 짜는 것도 그냥 짜는 게 아니라 일정한 규칙과 법도에 따라 정확히 서른일곱 자만큼만 짜서 사용했다.

"그런데 천에 바치는 정성은 음식에 바치는 정성에 비하면 아무것도 아닙니다. 대표적으로 굿에 올리는 떡만 해도 여러 가지를 쓰는데, 각각의 떡을 만들기 위해 쌀을 찧고 반죽하고 앉혀 찌는 매 순간순간마다 각각의 고사를 지내고, 마지막으로 다 쪄진 떡을 굿하는 상에 올리는 그 짧은 순간에도 안반고사案盤告祀라 해서 또다시 고사를 지내게 됩니다."

하지만 충분히 반론을 제기할 만한 꼬투리를 잡을 수 있었다.

"에이 그렇지만 그건 무슨 대단한 일이 있을 때 몇 년에 한 번 하는 큰 굿일 때나 그렇게 하는 거고 일반적으로는 정한수 한 잔 떠 놓고 그냥 '비나이다, 비나이다' 뭐 그렇게 하지 않았나요?"

"정한수 또는 정안수라는 말은 잘못 쓰인 말이고, 정화수井華水가 옳은 표현입니다. 우물 정(井) 자에 빛날 화(華) 자를 써서 만든 말이죠."

신 차장의 설명은 끊임없이 이어졌다.

"우물물에 달빛이 비춰 밝게 빛날 때, 그 물 혹은 그 물에 담긴 달빛을 떠서 장독대 위에 올려두고 빌었던 것이 정화수입니다. 우물물 위에 달빛이 비추는 시간이기에 새벽이라지만 그 새벽은 예닐곱 시가 아니라 서너 시였습니다. 그때 일어나서 가족들 먹일 아침밥을 앉힐 때까지 꼬박 두세 시간은 쪼그리고 앉아서 빌고 또 빌었던 것이 우리네 조상, 할머니들이었습니다. 철물이굿보다 정성이 부족하다, 차린 게 없으니 간소하다고 할 수 있나요?"

장 대리는 아무런 대꾸도 할 수 없었다. 그러다 문득 갑자기 왜 굿이나 정화수 얘기로 흘러들게 되었는지가 궁금해져서 다시 『중용』의 펼쳐진 페이지로 눈길을 가져갔다. 그러기를 기다렸다는 듯 신 차장은 오늘 읽은 24장에 대한 설명을 시작했다.

"오늘 읽은 『중용』의 문장은 '지극한 정성의 도는 미리 알 수 있다는데, 국가가 장차 흥하면 반드시 상서로운 조짐이 있고 망하려면 괴이한 재앙이 있다. 그것은 시초점이나 거북점에서 나타나는데, 사지에서 움직인다. 화나 복이 장차 다다르게 되면 선함이 반드시 먼저 그것을 안다. 선하지 않으면 반드시 먼저 그것을 안다. 그러므로 지극한 정성은 신과 같다'의 문장을 두고, 장 대리가 '장차 미리 (그 기운을) 아는 것', '(시초나 거북)점에서 나타난다'는 구절에 깊은 감흥을 받으면서 무당 얘기, 정화수 얘기로 빠지게 되었습니다."

신 차장이야 말로 점술사나 무당 같았다. 어떻게 속마음을 들여다보고…….

"『중용』 같은 옛 성현의 말씀, 특히 점칠 때 보는 책쯤으로 오해받고 있는 『주역』 같은 글들을 읽다 보면, '뭔가 미래를 미리 내다보는 그런 능력쯤은 생겨야 하는 것 아닌가?' 하는 생각이 들 수도 있습니다. 영화를 통해서, 구전돼 온 이야기들을 통해서 어느새 그런 고정 관념들이 우리 안에 조금씩은 담겨 있는 것이 사실이니까요."

"사실, 저도 그런 생각들을 했어요."

"그런데 그런 것은 없습니다. 물론, 제가 모르는 어떤 초자연적인 힘이, 그런 힘을 구사하는 사람이 몇 명 있을지는 모르겠지만, 적어도 장 대리가 알고 있는 대단한 인물들 중에 그런 예지력을 구사해서 성공한 사람은 단 한 사람도 없습니다."

신 차장은 그 사례로 『삼국지』의 주요 등장인물 가운데 하나인 제갈량諸葛亮을 들었다.

"장 대리도 제갈량 또는 제갈공명이라는 이름은 들어보셨을 겁니다."

"그럼요. 제가 『삼국지』 게임에서 가장 좋아하는 캐릭터인데요."

"그럼, 제갈량의 명성을 역사에 길이 남게 한 '적벽대전赤壁大戰' 역시 잘 알겠군요."

"알다마다요. 유비劉備가 이끄는 촉蜀나라와 손권孫權이 이끄는 오吳나라의 10만 연합군이 양쯔 강 남쪽의 적벽赤壁이라는 곳에서 조조曹操가 이끄는 위魏나라 83만 대군을 맞닥뜨리게 되는데, 제갈량이 삼일간 남동풍을 끌고 와 그 바람에 불화살을 날려 보내 적을 불태워 버렸다는 전투 말이죠?"

"맞습니다. 세부적인 숫자까지 잘 알고 있는 것을 보니, 장 대리가 관심이 많기는 많은가 보네요. 적벽대전을 예로 들어 많은 사람들이 제갈량을 신통력과 예지력을 보유한 대단한 인물로 기억하고는 합니다. 때문에 무가巫家에서는 무공으로 이름이 높았던 관우關羽와 더불어 제갈량을 신격화해서 모시고 제사를 지내기도 하지요. 그런데……."

어쩐지 그냥 쉽게 넘어간다 싶었다. 신 차장은 칠판에 대충 선 하나로 간단하게 중국의 지도를 그렸다. 그러고는 그 중간 즈음에 서너 번쯤 휜 선 하나를 그렸다. '장강長江'이라 했다. 그러고는 그 선을 3등분했을 때 우측에서 첫 번째 등분이 되는 지점에 점 하나를 찍더니 '적벽'이라 적었다.

"적벽대전이 펼쳐진 장소는 현재의 후베이 성 셴닝 시 부근으로 추정

되고 있습니다. 이 부근은 겨울이면 중국 대륙 북단에 발달한 고기압의 영향으로 북서풍이 강하게 불어 옵니다. 그러나 고기압의 세력이 잠시 약해지면 그 고기압이 둘로 갈라지면서 일시적으로 저기압이 형성되고 그런 저기압은 온난전선을 동반해 일시적으로 남동풍을 몰고 옵니다. 소설이나 영화를 보면 제갈량이 추위에도 불구하고 강가에 서서 몇 시간이고 하늘을 응시하는 장면이 나옵니다. 모든 것이 온난전선이 발생할 때를 살피기 위해서였지요."

"그런 뒷이야기가 숨겨져 있었군요. 어쩐지……."

"그런데 날씨를 미리 예측해 전황을 자신에게 유리하게 끌고 가기 위한 제갈량의 노력은 여기에서 그치지 않았습니다. 그는 자신의 가설을 증명하고 싶었습니다. 제갈량은 날씨에 대해 가장 잘 아는 사람이 역시 그 지역에서 고깃배를 띄우는 나이 든 어부일거라 생각했고, 그 예상은 맞아떨어졌습니다. 나이 든 어부는 '이 지역에서 초겨울에 미꾸라지가 배를 뒤집은 채 물 밖으로 입을 내밀면 이튿날 동트기 전 바람의 방향이 바뀐다'라는 속설을 들려줬습니다. 적벽대전이 있기 하루 전 항아리에 물을 채워 미꾸라지 몇 마리를 집어넣었더니 배를 뒤집은 채 물 밖으로 입을 내밀었고, 남동풍을 확신한 제갈량은 조조의 진영으로 화공火攻을 감행했지요."

신 차장은 책을 덮으며 이야기를 계속했다.

"제갈량의 신통력이라는 것도 결국 사물과 현상에 대한 그의 끊임없는 관찰력과 그를 입증하고 주위에 납득시키기 위해 기울였던 '지극한 정성'이 있었기에 가능했던 일이었습니다. 지금도 마찬가지입니다. 우리 주변에 일어나는 우연과도 같은 일들은 사실 그 이면을 들여다보면 '지극한 정성'으로 만들어 온 일이어서 반드시 일어날 수 밖에 없었던 필

<u>연인 경우가 많습니다.</u> 오늘 『중용』의 말씀도 그런 점을 이야기하고 있습니다."

그 말에 장 대리 역시 책을 덮으며 한마디를 덧댔다.

"하긴…… 로또 1등에 당첨되었다는 뉴스를 보면 꾸준히, 정성을 다해 매주 사 왔던 사람들이 주로 되더라고요."

좀 엉뚱하긴 하지만, 나름 장 대리식의 이해 방법이었다. 신 차장은 밝게 웃으며 고개를 끄덕여 줬다.

7
【지향】

바쁠 수 있다는 것은
행복이다

無憂者 其惟文王乎

공자께서 말씀하셨습니다. "걱정이 없는 사람은 아마도 문왕뿐일 거다. 왕계 님이 아버지이시고, 무왕이 아들이시니, 아버지가 터를 닦아주시고, 아들은 왕업을 이어 준 셈이다. 무왕은 증조할아버지인 태왕(본명은 고공단보)과 할아버지인 왕계 그리고 아버지 문왕의 계통을 이으셨다. 비록 오랑캐들이나 입는 갑옷을 입었지만, 그 옷을 입고 (주나라를 일으켜) 천하를 차지하게 되었다. 몸소 천하에 드러난 자신의 이름을 잃지 않았기에(스스로의 명예를 지켰기에) 천자에 오르는 존귀한 인물이 될 수 있었고, 그 부유함이 온 천하를 다 차지하고도 남을 정도였으며, 사후에는 종묘에서 그의 제사를 성대하게 치러 주었고, 자손들이 그 뜻을 받들어 이어 갈 수 있었다. 무왕은 말년에 천명을 받아 주나라를 일으켰고, 그의 동생인 주공이 아버지 문왕과 형 무왕의 '덕'을 이룬 뒤, (지방의 영주였지만, 엄연히 왕은 아니었던) 태왕과 왕계를 왕으로 추존하고 그 윗대의 선조들을 천자의 예로써 제사 지냈다. 이 사례의 교훈은 제후와 대부와 선비와 서민에게도 그대로 이어졌다. 덕분에 아버지가 대부를 지내고 아들이 선비인데 그 아버지가 죽으면, 죽은 아버지의 장례는 대부의 격에 맞게 지내고, 제사는 모시는 아들에 따라 선비의 격에 맞게 지내는 주나라의 예법이 주공 대에 천하에 널리 퍼지게되었다. 같은 이치로 만일, 아버지가 선비이고 아들이 대부이면 선비의 격에 맞춰 장례하고 대부의 격에 맞춰 제사를 지내는 것이 일반적인 예법으로 받아들여졌다. 대부까지는 1년상을 치르게 하고, 3년상은 천자만 치르도록 했지만, (대부분의 집안에서는 부모가 돌아가시면 3년상을 치르고 있다.) 이는 부모가 돌아가셨을 때의 슬픔과 애통함은 빈천의 구분 없이 하나이기 때문이다."

- 『중용』 제18장

子曰 無憂者는 其惟文王乎신저 以王季爲父하시고 以武王爲子하
자왈 무우자　　기유문왕호　　　이왕계위부　　　　　이무왕위자

시니 父作之어시늘 子述之하시니라. 武王이 纘大(太)王王季文王之
부작지　　　자술지　　　　무왕　찬태　왕왕계문왕지

緖하사 壹戎衣而有天下하시되 身不失天下之顯名하시며 尊爲天子
서　　　일융의이유천하　　　신불실천하지현명하시며　존위천자

시고 富有四海之內하사 宗廟饗之하시며 子孫保之하시니라. 武王
부유사해지내　　종묘향지　　　자손보지　　　　무왕

이 未受命이어시늘 周公이 成文武之德하사 追王大王王季하시고
말수명　　　주공　성문무지덕　　추왕태왕왕계

上祀先公以天子之禮하시니 斯禮也 達乎諸侯大夫及士庶人하여 父
상사선공이천자지례　　　사례야 달호제후대부급사서인　부

爲大夫요 子爲士어든 葬以大夫하고 祭以士하며 父爲士요 子爲大
위대부　자위사　　　장이대부　　제이사　　　부위사　자위대

夫어든 葬以士하고 祭以大夫하며 期之喪은 達乎大夫하고 三年之
부   장이사   제이대부   기지상   달호대부   삼년지

喪은 達乎天子하니 父母之喪은 無貴賤一也니라.
상   달호천자   부모지상   무귀천일야

"어제는 죄송했어요."

장 대리는 문을 열고 들어서자마자 고개를 꾸벅 숙이고는 사과를 했다. 이유는 어제 있었던 일 때문이었다. 아침에 『중용』 공부를 마치며 신 차장은 장 대리에게 부탁 하나를 했었다. 신 차장이 최근 하고 있는 업무에 필요한 자료 중 장 대리의 소속팀이 관리하고 있는 자료들을 카피해 달라는 부탁이었다. 보안이 필요한 비밀 자료도 아니고, 부탁한 복사 분량 역시 불과 세 페이지에 불과했기에 직원 고충 상담실에서 나가는 즉시 챙겨 드리겠다고 호언장담을 했었다. 그러나 오늘 『중용』 수업을 해야 할 이 시간까지도 신 차장은 부탁했던 복사물을 받아 보지 못하고 있었다. 장 대리가 자신의 망각을 깨달은 것이 불과 몇 분 전이었기 때문이다.

"많이 바빴나 보네요."

"네, 사실 미칠 것 같습니다. 솔직히 입사 후 이제까지 단 한 번도 정말로, 진심으로 열심히 일했던 적이 없었던 것 같습니다. 늘 무언가 핑계를 대며 차일피일 미루기 일쑤였고, 더 젊었을 때는 신입이라 잘 모른다는 핑계로 선배들에게 기대기만 했었으니까요. 그런데 제대로 제 일을 챙기기 시작하니까 이건 뭐 해야 할 일이 엄청나고, 손대야 할 것들이 매일 눈에 보이고, 그럼에도 처리되는 일보다 새롭게 쏟아지는 일들이 더 많아지는 것 같고…… 이제는 뭘 어떻게 해야 할지를 잘 모르겠습니다."

신 차장은 별다른 충고 대신에 장 대리의 어깨에 가만히 손을 올렸다.

"자, 정신없이 바쁘다 하니, 책은 펴지 말고 그냥 옛날이야기 듣듯이 제 얘기를 들어주세요. 원래 오늘 읽었어야 할 18장은 나중에 시간 날 때 한번 읽어 보도록 하고."

진짜로 신 차장 역시 『중용』 책을 펼치지 않았다. 예전처럼 그 상태에서 읽어야 할 내용을 외워 읊지도 않았다. 그저 옛날 얘기하듯 '18장에 언급되었다'고 하는 주 문왕에 대해 이야기하기 시작했다.

"전설 속 '삼황오제' 중 한 명인 '황제'의 35대손이자 기산岐山의 제후였던 고공단보古公亶父에게는 여러 명의 아들이 있었는데, 그는 그중 셋째 아들이었던 계력季歷을 후계자로 삼게 됩니다."

"큰아들, 둘째 아들이 변변치 못했나 보죠?"

"그게 아니라, 계력의 아들이었던 창昌의 품성과 자질이 너무나도 뛰어나서, 그를 크게 쓰기 위해 울며 겨자 먹기로 그럴 수밖에 없었죠."

"손자에게 권력을 물려주기 위해 그 아비인 셋째 아들을 택한 것이로군요. 아니, 창이라는 손자가 얼마나 대단한 인물이기에 그랬던 거죠?"

"일단은 그가 태어날 때부터 여러 가지 길한 징조가 감지되었고, 커 나감에 있어 지혜로움과 현명함이 사방 천 리에 널리 알려질 정도였다고 하죠. 결국 할아버지 고공단보가 돌아가시고 권력을 이어받은 아버지 계력도 눈을 감자, 창은 당시 천하를 다스리던 은나라의 제후국 주나라의 왕이 되는데……."

"주 문왕이 바로 그였죠."

"그렇습니다. 이젠 정말로 척하면 척이로군요. 하지만 정확히 말하자면 문왕은 주나라의 왕이 아니었습니다. 폭정을 일삼은 은나라 주紂왕을 폐위시키고 주나라를 개창한 것은 창의 둘째 아들이었던 발發이었습니다. 이후 주 무왕이 되는 아들 발이 자신의 아버지 창을 문왕으로 추존하면서 비로소 주 문왕으로 불리게 된 거였죠."

"그랬군요. 주 문왕 역시 자신의 아버지 계력만큼이나 아들 덕을 톡톡히 본 사람이었군요."

"글쎄요, 그럴 수도 있지만, 주 문왕 자체가 워낙에 탁월한 사람이어서, 오히려 아들 무왕이 아버지 문왕의 덕을 봤다고 하는 게 맞을 것 같네요. 『사기』에는 다음과 같은 이야기가 나옵니다."

> 서백은 후직과 공류의 사업을 따르고 고공단보와 공계의 법도를 본받아 오로지 어진 정치를 행하고 늙은이를 공경하며 어린이를 사랑했다. 그가 어진 사람에게는 예의와 겸손으로 대하고 낮에는 재사를 접대하기에 식사할 겨를도 없었으므로 재사들은 대부분 서백에게 몰려들었다. 백이와 숙제도 고죽에서 서백이 노인을 우대한다는 소문을 듣고 가서 서백을 따랐다. 태전, 굉요, 산의생, 육자, 신갑대부 등이 모두 가서 그를 따랐다.
>
> ─『사기』 본기, 권4 주본기 제4장

(西伯)遵后稷 公劉之業, 則古公 公季之法, 篤仁, 敬老, 慈少 禮下賢
서 백 준 후 직 공 류 지 업 칙 고 공 공 계 지 법 독 인 경 노 자 소 예 하 현

者, 日中不暇食以待士, 士以此多歸之 伯夷叔齊在孤竹, 聞西伯善養
자 일 중 불 가 식 이 대 사 사 이 차 다 귀 지 백 이 숙 제 재 고 죽 문 서 백 선 양

老, 盍往歸之 太顚 閎夭 散宜生 鬻子 辛甲大夫之徒皆往歸之
노 합 왕 귀 지 태 전 굉 요 산 의 생 죽 자 신 갑 대 부 지 도 개 왕 귀 지

"이처럼 주 문왕 서백은 비록 은나라가 아닌 그에 속한 수많은 제후국 중 하나를 다스리던 제후에 지나지 않았지만, 개인의 인품과 그가 베푼

선정은 은나라 전체에 널리 알려졌다고 합니다. 그의 아들 무왕은 아버지 문왕이 만들어 놓은 기틀 위에, 역시 아버지의 명성을 듣고 전국 각지에서 몰려든 훌륭한 인재들의 도움을 받아 주나라를 세울 수 있었죠."

"그렇군요."

"나중에 읽어 보면 알겠지만, 『중용』 18장 역시 그런 주 문왕의 가족 내력을 밝히고 문왕의 탁월함을 칭송한 내용입니다."

"그런데 글의 첫머리에서 공자는 왜 '걱정이 없는 사람은 아마도 문왕뿐일 터(無憂者 其惟文王乎)'라는 말을 한 건가요? 이런저런 상황을 보면 세상 온갖 근심 걱정을 다 짊어지고 사셨을 만한 분인데……."

장 대리의 질문에 신 차장은 깜짝 놀랐다는 표정을 지어 보였다.

"아, 장 대리! 18장을 미리 읽어 봤군요."

"요즘은 예습도 종종 한다니까요?"

"훌륭합니다. 맞습니다. 일전에 30장을 읽을 때 아주 잠깐 설명했었던 것 같은데, 주 문왕은 은나라의 마지막 왕이자 우리에게는 '주지육림●'으로 유명한 폭군 주왕의 제후였습니다. 당연히 주왕은 자신보다 훨씬 더 명망이 높고 많은 사람들이 따르던 문왕을 경계할 수밖에 없었습니다. 그 결과 그를 허난 성의 유리羑里라는 곳에 7년간이나 감금시켜 버립니다."

"자기보다 똑똑하고 인기가 좋다고 7년형이라……."

"그런데 거기서 끝나지 않았습니다. 그러고도 분이 풀리지 않은 주왕은 문왕의 장남 백읍고伯邑考를 죽여 솥에 넣고 국으로 끓여 문왕에게 들이밉니다. 만일 '국을 마시라'는 자신의 명령을 어기면 반역의 기미가 있다는 핑계로 문왕을 죽일 심산이었죠. 자신의 아들을 죽여 끓인 국이란

● 酒池肉林. 은나라 주왕이 술로 연못을 만들고 고기 안주를 나무에 걸어 숲을 만든 뒤 알몸의 남녀를 그 안에서 벗고 뛰게 만들며 흥청망청 놀았다는 고사에서 유래한 사자성어.

것을 알고 있었지만, 문왕은 대업을 위해 울분과 증오를 속으로 삼키고 그 국물을 마셔 마침내 감옥에서 풀려나게 되지요."

"나쁜 놈……."

장 대리는 마치 자신의 일이기라도 한 것처럼 분해했다. 신 차장의 설명은 계속되었다.

"게다가 살아생전 바쁜 걸로 치면 또 세상에서 둘째가라면 서러울 분이셨죠."

"바쁘기까지요……."

"네, 유리라는 촌구석의 감옥에 갇혀 있는 7년 세월 동안 문왕은 그냥 신세 한탄만 하고 있었던 것이 아닙니다. 그는 그곳에서 자신의 학문적 지식과 품고 있던 생각 등을 가다듬어 기존에 복희씨가 만들었다는 팔괘八卦에 자신만의 팔괘를 더해 하나의 철학을 정립했는데, 그것이 이른바 우리가 『주역』의 핵심이라고 알고 있는 '64괘●'입니다."

"우와! 대단하네요."

"그뿐만이 아닙니다. 감옥에서 풀려난 뒤에는 나라의 기반을 가다듬어, 늙은 백성은 먹고 입을 걱정을 하지 않게 배려했고, 어린 백성들은 학업에 힘쓸 수 있게 도와주었으며 능력 있는 인재를 후하게 대접하여 천하의 인재들이 주나라로 몰리도록 하느라고 말 그대로 자기 자신은 끼니를 챙겨 먹을 겨를이 없을 정도로 바빴다고 합니다."

"그런데 그렇게 살려면…… 남들에게야 성군이지만, 자기 자신은 참 힘든 삶이었을 것 같은데요. 그런데도 공자는 왜 문왕을 근심 걱정 없는 사람이라고 표현했을까요?"

● 현재에 와서는 문왕이 64괘를 완성했다는 기술이 문왕의 업적을 높이기 위해 후대에 만들어 낸 이야기라는 설도 있다.

"다른 글에 보면 심지어 '가장 행복한 사람'이라고도 묘사하고 있습니다."

"허, 참…… 어째서 그럴까요?"

"가장 바빴던 사람이기 때문에 그렇습니다."

"네? '가장 바빴던 사람이라 가장 행복하다'고요?"

"네, 그렇습니다. 제가 사회 초년생 시절 스승처럼 모셨던 분이 계십니다. 그분의 말씀에 따르면 우리가 '바쁘다'고 할 때에는 크게 두 가지 경우가 있다고 합니다. '보통의 일인데, 내 능력이 부족해서 그 일이 바쁘게 느껴지는 경우'와 '내 능력은 충분한데, 그 능력 이상 가는 일이 주어져서 바쁘게 느껴지는 경우' 말이죠."

"주위 인간들이 멍청하거나, 윗사람이 쓸데없는 일을 시켜서 바쁜 건 어디에 속하죠?"

장 대리의 딴죽에도 신 차장은 하던 얘기를 계속 이어 나갔다.

"흠흠. 계속 말씀드리겠습니다. 그분의 설명에 따르면, 내 능력이 부족해서 바쁜 것은 내 부족한 부분을 알게 되었으니 기쁜 일이고, 내 능력 이상의 일이 주어져서 바쁜 것은 주위에서 나를 그만큼 인정해 준다는 것이니 그 또한 기쁜 일이 아니겠느냐는 말씀이셨습니다."

"에이, 그건 좀 너무 초긍정 모드인 것 같은데요?"

"인정합니다. 아까 장 대리가 말한 것처럼 우리에게 주어지는 업무라는 것이 딱 두 가지로 분류할 수 있을 만큼 간단하지도 않을 뿐만 아니라, 그렇다 하더라도 '바쁘다'는 것은 분명히 육체적으로나 정신적으로 우리에게 피로와 스트레스를 제공하는 주범 중 하나이기 때문입니다. 다만, 그 순간만을 바라보지 말고 그로 인해 이어질 내 삶의 궤적을 좀 더 거시적인 관점으로 바라볼 수만 있다면 '바쁘다'는 것이 행복까지는 몰라도 불행은 분명히 아니라는 것을 알 수 있을 겁니다. 장 대리는 아직 여자 친구가 없다고 했죠?"

"아이, 갑자기 아픈 데는 왜 찌르세요."

"미안합니다, 교육 목적상. 그러면 마지막으로 연애한 기억은 언제쯤 인가요?"

"그게…… 한 일 년 됐나요?"

"그때를 떠올려 봅시다. 여자 친구를 만나기 위해 약속 장소로 차를 몰고 가는데 조금 늦었어요. 그러면 안 되겠지만, 어떻게든 빨리 가기 위해 속도를 높이고 이리저리 차선 변경을 해서 최대한 다른 차들을 앞질러서 가기 위해 분주했을 겁니다. 안 그랬나요?"

"뭐, 그때나 지금이나 차가 없어서…… 운전은 안 했지만, 지하철에서 다른 사람을 밀치고 먼저 타려고 노력하거나, 몇 번쯤은 무단횡단을 하기도 했었지요."

"그때, 무슨 생각이 들었나요?"

"글쎄요…… '많이 늦으면 어떻게 하지?', '여자 친구가 화내면 어쩌지?', '어떻게 달래 줘야 할까?' 등등의 생각을 했었지요."

"맞습니다. 그런 것 같아요. 어떠한 일을 할 때 그 일 자체는 지루하고 재미없는 경우가 많습니다. 꽉 막힌 도로를 운전하는 일이나, 만원인 객차를 비집고 지하철을 타야 하는 일이나…… 그러나 그런 일들을 하면서도 기꺼이 할 수 있는 것은 그 일을 통해 얻을 수 있는 가치, 기쁨, 결과물 등이 분명하고, 그것이 그 순간에 내가 가장 좋아하는 일들 중 하나이기 때문에 그렇습니다."

장 대리는 작년 밸런타인데이 무렵에 헤어진 여자 친구와 사귀던 때를 떠올려 보았다. 1년도 더 넘은 일이라 약간 가물가물하긴 했지만, 분명히 저녁에 여자 친구와 데이트가 있는 날에는 일이 아무리 몰려도 '어떻게든 제시간 내에 마치고 나가야 한다'는 생각에 정신없이 그 일들에 몰두했고, 약속 장소로 갈 때도 마찬가지로 승객들로 꽉 찬 지하철이나 원래의 정거장에서 20미터쯤 앞에 서 버린 통에 종종걸음으로 달려가 타야 했던 마을버스도 별문제가 되지 않았다.

"주 문왕 역시 분명한 목적, 하고 싶었던 일이 있었기에 7년이라는 긴 세월을 버텨낼 수 있었고, 식사를 제때 할 수도 없을 만큼 바쁜 일상의 연속이었지만, 그 시간들을 즐기면서 보내셨던 거군요."

"네, 그랬을 겁니다."

"야, 그렇게만 일할 수 있다면 정말 행복하겠네요."

"그래서 공사부가 말하지 않았습니까? '가장 행복한 것은 주 문왕이었다'라고."

정해진 시간이 되어 두 사람은 자리에서 일어났다. 장 대리가 길게 기지개를 켜며 말했다.

"아― 아― 아! 그렇긴 하지만, 저는 좀 덜 행복해져도 좋으니까, 일이 좀 줄었으면 좋겠어요."

"제가 부탁드린 자료 하나는 덜어 드릴게요."

"아닙니다. 차장님이 요청하신 자료는 무조건 1순위로, 기쁜 마음으로 작성해서 갖다 드리겠습니다. 여자 친구 만나러 가는 것처럼!"

8

【체계】

매사를 나로부터 시작하면 흔들림이 없다

本諸身 徵諸庶民

천하에 왕 노릇을 하려면 세 가지를 중요하게 생각해야 할 것입니다. 그
것들만 신경 쓴다면 아마도 큰 실수는 하지 않을 것이기 때문입니다. 우
선 첫째, 하나라나 은나라 시절 같은 옛 시대의 통치술이 좋았다고 하나,
실제로 그랬다는 증거가 없고, 증거가 없으니 당연히 백성들이 그를 믿
지 못하고 따르지도 않을 것입니다. 둘째, 여러 학자나 현명한 신하들의
말이 다 옳다고 하더라도, 어찌되었든 그들이 왕은 아니니, 그들의 뜻이
왕의 뜻만큼 존중받기가 힘듭니다. 존중하지 않으니 백성들이 그를 믿
지 못하고 따르지도 않을 것입니다. 그러므로 셋째, 군자 또는 왕이 되려
는 자의 도는 현재의 자기 자신으로부터 시작해야 하는 법입니다. 현재
의 상황을 증거로 하니 백성들이 당연히 믿을 것이고, 왕인 자기 자신으
로부터 시작하니 백성들이 그를 아니 믿을 수가 없는 법입니다. 이 세 가
지만 신경 쓴다면 하나라를 창업한 우왕禹王, 은나라를 창업한 탕왕湯王,

그리고 주나라의 창업을 도운 문왕文王의 통치와 비교해 보아도 크게 뒤떨어지지 않을 것이고, 천지의 한복판에 세워 두어도 어긋난 점이 없을 것이고, 신의 뜻을 물어보아도 의심할 바 없이 올바를 것이며, 백세 후에 나올 성인을 기다렸다가 그에게 물어도 한 점 의혹을 살 일이 없을 것입니다. 달리 생각해서 말해 보면 '신의 뜻을 물어도 의심할 바가 없다'는 말은 거꾸로, 그런 생각, 그런 행동(통치 등)을 할 수 있는 군자라면 하늘의 뜻을 안다는 것이고, '백세 이후의 성인으로부터도 의혹 받지 않을 것이다'는 말은 거꾸로, 그럴 수 있는 군자라면 사람 사이의 순리와 이치를 깨닫고 있다는 뜻입니다. 그런 까닭에 군자의 움직임 하나하나는 천하의 길잡이가 되고, 그들이 실행한 것들 하나하나는 천하의 본보기가 되며, 말한 것 한 마디 한 마디는 그대로 천하의 법칙이 되는 것입니다. 때문에 군자가 멀리 보이면 사람들이 우러러 보고, 가까이 있으면 친근하게 대하는 법입니다. 그렇기에 『시경』「주송周頌」의 '진로振鷺' 편에서는 "(사람들은 군자가) 저기에 있어도 미워하지 않고, 여기에 있어도 싫어하지 않으리니, (군자는) 거의 밤낮으로 노력하여, 영원한 영예를 누리리로다"라고 한 것입니다. 즉, 이제까지의 군자들은 이렇게 해 왔기에 일찍이 천하에 그 영예를 누리지 못한 이가 없었던 것입니다.

－『중용』제29장

王天下 有三重焉하니 其寡過矣乎인저, 上焉者는 雖善이나 無徵이
왕 천 하 유 삼 중 언   기 과 과 의 호   상 언 자 수 선   무 징

니 無徵이라 不信이요 不信이라 民弗從이니라 下焉者는 雖善이나
  무 징   불 신   불 신   민 불 종   하 언 자 수 선

不尊이니 不尊이라 不信이요 不信이라 民弗從이니라. 故로 君子之
부 존   부 존   불 신   불 신   민 불 종   고   군 자 지

道는 本諸身하여 徵諸庶民하며 考諸三王而不繆하며 建諸天地而
도   본저신   징저서민   고저삼왕이불류   건저천지이

不悖하며 質諸鬼神而無疑하며 百世以俟聖人而不惑이니라. 質諸
불패   질저귀신이무의   백세이사성인이불혹   질저

鬼神而無疑는 知天也요 百世以俟聖人而不惑은 知人也니라. 是故
귀신이무의   지천야   백세이사성인이불혹   지인야   시고

로 君子는 動而世爲天下道니 行而世爲天下法하며 言而世爲天下
   군자   동이세위천하도   행이세위천하법   언이세위천하

則이라 遠之則有望하고 近之則不厭이니라. 詩曰 在彼無惡하며 在
칙   원지즉유망   근지즉불염   시왈 재피무오   재

此無射이라 庶幾夙夜하여 以永終譽라 하니 君子未有不如此而蚤
차무역   서기숙야   이영종예   군자미유불여차이조

有譽於天下者也니라.
유예어천하자야

　신 차장이 문을 열고 들어섰음에도 장 대리는 서류 뭉치를 훑어보느
라 정신이 없었다. 며칠 전 후배인 성 대리의 업무인데 자신이 보조 업무
를 수행하고 있다며 투덜댔었던 바로 그 업무에 대한 서류들이었다.

　"흠흠, 바쁘네요?"

　신 차장은 영업전략팀장에게 들어서 무슨 영문인지를 이미 알고 있었
지만, 짐짓 모른 척하고 장 대리에게 물었다. 그제야 장 대리는 허겁지겁
서류들을 덮고, 가지런히 챙기느라 분주했다.

　"아이고 놀래라…… 오셨어요?"

　"한참 전에요. 내가 온 줄도 모르고 뭘 그렇게 열심히 봐요?"

　"아, 이거요, 말씀드리기 좀 부끄럽긴 한데……."

　장 대리는 서류의 표지만 내밀며 말했다.

　"얼마 전에 저희 팀 후배 성 대리의 업무인데 저더러 백업하라 했다고

제가 좀 투덜댔었던 것 기억하시죠? 그 업무를 제가 맡게 되었습니다. 알고 보니, 팀장님은 제게 TFT 리더가 되어서 좀 주도적으로 자료 작성을 했으면 좋겠다는 생각에서 하신 말씀이었는데, 제가 오해를 했었네요."

"그렇군요. 어때요? 정식 팀은 아니지만 그래도 처음으로 소규모 조직을 맡아서 이끌어 보니?"

"글쎄요. 아직까지는 잘 모르겠습니다. 제가 너무 이런 부분에 대해 훈련이 안 되어 있다는 생각도 들고요. 자, 제 신세 한탄은 여기까지 하고, 오늘은 어느 문장을 읽을까요?"

물음에 신 차장은 29장을 펼쳐 보였다.

"마침 요즘의 장 대리에게 읽어 주고 싶은 내용이 여기 이 장에 적혀 있네요."

그 말과 동시에 신 차장은 29장의 문장을 읽고 설명해 나가기 시작했다. 그간 워낙에 어려운 문장들을 읽어 와서인지 29장의 문장들은 읽음과 동시에 웬만큼은 이해가 될 정도로 평이했다. 신 차장의 해석 역시 별다른 덧붙임 없이 간단하게 끝났다.

"장 대리가 맡게 된 역할이 일종의 파트 리더라고 들었습니다. 맞나요?"

"예, 맞습니다. 그래서 부담감이 너무 크네요. 성 대리를 어떻게 도와 줘야 할지도 잘 모르겠고."

"잘할 겁니다. 무엇보다 저의 물음에 성 대리 걱정부터 먼저 해 주고, 어떻게 관리해야 할지 모르겠다가 아니라 어떻게 도와줘야 할지 모르겠다고 생각을 한다는 것 자체가 장 대리는 이미 소규모 조직의 리더에게 필요한 자질을 충분히 잘 갖추고 있다는 생각이 드네요."

"과찬이세요. 정말로 어떻게 해야 할지 잘 모르겠어요."

신 차장의 눈길은 오늘 읽은 『중용』 29장으로 되돌아갔다. 장 대리 시선 역시 눈앞에 펼쳐 놓은 29장의 문장들로 돌아갔다.

"많은 사람들이 과거 왕의 권력이 현재의 대통령 권력보다 훨씬 더 막강했었다고 생각합니다."

"그렇지 않나요? 영화나 드라마 같은 데 보면, 왕이 마음만 먹으면 신하들에게 사약을 내리고, 이웃 나라와 전쟁을 일으키고 하잖아요."

"그건 맞습니다. 그러나 그런 장면들은 영화나 드라마의 극적 긴장감을 높이고 재미를 강화하기 위해 그 앞단에 벌어진 수많은 일들을 모두 삭제해 버렸거나, 일부 왜곡했기에 그렇게 보이는 것입니다. 실제로는 왕이 그런 결심을 내리기 전에 엄청나게 많은 토론이 벌어지고, 때론 그 와중에 왕의 뜻을 대놓고 반대하거나, 내려진 결정에 반발하여 출병하라는 명령을 따르지 않는 신하들도 있었습니다."

"옛날의 왕도 우리가 생각하는 것처럼 그렇게 막 해도 되는 편한 자리는 아니었군요."

"그렇습니다. 술과 여자에 빠져서 흥청망청 방탕한 생활을 일삼았던 형편없는 왕은 역사에 기록된 몇몇 폭군에 지나지 않고, 대부분의 수많은 왕들은 새벽에 대전에 나가 밤이 늦도록 대신들과 논의하고, 업무를 처리하느라 만성 피로를 호소하고 수많은 질병에 시달릴 정도로 고생했다고 합니다."

이어진 설명에 따르면 실제로 조선의 왕들은 새벽 5시면 침소에서 일어나 출근 준비를 하고 궐내 어른들께 예를 갖춘 뒤 조정에 나아가 업무를 처리하게 되는데, 대신들과 토론을 하거나 자료 등을 읽은 뒤 침소로 다시 돌아오는 시간은 저녁 11시 무렵이 되어서였다고 한다. 때로는 읽다만 자료나 서적 등을 침소로 가지고 와서 읽느라 밤을 새는 경우도 비일비재했다.

"18대 임금 현종이 괴질과 과로로 사망하는 일시는 1674년 음력 8월 18일로 알려져 있습니다. 그런데 『조선왕조실록』의 「현종실록」을 보면 1674년 8월 14일까지도 현종은 정무를 살피고 의사 결정을 내린 것으로 되어 있습니다."

상의 병이 크게 위중해지더니 이날 밤 해시에 창덕궁의 재려_{齋廬}에서 승하하였다.

  - 『조선왕조실록』 「현종실록」 22권 8월 18일 첫 번째 기사

上疾大漸, 是夜亥時, 昇遐于昌德宮齋廬
상 질 대 점   시 야 해 시   승 하 우 창 덕 궁 재 려

정재희는 좌부승지로, 이동명은 동부승지로, 이옥은 사서로 관직을 제수하다.

  - 『조선왕조실록』 「현종실록」 22권 8월 14일 두 번째 기사

以鄭載禧爲左副承旨, 李東溟爲同副承旨, 李沃爲司書
이 정 재 희 위 좌 부 승 지   이 동 명 위 동 부 승 지   이 옥 위 사 서

"와! 정말 대단하네요…… 이 정도면 워커홀릭을 넘어서는 수준이네요."

"그렇습니다. 그런데 해야 할 일이 많을 뿐만 아니라, 그 일을 함에 있어서도 우리가 상상하는 것처럼 자기 마음대로 막 할 수 있는 게 아니었습니다. 29장의 문장을 보겠습니다. '천하에 왕 노릇을 하려면 세 가지를 중요하게 생각해야 할 것이다(王天下 有三重焉)'라고 했습니다. 그 세 가

지에 대해 아래 여씨*의 말을 빌려 달아 놓은 주석이 있습니다."

여씨가 말하기를 삼중은 의례, 제도, 고문을 말한다. 오직 천자가 그를
실어 행한다면 곧 나라는 정치가 다르지 않고 집집마다 풍속이 다르지
않아 사람들의 허물이 적게 될 것이다.

─『중용집주』주자朱子 주註

呂氏曰 三重 謂議禮制度考文 惟天子 得以行之 則國不異政 家不殊
여씨왈 삼중 위의례제도고문 유천자 득이행지 즉국불이정 가불수

俗 而人得寡過矣
속 이인득과의

"즉, 왕 노릇을 하려면 제멋대로 하면 안 되고 세 가지를 중하게 여겨
야 하는데, 첫째가 '의례議禮', 두 번째가 '제도制度, 마지막 세 번째가 '고문
考文'이라는 것이었습니다."

"아, 복잡해. 옛날 개그 프로그램에 나오는 대로 '나 왕 안 해!' 소리가
절로 나오고도 남겠네요."

"그런데 예전에 왕 노릇을 할 때뿐만이 아니라, 요즘에도 크든 작든 어
떠한 조직의 리더 역할을 하려면 이 세 가지를 중하게 여겨야 함은 변함
이 없는 것 같습니다."

"의례, 제도, 고문이요? 에이, 요즘 세상에 누가 그런 걸……."

"아니요, 현대적 의미로 재해석하자면 '의례'는 '조직의 상식(common
sense)', 제도는 '공정한 시스템(system)' 마지막으로 고문은 '정확한 기

---

* 呂氏. 조선시대 널리 유행했던 '여씨향약呂氏鄕約'을 창시한 여대균呂大鈞을 일컫는 말.

록(record)' 정도로 이해하면 될 듯합니다."

신 차장은 하나하나에 대해 자세한 설명을 덧붙였다. '조직의 상식'을 중시하는 리더 역할은 조직의 구성원들이 이뤄 온 공감대를 근거로 해서 거기에 크게 벗어나지 않게 조직과 구성원들을 대하는 것을 말한다. '공정한 시스템'은 말 그대로 리더 개인의 생각, 판단, 의사 결정에 따라 조직을 좌지우지하는 것이 아닌 누구에게나 공정하게 적용되는 시스템을 기반으로 조직이 운영되게끔 하는 것을 말하며, 마지막으로 '정확한 기록'은 그러한 모든 활동들을 기록으로 남겨 리더 한 개인이 아닌 조직 공동의 지식 자산으로 만드는 것을 말한다.

"아…… 어렵네요. 차라리 그냥 성 대리 뒤치다꺼리 할 때가 편했던 것 같아요."

"'큰 힘에는 큰 책임이 따르는 법●'이니까요."

'의례, 제도, 고문…… 상식, 시스템, 기록…….'

수업이 끝나고도 한참 동안이나 장 대리의 머릿속에 끊임없이 맴도는 단어들이었다.

● "With great power comes great responsibility." 영화 「스파이더맨」에 나오는 대사의 일부.

9
【최선】

마지막을 넘어서는 그 '조금'에
모든 것이 달라진다

能盡物之性 則可以贊天地之化育

오직 천하의 지극한 성인이어야만 능히 자신의 본성을 제대로 발휘하여 그 뜻을 펼 수 있습니다. 그런 뒤에는 다른 사람도 자신을 본받아 본성을 찾고, 뜻을 실어 펼 수 있게끔 도와주고 장려해 줄 수도 있습니다. 다른 사람도 그렇게 하게 해 줄 수 있다는 것은 사람을 포함한 세상 만물에게도 그렇게 할 수 있다는 것이고, 그렇게만 된다면 세상만사가 서로 화합하고 융화하여 평온하게 어울릴 수 있을 것입니다. 즉, 지극한 성인은 자신의 본성을 가다듬어 최선을 다함으로써 세상만사가 제대로 돌아가도록 하는 사람인 것입니다.

- 『중용』 제22장

唯天下至誠이야 爲能盡其性이니 能盡其性이면 則能盡人之性이요
유 천 하 지 성　　　위 능 진 기 성　　　능 진 기 성　　　　즉 능 진 인 지 성

能盡人之性이면 則能盡物之性이요 能盡物之性이면 則可以贊天地
능 진 인 지 성   즉 능 진 물 지 성   능 진 물 지 성   즉 가 이 찬 천 지

之化育이요 可以贊天地之化育이면 則可以與天地參矣니라.
지 화 육   가 이 찬 천 지 지 화 육   즉 가 이 여 천 지 참 의

　직원 고충 상담실 문을 열고 들어가자 신 차장이 한참 바쁘게 내부를 정리하고 있는 모습이 보였다.

　"아니, 차장님께서 왜 청소를 하고 계세요?"

　"회의실이 더러우면 쓸 사람이 치워야지요. 혹은 쓴 사람이 치우던가."

　'쓴 사람이 치우던가'라는 신 차장의 마지막 말에 장 대리는 순간적으로 '아차!' 했다. 어제 마지막으로 이곳을 쓴 것이 장 대리의 팀, 정확하게 말하자면 장 대리가 주관한 미팅에 참석한 몇몇 팀원들이었기 때문이다. 내심 찔렸던 장 대리는 가방을 책상 위에 던지다시피 내려놓고 신 차장보다 더 재빠르게 정리에 나섰다. 사용한 종이컵을 갖다 버리고, 한쪽으로 몰아놓은 의자들을 다시 제자리로 가져다 놓았다. 두 사람이, 특히 장 대리가 동분서주하며 정리하니 불과 2, 3분만에 직원 고충 상담실 내부는 깨끗하게 정돈이 되었다. 뜨끔했던 장 대리의 속을 아는지 모르는지, 신 차장은 정리를 마치자마자 잠시의 쉴 틈도 주지 않고 『중용』을 읽기 시작했다. 22장이었다. 다 읽자마자 신 차장이 물었다.

　"오늘 읽은 문장 중에 '지극한 정성'이란 무엇일까요? 정성이면 그냥 정성이지, 정성만 해도 챙기기가 얼마나 어려운데 지극한 정성을 챙기라는 것일까요?"

　"글쎄요. 그냥 강조해서 말씀하신 것이 아닐까요? '조금 더 정성을 다해라'라는 의미에서……."

　장 대리의 대답이 그다지 마음에 들지 않았던지 신 차장은 잠시 생각

에 잠긴 듯 침묵을 지키다가 엉뚱한 질문을 던졌다.

"장 대리는 미국에서 가장 인기 있는 스포츠 종목이 무엇인지 아나요?"

"아, 알아요. 미식축구요. 예전에는 프로야구나 농구인 줄 알았는데, 지난번에 보니까 미식축구의 인기에는 비할 바가 아니더라고요."

"맞습니다. 미국 미식축구 리그, 영어 약어로는 NFL이 그들의 최고 인기 스포츠 종목이지요. 1년에 한 번, 리그 챔피언을 결정하기 위해 2월 첫째 주에 열리는 결승전 경기를 '슈퍼볼Super Bowl'이라고 하는데, 이날은 범죄자들마저도 텔레비전 앞에 모여들어 경기를 보기에 범죄율이 급격히 떨어진다는 우스갯소리가 나올 정도라고 합니다."

그런데 신 차장이 설명하고 싶었던 것은 미식축구나 슈퍼볼 그 자체가 아니라, 슈퍼볼 우승팀에게 수여되는 트로피에 관한 것이었다.

"모든 NFL 선수들이 평생에 단 한 번이라도 손에 쥐어 보기를 원하는 슈퍼볼 우승 트로피, 그 트로피에는 이름이 있습니다."

"어떤 이름이죠?"

"'빈스 롬바르디 컵Vince Lombardi Cup'이라고 불립니다. 미식축구계를 넘어서, 미국 스포츠 전체를 통틀어서 가장 존경받는 감독 중 한 명으로 추앙받는 위대한 지도자, 단순히 프로 스포츠팀 감독을 넘어서서 '그라운드 위의 구도자'라고 칭송받는 NFL의 신화 빈스 롬바르디 감독의 이름을 따서 만든 트로피죠."

"아니, 얼마나 대단한 사람이기에 미국 최고 인기 스포츠의 우승컵에 그 사람의 이름을 붙이는 거죠?"

"대단하다마다요. 지금도 수많은 미국인들이 최고의 미식축구 감독은 물론, 정·재·관계를 포함한 미국 최고의 지도자를 뽑는 설문 조사를 하면 조지 워싱턴, 링컨 대통령, 마틴 루터 킹 목사와 함께 빈스 롬바르디

의 이름을 꼭 순위권에 올려놓고는 합니다."

"정말 대단하군요. 무슨 국가대표 감독이었나요? 올림픽에 나가 금메달을 따 왔다거나."

"미식축구는 프로 스포츠라 국가 대항전이 없지요."

"아니 그럼 일개 프로팀 감독을 그렇게 숭배한다는 말씀인가요?"

"그저 '일개 프로팀 감독'이 아니기 때문에 그렇게 숭배하는 겁니다. 빈스 롬바르디는 그 당시 만년 꼴찌 팀이었던 그린베이 패커스Green Bay Packers 팀을 맡아 평균 승률 74퍼센트라는 놀라운 성적을 거뒀으며, 슈퍼볼이 처음 열린 첫해부터 2년 연속 팀을 우승으로 이끌었고 통산 5회나 슈퍼볼에서 우승을 차지했습니다."

"와! 정말 대단한 분이네요…… 그런데 『중용』을 읽다 말고 왜 갑자기 미식축구 얘기를 꺼내신 거죠?"

"미식축구는 길이 360피트, 폭 160피트의 경기장 안에서 양 팀 각각 11명씩, 총 22명의 선수가 공 하나를 갖고 벌이는 경기입니다. 공을 들고 달리거나, 앞서 달려 나간 자신의 팀 선수에게 공을 던져 그 공이 상대 진영의 끝, 즉 엔드 존End zone에 도달하면 그를 터치다운touchdown이라 하는데, 그러면 6점을 얻고 이후 얻게 되는 킥kick 찬스를 성공시키면 1점의 추가 점수를, 패싱 터치다운passing touchdown 찬스를 성공시키면 2점의 추가 점수를 얻는 것이 기본 룰입니다."

"그러니까 아무튼 상대 진영 끝까지 공을 가져다 놓으면 점수가 나는 게임이죠?"

"간단하게 말하면 그렇습니다. 하지만 그렇게 하기까지 수십, 수백 가지 공격과 수비 전술이 존재하기에 미식축구를 '필드 위의 전쟁'이라고 부르기도 합니다."

"빈스 롬바르디 감독은 그런 공격과 수비 전술을 짜는 데 귀재였나 보죠?"

"글쎄요. 아니라고는 할 수 없지만 그의 성공 비결이 단순히 전술을 짜는 능력 때문이었다고 말하기는 어려울 것 같습니다."

"그럼요? 발이 넓어서 스타급 선수들 영입을 잘했나요?"

"글쎄요, 그린베이 패커스가 연고지를 두고 있는 위스콘신 주 그린베이 시는 인구가 10만 명이 겨우 넘을까 말까 하는 자그마한 도시입니다. 우리나라로 치면 전라북도 정읍시* 정도 되는 규모의 도시죠. 그린베이 패커스는 창단할 때부터 유력한 재벌 구단주의 소유가 아닌 독립 구단으로 시작했기에 현재까지도 구단주는 그린베이 패커스 주식회사입니다. 일종의 시민구단인 셈이죠. 가난하다고까지 할 수는 없지만, 댈러스 카우보이스나 뉴잉글랜드 패트리어츠와 같은 부자 구단처럼 유망주나 스타플레이어들을 싹쓸이할 만한 처지는 못 됩니다. 예나 지금이나."

"아니, 그렇다면 어떻게 빈스 롬바르디 감독은 바닥에서 헤매던 팀을 단기간 내에 최정상급 팀으로 변모시킬 수 있었던 거죠?"

"어제 이 회의실 정리를 시켰죠."

신 차장은 그 말과 함께 나중에 버리려고 한쪽에 치워 둔 종이컵과 곽 티슈 등을 손가락으로 가리켰다.

"네? 회의실 정리라니요……."

"빈스 롬바르디 감독은 혹독한 훈련으로도 유명했습니다. 오죽하면 팀의 주전 선수들이 '(경기가 열리는) 일요일이 가장 편안하고 행복하다, 왜냐하면 일요일에는 훈련이 없기 때문이다'라는 말을 했을 정도로 강

---

* 2015년 10월 기준 인구 11만 194명.

도 높은 훈련을 오래 시키기로 정평이 난 분이었죠."

"그런데 강한 훈련과 회의실 정리가 무슨 상관이 있나요?"

"그런 훈련 중 가장 유명했던 것이 '1야드 더(One Yard More)' 훈련이었습니다."

신 차장이 설명한 '1야드 더' 훈련은 다음과 같았다. 보통 공격수들은 공을 들고 엔드 존까지 뛰게 되는데, 상대 수비수들의 거친 태클로부터 우리 팀의 공격수를 보호해 줘야 하는 포지션의 선수들이 엔드 존에 가까워질수록 긴장을 풀고 뛰는 속도를 늦춘다거나, 돌진하는 상대 수비수를 놓치는 실수를 빈번하게 하기 마련이었다. 공격수 역시 마찬가지여서 엔드 존이 가까이 보이면 성급하게 세러머니를 준비하다가 미끄러져 넘어져 버리는 등 실수가 속출했다.

"'1야드 더' 훈련은 말 그대로 엔드 존의 뒤로 1야드 이상 더 뒤편에 가상의 엔드 존을 그어 놓고, 그린베이 패커스의 선수들은 그곳을 엔드 존 삼아 공격과 수비 연습을 한 것이었습니다."

"1야드 더 먼 곳을 엔드 존으로 하는 훈련이 몸에 익다 보면, 실제 경기에서는 엔드 존에 들어갈때까지 전력을 다해 질주하고, 몸을 던져 상대 공격이나 수비를 막게 되겠군요."

"그렇습니다. 때문에 그린베이 패커스는 단순히 승률이 높은 팀이 아니라, 끝까지 최선을 다하는 팀, 지더라도 막판까지 승패를 알 수 없을 정도로 전력을 다해 물고 늘어지는 근성이 있는 팀으로 유명했고, 덕분에 전국적인 인기를 끌게 되었습니다.

"음…… 그렇군요. 근데, 그것과 회의실 정리와는 무슨 상관이 있나요?"

"장 대리 생각에는 '1야드 더' 훈련을 시켰을 때 선수들이 순순히 잘 따랐을 것 같나요?"

"글쎄요. 신인들이나 후보 선수들이야 별말 없이 따랐겠지만, 고참 선수들 특히 스타급 선수들은 불만이 있지 않았을까요?"

"어떤 불만이 있었을까요?"

"제가 그 자리에 있었던 것이 아니라서 알 수는 없지만, 대략 '경기장 안에서만 최선을 다하면 되지 경기장 밖으로 나갈 때까지 전력질주하라는 게 말이 됩니까?', 뭐 이런 식으로 따지지 않았을까요?"

"빙고! 정답입니다. 당시 고참 선수들은 빈스 롬바르디 감독에게 방금 장 대리가 한 말 그대로 따지고 들었습니다. 그때 롬바르디 감독이 선수들에게 한 얘기가 바로 다음과 같은 말이었습니다."

완벽함은 얻을 수 있는 것이 아니다. 하지만 완벽함을 추구하다 보면 우리는 탁월해질 수 있다.

Perfection is not attainable, but if we chase perfection we can catch excellence.

"그런데 오늘 읽은 『중용』 22장의 말씀 역시 이와 궤를 같이합니다. 우리가 '세상만사가 서로 화합하고 융화하여 평온하게 어울릴 수 있게 하고(可以贊天地之化育), 세상만사가 제대로 돌아가도록 할 수 있는(可以與天地參矣) 완벽한 상태에 이르려면 '지극한 정성(至誠)'이 필요한데, 그 지극한 정성은 단순히 우리 눈에 보이는 그 순간에만 열심히 할 일을 제대로 하는 게 아니라, 우리 삶에서 1야드 더 밖에 이르기까지, 즉 필드를 벗어난 순간, 그 장소까지 최선을 다하는 것을 말합니다."

신 차장의 이야기는 계속해서 이어졌다.

"어제 회의 시간에는 모두가 열심히 회의에 참석했을 겁니다. 부문장님 앞에서 참신한 아이디어를 내기 위해 머리를 쥐어짰을 것이고, 진급 경쟁을 하는 동료의 의견을 반박하기 위해 공격 전술을 짜내느라 골머리 좀 아팠을 겁니다. 필드에서는 누구나 다 열심히 뛰지요."

"그러면 회의 시간을 마친 뒤가 1야드 더 나아간 지점이라는 뜻인가요?"

"회의 시간에는 모두가 열심히 합니다. 정성을 다하지요. 하지만 승패가 결정 나는 것은 회의하기 전 또는 회의를 마치고 난 뒤입니다. 회의가 시작되기 전에 무슨 준비를 하고 언제 들어와서 어떤 자세를 잡고 있는지, 회의가 마친 뒤 자료, 특히 보안이 필요한 자료들은 얼마나 철저하게 관리했는지, 회의 결과는 얼마나 신속하게 정리해서 참석자에게 공유하는지, 아주 사소해 보이지만 회의실 의자나 빔 프로젝트 정리는 어떻게 했는지 등등이 '1야드 더', 즉 『중용』 22장에서 말하는 '지극한 정성'이 되겠죠."

그 얘기를 듣는 순간 장 대리는 다시금 아까 회의실을 함께 정리하던 때가 떠올라서 얼굴이 붉어졌다. 그러나 신 차장은 굳이 장 대리를 콕 집어서 면박을 주려고 얘기를 꺼낸 것은 아닌 듯했다. 서둘러 다른 사례를 들어 설명을 이어 나갔다. 그 사례는 신 차장이 평상시 들고 다니던 작은 열쇠고리로 시작했다.

"구찌Gucci입니다. 이탈리아 명품 브랜드지요. 제가 산 건 아니고, 일본에 갔다가 친한 일본인 대학 교수님에게 선물로 받은 겁니다. 근데, 장 대리 그거 아요? 이 열쇠고리 하나로 일본 명품 시장에 지각 변동이 일어났다는 것을?"

낡디낡은 열쇠고리 하나를 책상 위에 올려놓은 채 신 차장의 이야기는 계속되었다.

"이탈리아 명품 브랜드 구찌는 1960년대까지만 하더라도 모든 상품을 직영 매장을 통해서만 판매했다고 합니다. 브랜드 가치를 훼손시키지 않기 위해서였지요. 그런데 1960년대 초반 무렵에 모토야마 소이치로라는 사람이 구찌 본사 사무실을 찾아왔다고 합니다. 아직 구찌가 직접 진출하지 않은 일본 시장에 구찌를 소개하고 싶으니 자신에게 판매권을 달라는 부탁을 하기 위해서 말이죠."

당시 구찌의 회장은 당연히 일언지하에 거절했다고 한다. 다만, 일본이라는 먼 나라에서 이탈리아까지 찾아온 '정성'이 갸륵하니 구찌 로고가 새겨진 기념품을 선물로 주었다. 그런데 거기서 놀라운 일이 일어났다.

"모토야마 사장이 구찌 회장에게 '정성'이 아닌 '지극한 정성'을 보였던 거죠."

나가는 길에 구찌 회장의 비서에게 기념품을 전달받은 모토야마 사장은 구찌 로고가 새겨졌을 뿐 싸구려였던 은도장 기념품을 마치 가문의 보물이기라도 한 것처럼 두 손으로 받아들고, 그것도 모자라서 손수건으로 곱게 싸서 품에 안았다고 한다. '구찌는 제가 정말로 좋아하는 브랜드입니다. 정말로 감사합니다'라는 인사말과 함께.

반쯤 닫힌 문으로 그 모습을 지켜보던 구찌 회장이 막 사무실을 나가려던 모토야마 사장을 다시 불러들였다. 그러고는 손을 내밀며 말했다.

'내 평생에 우리 가문, 우리 회사 사람보다 더 우리 구찌를 아끼고 소중하게 여기는 사람은 처음 봅니다. 당신이라면 일본에 우리 구찌를 가져가서 잘 키워 줄 수 있을 것 같네요.'

"판매권을 넘겨준 건가요?"

"그러다마다요. 모토야마 사장은 구찌 제품을 들여다가 1964년 3월에 첫 판매점을 긴자에 오픈했고, 이후로도 그의 사업은 승승장구해서 지금까지도 그는 '일본의 명품왕'이라는 별명으로 불리고 있습니다. 마지막 1야드 더, 지극한 정성으로 최선을 다해 성공한 사람의 전형적인 사례 중 하나이지요."

장 대리는 책상 위에 놓인 신 차장의 구찌 열쇠고리를 쳐다보았다.

'지극한 정성이라……'

흘끗 시계를 한번 쳐다본 신 차장은 마칠 시간이 되었음을 깨닫고는 책과 필기구 등을 챙겨 일어나며 말했다.

"자, 복잡하게 생각할 것 없습니다. 오늘 배운 22장의 말씀, 지극한 정성, 뭐 별것 아닙니다. 회의를 하면 가장 마지막으로 나오며 회의실을 깨끗이 치우세요. '회의를 마치고 1분만 더', 그 1분, 1야드가 그린베이 패커스팀과 빈스 롬바르디 감독의 운명을 바꿨고, 모토야마 소이치로 사장에게 구찌 총판권을 가져다주었고, 수많은 평범한 사람이 탁월한 인재로 거듭나게 만들어 주는 '지극한 정성'이 되었습니다. 그것부터라도 충분합니다."

장 대리는 서둘러 종이컵과 클립 몇 개, 종이 부스러기와 커피를 젓는 스푼 등을 챙겨 나왔다.

10
【성실】

내실을 기해야 비로소
밖으로 드러난다

其次致曲 曲能有誠

성인은 모든 이치가 구석구석에 다 다다르도록 매사에 지극하기가 이
를 데 없습니다. 왜냐하면 (잘 보이지도 않고, 들리지도 않는) 구석구석의
부분에까지 지극하게 대하는 것, 그것이 곧 정성인데, 매사를 정성스럽
게 대하면 그것이 은연중에 밖으로 드러나게 되고, 밖으로 드러나면 밝
아지고, 그 밝음으로 인해 감동받은 사람들이 생겨나서 그들이 하나 둘
씩 늘어나게 되면 세상이 변하게 됩니다. 그리고 그렇게 세상은 변하고
변해서 더 좋은 세상으로 바뀌게 됩니다. 그러므로 오직 천하에 지극한
성인들만이 세상을 보다 좋게 바꿀 수 있다는 것입니다.

– 『중용』 제23장

其次는 致曲이니 曲能有誠이니 誠則形하고 形則著하고 著則明하
기 차　치 곡　　곡 능 유 성　　성 즉 형　　형 즉 저　　저 즉 명

고 明則動하고 動則變하고 變則化니 唯天下至誠이야 爲能化니라.
　명즉동　　　동즉변　　　　변즉화　　유천하지성　　　　위능화

"어? 언제 왔나요?"

신 차장은 이어폰을 꽂고 무언가를 듣고 있느라 장 대리가 직원 고충 상담실에 들어온 지 5분 가까이 지나서야 뒤늦게 그의 존재를 알아챘다. 무슨 어학 녹음 교재를 듣고 있나 했더니, 귀에서 빼서 손에 쥔 이어폰에 서는 노랫소리가 흘러나왔다. 그것도 무슨 7, 80년대에나 유행했을 법한 속칭 '뽕짝' 음악 소리였다. 평상시의 신 차장 이미지와는 너무나 매칭이 되지 않아 웃음이 절로 나왔다.

"차장님도 뽕짝을 다 들으시네요."

"아, 이거요?"

신 차장은 웃으며 이어폰 한쪽을 장 대리의 귀에 꽂아 주었다. 그런데 이어폰을 통해 들리는 음악은 가사가 일본말인 일본 가요였다. 그렇다고 해서 엔카•도 아닌 포크송에 가까운 흥겨운 리듬과 밝은 가락의 이색 적인 노래였다.

"「위를 보고 걷자(上を向いて歩こう)」라는 곡이에요."

"일본 노래인 거죠?"

"일본 노래이긴 한데……."

"일본 노래가 아닌가요?"

"그게 아니라, 장 대리, 가수 싸이의 빌보드 차트 최종 순위가 몇 위였 었죠?「강남스타일」이 최고로 인기가 있었을 때."

• 演歌. 우리나라의 트로트와 비슷한 일본 대중가요 장르의 하나.

"아마, 2위였을걸요? 비슷한 시기에 앨범을 냈던 마룬 파이브를 결국 넘어서지 못했을 겁니다. 그때 조금만 더 탄력을 받았으면 아시아 가수 최초로 빌보드 1위도 할 수 있었을 텐데, 아쉬워요."

싸이의 팬인 듯 장 대리는 자기 일이기라도 한 것처럼 아쉬워했다. 그러자 신 차장은 자기가 끼고 있던 나머지 이어폰마저 장 대리의 귀에 꽂아 주며 말했다.

"있었습니다, 그것도 이미 50년도 더 전에."

양쪽 모두 이어폰을 끼고 있었지만, 음질 자체가 고르지 못하고 볼륨도 작았기에 신 차장의 말을 다 들을 수가 있었다. 장 대리는 노래를 들으며 놀라서 물었다.

"이미 빌보드 차트 1위를 한 동양인 가수가 있었다고요? 그게 누군데요?"

"지금 듣고 있지 않습니까? 사카모토 큐(坂本 九)라는 가수였습니다. 3주 동안이나 차트 1위를 했던 곡 역시 지금 듣고 있는 노래, 「위를 보고 걷자」. 미국에서 발표할 때에는 서양인들의 호기심을 불러일으키기 위해 「스키야키」라는 조금은 엉뚱한 제목으로 출시가 됐지만요."

얼마 안 가 노래가 끝났다. 그와 동시에 신 차장의 『중용』 강독이 시작되었다. 오늘 읽을 장은 23장이었다.

"23장의 내용을 풀이하자면 '한쪽을 지극히 하면 능히 성(성실)할 수 있다. 성하면 그 모습이 나타나고, 나타나면 더욱 드러나고, 드러나면 밝아지고, 밝아지면 움직이며(감동, 감화), 움직이면 변하고, 변하면 화할 수 있으니, 오직 천하에 지극히 성한 이여야만 능히 화할 수 있다'는 뜻입니다."

23장 본문 내용에 대한 신 차장의 설명이 계속해서 이어졌다.

"'致(치)'는 무언가에 진심으로 전력을 다하는 것을 말합니다. 여기서는 '자세한 일', '소소한 것'의 뜻으로 쓰인 '曲(곡)' 자 앞에 붙어 '사소한 일에도 지극히 최선을 다하다'라는 뜻으로 쓰였습니다. 이는 같은 사서의 하나인 『대학』의 「팔조목八條目」[•] 가운데 '格物(격물)'과 '致知(치지)', 그중에서도 특히 '格物'과 연관이 매우 깊은 단어입니다.

치곡을 통해 '성誠'의 일부분이었던 '곡曲'이 '성誠'이 되면, 다시 그 '성誠'은 '형形'이 되는데, 주자朱子는 이 '형'을 '적중이발외積中而發外'라 하여 '속으로 쌓여 밖으로 드러남'이라고 해석했습니다. 즉, 처음부터 밖으로 보이는 부분을 의식해서 치장한 것이 드러나 보이는 게 아니라, 내적으로 충실하게 쌓아 온 것이 본질적인 부분에 영향을 미쳐 밖으로 보여지는 것까지 영향을 미친 상태라는 것입니다.

정확한 비유가 될지는 모르겠습니다만, 단순히 비비크림이나 파운데이션을 발라서 피부를 좋게 보이도록 만든 것이 아니라, 몸에 좋은 음식을 먹고 운동을 열심히 해서 혈액 순환을 좋게 하고 근육의 양과 질을 좋게 해 피부가 맑고 밝아지게 된 상태가 여기서의 '형形'인 것으로 이해하면 되겠습니다.

세상의 이치라는 것이 '형形'하면 당연히 두드러지게 드러나게 될 것이고, 드러나면 밝을 것이며, 밝아야 움직이게 된다는 것입니다. 그리고 그런 움직임이 진정한 변화를 불러일으키게 될 거라는 것이 『중용』 23장의 주된 내용입니다."

마치 한바탕 폭풍우가 몰아치듯 했다. 신 차장은 쉴 새 없이 23장의 내

• 명명덕明明德, 신민新民, 지어지선止於至善의 삼강령三綱領과 함께 『대학』의 근간을 이루는 내용으로 격물格物, 치지致知, 성의誠意, 정심正心, 수신修身, 제가齊家, 치국治國, 평천하平天下 이렇게 여덟 가지 항목으로 구성되어 있다.

용을 설명했다. 무언가 단단히 신이 난 표정이었다. 잠시 뒤, 그런 자신의 모습을 장 대리가 물끄러미 쳐다보고 있다는 것을 깨달은 신 차장이 겸연쩍은 미소를 띤 얼굴로 말했다.

"이 장이 제가 『중용』에서 가장 좋아하는 부분이라 저도 모르게 그만, 허허."

어쩐지 평소와는 조금 다른 모습이었다. 장 대리로서는 뭐 그 모습도 나름 나쁘지 않았다.

"그런데 저만큼이나 이 『중용』23장의 구절들을 좋아했던 분이 계셨습니다. 혹시, 누군지 아시나요?"

순간, 장 대리는 '야호!'라고 고함을 지를 뻔했다. 이거야말로 자신이 정답을 알고 있는 문제였다. 신 차장의 물음에 이토록 자신 있게 답할 수 있는 경우가 언제 또 있었던가? 장 대리는 문밖까지 소리가 들리도록 큰 목소리로 답했다.

"조선 정조 임금이시죠!"

뜻밖에 장 대리의 자신 있는 대답에 신 차장은 아까보다 더 환한 웃음을 지으며 설명을 계속 이어 나갔다. 그 모습이 유독 행복해 보였다.

"말씀하신 것처럼 정조 임금이 맞습니다. 몇 해 전 극장에서 개봉했던 「역린」이라는 영화를 보면 이런 장면이 나옵니다. 극 중 정조가 신하들을 불러놓고 경연經筵●을 진행하며 신하들에게 『중용』23장의 내용을 묻죠."

"그런데 고의로 답변을 거부한 건지, 실제로 몰라서인지 신하들 중 누구도 답변을 하지 않고요."

"네, 맞습니다. 정황상 고의로 답변을 거부했다고 보는 게 맞을 것 같

● 고려와 조선 시대에 왕과 신하가 정기적으로 유교 경전을 두고 논의를 펼쳐 서로 학문을 주고받던 공식적인 학술 모임.

습니다. 조선시대 과거를 통해 공직에 나선, 그것도 정승까지 된 이들이 『중용』, 그중에서도 핵심적인 부분 중 하나인 23장의 구절을 외우지 못한다는 것은 말이 안 되니까요."

"그렇겠죠? 저도 그 부분이 좀 이상했어요."

"네, 아무튼 분위기가 그러하자 정조는 자신을 지근거리에서 보좌하는 내관 상책에게 다시 묻고, 상책이 『중용』 23장의 내용을 정확하게 읊는 장면이 나옵니다."

> "작은 일도 무시하지 않고, 최선을 다해야 한다. 작은 일에도 최선을 다하면, 정성스럽게 된다. 정성스럽게 되면 겉에 배어 나오고, 겉에 배어 나오면 겉으로 드러나고, 겉으로 드러나면 이내 밝아지고, 밝아지면 남을 감동시키고, 남을 감동시키면 이내 변하게 되고, 변하면 생육된다. 그러니 오직 세상에서 지극히 정성을 다하는 사람만이 나와 세상을 변하게 할 수 있는 것이다." 이것이 예기 중용 스물세 번째 장입니다.
>
> – 영화 「역린」에서

"당파 싸움의 와중에 아비, 사도세자를 잃은 정조와 당파 싸움의 당사자들이자 정조를 왕으로 인정하기 싫은, 더 나아가 시해할 계략까지 짜고 있는 음험한 신하들, 그리고 왕의 수족인 내관이 만들어 내는 묘하게 팽팽한 긴장관계를 잘 살렸기에 많은 이들은 영화 「역린」 속 최고의 장면 중 하나로 이 장면을 꼽고 있습니다."

"네, 저도 그래요. 그래서 아까 차장님이 물으셨을 때 제가 즉각 정답을 맞출 수 있었다니까요?"

장 대리는 아직까지도 자신이 신 차장의 물음에 정확하게 답을 한 것이 흐뭇해서 참을 수가 없다는 표정이었다.

"그러게요. 용하네요. 아무튼, 제 생각에 장 대리를 포함한 많은 관객들이 이 장면을 최고라고 치켜세운 진짜 이유는 바로 내관 상책이 읊은 대사, 『중용』 23장이 현대를 사는 우리들에게 많은 생각을 하게 만들어 주기 때문이라고 생각합니다. 저 역시 그래서 이 장을 특히나 좋아하는 거고요."

장 대리는 영화 「역린」 속에서 상책이 그러했듯 천천히, 그러나 힘 있는 낮은 목소리로 다시 한 번 23장을 홀로 읊어 보았다. 그러다 갑자기 뭔가 잊고 있었던 것이 생각났다는 듯 신 차장에게 물었다.

"그런데 말이죠, 차장님. 아까 제가 문을 열고 들어왔을 때, 사카모토 큐인가 하는 일본 가수의 노래를 듣고 있으셨잖아요. 그건 왜 그러셨던 거죠?"

"아…… 노래요? 그냥 갑자기 듣고 싶어서 그랬죠."

"에이, 아니잖아요. 제가 차장님이랑 함께한 시간이 얼마인데, 그걸 모를까 봐서요. 차장님은 늘 그날 같이 읽을 『중용』 문장과 관련된 클리셰들을 던지시잖아요. 오늘 노래도 맞죠?"

장 대리의 추궁에 신 차장은 속내가 들켰다는 듯 고개를 절레절레 흔들었다.

"아, 못 당하겠네요. 장 대리는 이제 진짜로 하산해야 할 때가 된 것 같네요. 원래는 그의 죽음에 얽힌 이야기로 23장을 풀어 설명하려고 노래를 준비했었는데, 장 대리가 먼저 이야기를 꺼내 버렸네요."

"아, 그 가수가 이미 죽었나요?"

"네, 요절까지는 아니지만 한창 중견가수로 활동하던 나이에 그만 사고로 목숨을 잃고 말았죠."

"사고라면?"

"비행기 추락 사고로 사망했습니다."

이어진 신 차장의 설명에 따르면 1985년 8월, 가수 사카모토 큐는 이타미 공항을 향해 출발하는 JAL 123편 보잉 747-100SR 점보제트기 일등석에 탑승을 했다고 한다. 일본 고유의 명절인 오봉(お盆)을 맞아 고향을 찾거나 휴가를 떠나는 사람들로 비행기는 만석이었다. 그러나 비행기는 이륙한 지 불과 10여 분만에 커다란 폭음과 함께 크게 흔들리기 시작했고, 약 30분 동안 통제 불능 상태로 급상승과 하강을 반복하다가 군마 현 다카마가하라 산에 추락하고 말았다. 이 사고로 524명의 탑승자 중 사카모토 큐를 포함한 520명이 사망하고 단 4명만이 목숨을 건질 수 있었다.

"테러였나요?"

"아니요. 테러였으면 제가 이 사고와 사고로 사망한 사카모토 큐의 이야기를 『중용』 23장을 설명하는데 활용하지 않았을 겁니다. 자그마치 520여 명의 목숨을 앗아간 참혹한 대형 사고치고는 그 원인은 어처구니없을 정도로 허망한 실수로부터 시작되었습니다."

사고 원인은 사고가 난 날로부터 7년 전인 1978년으로 거슬러 올라갔다. 당시 사고 비행기인 보잉 747-100SR 점보제트기는 오사카 이타미 국제공항에 착륙을 하다가 테일 스트라이크Tail-Strike라는 사고를 일으키고 말았다. 테일 스트라이크란 비행기가 착륙할 때 기수를 너무 높이 든 상태*에서 착륙을 하는 바람에 비행기의 뒷부분이 활주로에 긁혀서 파손되는 사고를 말한다. 착륙할 때는 속도도 늦출 만큼 늦춘 상태이고 고

---

* 비행기의 앞은 위로 붕 뜨고, 후미는 활주로에 지나치게 가깝게 됨.

도도 최대한 낮춘 상태였기 때문에 대형 사고로 이어지지는 않았지만, 비행기는 꼬리날개 부분이 부서지고 말았다. 그때 이 비행기의 후미 속에 있는 압력 격벽(Bulk-Head)이라는 부분도 함께 손상이 되었다. 압력 격벽은 기내의 공기가 비행기 밖으로 빠져나가는 것을 막아 주는 일종의 금속판 막이었다. 이 격벽은 비행기 후방에 단단하게 고정되어 있어야 하는데, 테일 스트라이크 탓에 이 부분도 꼬리날개 부분과 함께 부서진 것이다. 비행기는 보잉사 정비창으로 옮겨져서 수리를 받게 되었다. 그런데 이 과정에서 있을 수 없는 일이 일어났다. 원래 압력 격벽은 두 줄로 촘촘하게 리벳을 박아서 고정시켜야 하는데, 왜 그랬는지는 모르지만 보잉의 정비사들은 리벳을 한 줄만 박아서 고정한 뒤 출고시켜 버렸다. 압력 격벽 자체가 비행 중에 강한 힘을 받는 날개나 엔진 부위도 아니고, 기체의 밖이 아닌 안쪽에 들어 있는 비교적 가볍고 단순한 부품이었으므로 쉽게 생각하고 수리를 한 것이다.

하지만 느슨하게 고쳐졌던 압력 격벽은 이후 이어진 비행에서 급속하게 노후화되어 갔다. 완벽하게 고정되지 않은 격벽은 비행 중에 가해지는 진동과 기내에서 빠져나가는 산소의 미는 힘 등으로 인해 계속해서 덜컹거렸고 그러한 덜컹거림의 충격은 가뜩이나 약하게 고정된 리벳 접속 부위에 더욱더 부담을 주게 되었다. 결국 약해질 대로 약해진 이 부위는 8월 12일 비행에서 산산조각이 나고 말았고 그 충격은 꼬리날개 전체로 퍼져서 비행기의 좌우상하 방향을 조정하는 꼬리날개 부분 전체를 떨어져 나가게 한 것이다.

"두 줄로 박아야 할 리벳을 한 줄로 박은 어찌 보면 그리 크지 않은 부주의 하나가 520명의 귀한 목숨을 앗아간 사상 초유의 항공 사고로 이어진 참극입니다. 이후, 들려온 얘기에 따르면 사고가 나기 7년 전 테일 스트라이크 사고를 냈던 기장과 압력 격벽 수리를 담당했던 정비사가 심적 부담을 이기지 못하고 자살을 했다고 하네요."

설명을 하는 신 차장의 얼굴에서 웃음기가 사라졌다. 인지상정人之常情과 측은지심惻隱之心이 동시에 작동한 결과인 듯했다. 장 대리 역시, 직접 보지는 못했지만, 30분이 넘는 시간 동안 추락을 향해 가는 비행기 속에 갇힌 채 죽음을 맞이해야 했을 520여 명의 승객 모습과 우리 주변에 여전히 발생하는 사소한 실수로 빚어진 엄청난 참극의 모습들이 오버랩되어 떠올라 마음이 편치 않았다.

"50여 년 전, 일본을 넘어 세계에 아시아 음악의 우수성을 드높였던 사카모토 큐라는 천재 가수의 목숨을 앗아간 끔찍한 비극과 몇 해 전 우리의 가슴을 무너지게 했던 슬픈 참사는 공통점이 있습니다. 그 공통점에 대해 이야기한 것이 오늘 읽은 『중용』 23장입니다."

"작은 일에 지극하면 큰 변화를 만들어 낼 수 있다는 말씀 말인가요?"

"그렇습니다. 아마 정조 임금도 대신들에게 그 사실을 그토록 말하고 싶으셨을 겁니다."

그러니 오직 세상에서 지극히 정성을 다하는 사람만이 나와 세상을 변하게 할 수 있는 것이다.

11
【순환】

열심히 하면 잘하게 되고,
잘하면 열심히 하게 된다

誠則明矣 明則誠矣

내 안의 '지극한 성誠'을 바탕으로 세상의 이치에 밝아지는 것, 그것이 '우리의 본성(性)'이고, 세상의 이치에 밝아져서 그를 통해 내 안의 '지극한 성'을 이뤄 나가는 것을 '교敎', 즉 '가르침을 얻음'이라고 하는데 (앞서 1장에서 본성에 어긋나지 않게 도리를 지켜 살아 나가는 것이 곧 '가르침을 얻는 삶'이라 한 바 있습니다. 그러니) '지극한 성'이 곧 '세상의 밝은 이치'요, '세상의 밝은 이치'가 곧 '지극한 성'이라고 말할 수 있겠습니다.

– 『중용』 제21장

自誠明을 謂之性이요 自明誠을 謂之敎니 誠則明矣요 明則誠矣니라.
자 성 명   위 지 성   자 명 성   위 지 교   성 즉 명 의   명 즉 성 의

마침 전기 문제가 있었는지 사무실 한쪽은 천장의 등이 켜지지 않아

어둑한 분위기였다. 직원 고충 상담실 역시 어둡기는 마찬가지였다.

"참 묘하네요."

"뭐가요?"

"어떻게 오늘이 마지막 수업인 줄 알고, 조명까지 분위기 있게 꺼 주시고……."

장 대리는 못내 말을 다 잇지 못했다. 뭔가 묘하게 마음 한구석이 흔들렸다.

33일.

그러나 실제로는 두 달 조금 안 되는 기간 동안 참 많은 일이 있었다. 무엇보다 가장 큰 일은 중간중간 위기와 우여곡절이 있었지만, 그래도 자그마치 사서삼경 중 하나인 『중용』을 읽어 냈다는 것이었다.

변화?

글쎄 솔직히 변화는 아직까지 잘 느껴지지 않았다. 무언가 다른 사람으로 거듭난다는 느낌 역시 없었다. 다만 무언가 달라져야 한다는, 무언가 달라질 수 있다는, 그리고 그 달라짐의 시작이 다름 아닌 나 자신의 내면, 그 안에 담긴 본질에서부터 시작돼야 한다는 것 정도는 느낄 수 있게 되었다.

"흠흠. 자, 오늘 마지막으로 읽을 문장은……."

"21장입니다. 아직까지 안 읽은 장은 그것밖에 없으니까요."

"네. 21장이 남았죠. 제가 이 21장을 『중용』 읽기의 마지막 시간에 읽으려고 남겨 놓은 이유가 있습니다."

"당연히 있으시겠죠. 하하하!"

어색하게 장난을 쳐 봤지만, 분위기가 가라앉는 것은 어쩔 수가 없었다.

"성誠으로부터 밝음, 그것을 성性이라 하고, 밝음으로부터 성誠 그것을 가르침(教)이라 합니다. 성誠이 바로 명明이고 명이 바로 성입니다."

단 5분 만에 원문 읽기와 뜻풀이가 모두 끝나 버렸다. 신 차장도 더 이상의 부연설명이나 다른 경전의 글귀 인용 없이 그저 21장을 묵묵히 쳐다보고만 있었다. 잠시 어색한 침묵이 흘렀다.

"그게……."

"저기……."

어색함을 깨고 장 대리가 말문을 연다는 것이 역시 같이 이야기를 시작하려던 신 차장과 동시에 말하려는 모양새가 되어 버렸다.

"말씀하세요."

"먼저, 말씀하시죠. 하시려던 말씀이 있으신 것 같은데."

"그러니까……."

"이 장은……."

서로 먼저 말하기를 권하다가 동시에 말이 시작되며 다시 대화가 엉켜 버렸다.

"이런 걸 요새는 '스텝이 꼬였다'라고 한다면서요? 우리는 두 번이나 스텝이 꼬였네요."

신 차장이 웃으며 먼저 이야기를 이어 갔다.

"요 근래는 가뜩이나 바쁜데 신경 쓰일 것 같아서 말을 하지 않았습니다만, 장 대리가 본인의 일에 대해 생각해 보아야 할 부분이 좀 있을 듯해서 오늘 21장을 함께 읽어 보았습니다."

"네."

신 차장이 무슨 얘기를 꺼내면서 이렇게 뜸들이고, 어렵게 꺼내는 것은 또 처음이었다. 언젠가 얼핏 아직까지도 누군가를 가르치고 훈계하는 것에 대해 익숙하지 않고, 오히려 때로는 자기 자신조차도 그런 것에 대해 거부감이 들어서라고 이야기했던 것 같은데, 그래서인 듯했다.

"우리가 『중용』을 포함한 사서삼경을 읽음에 있어 물론, 글귀 하나하나를 제대로 잘 해석하고 거기에 담긴 뜻을 잘 새기는 것도 중요하지만, 그에 못지않게 관심을 두고 보아야 할 것이 그 글의 구조입니다."

"구조요……."

"네. 유학儒學은 '구조의 학문(The study for structure)'이라고 할 정도로 그 글들의 구조 자체에도 많은 뜻과 가르침이 담겨져 있는 학문입니다. 다음의 글귀를 한번 볼까요?"

> 공자께서 말씀하셨다. "유야, 너에게 '앎'이라는 것에 대해 알려 주마. 아는 것을 안다고 하고, 모르는 것을 모른다고 하는 것, 그것이 곧 '앎' 이니라."
>
> ─『논어』「위정」제17장

子曰, "由, 誨如知之乎. 知之爲知之, 不知爲不知, 是知也."
자왈　 유　 회여지지호　 지지위지지　 부지위부지　 시지야

"여기서 '유由'는 곧 자로의 이름을 말합니다."

"아! 그 건달 아저씨!"

"맞습니다. 공사부에게 '강함'에 대해 묻던 바로 그 제자입니다. 그에게 공사부는 말합니다. '내가 너에게 앎에 대해 알려 주마'라고 말이죠. 그런데 그 앎이라는 것에 대해 공사부는 또 다음과 같이 설명합니다. '아는 것을 안다고 하고, 모르는 것을 모른다고 하는 것, 그것이 곧 앎이다' 라고 말이죠."

"무슨 말장난 같습니다. 공자가 자로를 놀리려고 그리 말한 것 같기도 하고요."

"얼핏 보면 그렇습니다. 그래서 사서삼경을 얕게 공부한 이들이 주로 하는 말이 '이게 무슨 말장난도 아니고'라는 말이죠."

"그러게요. 아무튼 '아는 것을 아는 게 아는 것'이로군요. 이거 진짜 말장난 같은데요?"

"그런데 「위정」편 17장을 인용해서 제가 설명 드리고자 하는 것은 앎과 모름의 이야기가 아닌, 순환의 구조 이야기입니다."

신 차장의 설명에 따르면, 『중용』 21장이나 『논어』 「위정」편 17장이나 그 글에 담긴 뜻 자체도 그러하지만, 글의 구조를 통해 성誠과 명明의 끝도 없는 순환, 배움과 앎의 끝도 없는 순환을 보여 주고 있었다.

"그런데 이런 식의 가르침은 비단 유학에만 있는 것이 아닙니다."

"그러면요?"

"흔히들, 『중용』과 『논어』에 있는 이 문장과 그리스 철학자 소크라테스가 했다는 '너 자신을 알라'라는 문장을 연결시켜서 '자기 자신의 무지를 아는 것이 가장 큰 지식이요, 자기 자신의 무지를 모르는 것이 가장 큰 무지이다'라고 연관 지어 설명하기도 하지요."

"그럴듯하네요."

"하지만……."

"하지만요?"

"일단 첫째, '너 자신을 알라'라는 말은 소크라테스가 처음으로 한 말이 아닙니다. 그가 활동했던 그리스 델포이의 신전 입구에 새겨져 있던 말을 그대로 옮겨 말한 것뿐인데, 후대에 마치 소크라테스가 처음으로 지어 낸 말로 잘못 기록한 것이지요."

"둘째는요?"

"둘째, 이를 단순히 '앎'과 '모름(무지)'의 관계, 혹은 그 둘 사이의 문제로만 이해하는 것은 원래의 공사부가, 원래의 소크라테스가 하고 싶었던 이야기의 반의반도 채 이해하지 못하는 것입니다. 실제 공사부가 하고 싶었던 이야기는 '앎'과 '모름'의 문제를 뛰어넘어, 어느 하나만 이루었다고 되는 것이 아니라, 그것이 공고한 구조 속에서 어떠한 선순환 사이클을 만들어서 서로 간에 도움을 주고 협력이 되는 체계를 마련해야 한다는 것이었지요."

실제로 아테네에서 버스로 두세 시간 걸리는 위치에 있는 도시 델포이의 신전은 고대 그리스에서 신탁(神託, oracle)이 행하여지던 곳이었다고 한다. 왕이나 장수들이 선전 포고나 평화 협정 등과 같은 중요한 의사 결정을 앞두고 이곳에 와서 신전에 있는 무녀巫女들에게 질문을 던졌고 그러면 무녀들이 신을 대신하여 지혜로운 답변을 전해 주었다고 한다.

하지만 여기에는 한 가지 숨겨진 진실이 있었다. 사실, 무녀들은 신의 뜻을 전한 것이 아니었다. 천상을 떠도는 듯한 환상적인 무녀의 몸짓과 신을 대리한 듯한 몽환적인 음성은 그녀들이 머물던 신전의 바위틈에서 뿜어져 나오던 에틸렌 가스를 마셨기 때문이었다. 게다가 신전을 지키는 사제들은 신탁이 있기 며칠 전부터 무녀의 예지력을 보호한다는 명분하에 그녀에게 정신을 혼미하게 만드는 미약을 먹였을 뿐만 아니라 잠조차 제대로 재우지 않았다.

"결국, 무녀들은 신의 음성이 아니라, 비몽사몽한 가운데 자기 내키는 대로 아무런 말이나 중얼거렸을 뿐입니다."

"그럼, 그런 신탁을 받아서 그 뜻대로 이룬 영웅들의 이야기는 어떻게 된 거죠?"

"거기서 필요했던 것이 바로 신전 입구에 적혀 있던 글귀 '너 자신을 알라'라는 말입니다. '신의 목소리'라 하여 무녀들의 입에서 나온 얘기에만 의존하지 않고, 자기 자신에 대한 정확한 이해를 바탕으로 무녀의 이야기, 즉 신탁을 자신에게 유리한 방향으로 해석했던 사람들은 성공했던 것이고, 자기 자신에 대한 확신이 없었던 사람들은 무슨 일을 하든, 어떠한 의사결정을 하든 사사건건 무녀의 이야기가 발목을 잡아 제대로 일을 할 수도, 의사결정을 내릴 수도 없었던 것이지요."

장 대리는 몇 년 전에 보았던 영화 「300」을 떠올렸다. 그 영화에서도 스파르타의 왕 레오니다스가 전쟁에 나서기 직전 험준한 바위산 정상에 있는 신전의 여신에게 신탁을 구하는 장면이 나왔다. 그것을 이야기하는 듯했다.

"장 대리는 혹시 '영구 동력 기관'이라고 아나요?"

잠시 딴생각을 하던 사이 신 차장이 또 엉뚱한 주제를 들고 나왔다. 그러나 다행히 이번에는 장 대리도 알고 있는, 게다가 예전부터 관심이 있었던 주제였다.

"당연히 들어 보았죠. 제가 그래도 명색이 기계공학과 전공 아닙니까? 추가적인 에너지원의 투입 없이 계속해서 운동에너지 또는 열에너지 등을 만들어 내는 기관을 말하는 것 아닙니까? 예를 들어 휘발유를 넣지 않고도 움직이는 자동차라던가, 전기를 제공하지 않아도 불을 밝히는 전등이라던가……."

신 차장은 흐뭇한 표정으로 답했다.

"맞습니다. 정확하게 알고 있군요. 어린 시절 우리가 즐겨 보던 공상과학 만화에는 반드시 세 가지 기계 중 하나가 꼭 등장하고는 했지요. 시간 여행을 할 수 있는 타임머신, 인간과 비슷한 혹은 그 이상의 능력을 지닌 로봇 그리고 별도의 에너지 없이 영원히 움직이는 영구 동력 기관. 그중에서도 물리학적인 연구가 뒷받침된 타임머신과 기계공학의 발달이 뒷받침된 로봇은 어느 정도 현실화 또는 이론적으로나마 그 가능성이 입증되었지만, 영구 동력 기관만큼은 여전히 '불가능' 또는 '허구'의 영역에 머물러 있습니다. 장 대리가 말한 대로 투입한 에너지와 동일한 혹은 그 이상의 운동에너지 또는 열에너지를 생산해 내는 기관을 만들어 내려면 열역학 제1법칙인 '에너지 보존 법칙'과 제2법칙을 송두리째 폐기 처분해야만 하기 때문이죠."

"그런데 갑자기 영구 동력 기관 이야기는 왜 꺼내신 거죠?"

"불가능한 것으로 알려졌음에도 인류는 오랜 기간 동안 영구 동력 기관을 만들어 내기 위해 노력했고, 그중에서도 일부는, 예를 들어 독일인 요한 베슬러 오르피레우스Johann Bessler Orffyreus 같은 인물은 영구 동력 기관을 발명했다고 해서 유럽 순회 전시를 해 큰돈을 벌기도 했지요."

"그런데 모두 사기로 밝혀지지 않았나요?"

장 대리는 조금 전까지만 해도 보여 줬던 시큰둥했던 모습은 오간 데 없이 영구 동력 기관 얘기에 푹 빠져들어 있었다. 얘기는 계속해서 이어졌다.

"맞습니다. 요한 베슬러가 자랑했던 영구 동력 기관의 하단에는 사실, 밖에서 보이지 않는 빈 공간이 있었고, 그곳에 요한 베슬러의 조수가 들어가서 줄로 당겨 바퀴를 돌아가게 했죠."

"결국, 영구 동력 기관이라는 것은 한낱 망상에 불과하다는 사실만 증명하는 셈이 됐네요."

"네. 하지만 영구 동력에 대해 연구했던 사람들이 또 있었습니다. 그리고 그들은 어느 정도 성공을 거두기까지 했지요."

"아니, 그게 대체 누구죠? 그 사람들이 누군데 세계가 여태까지 가만히 있었을까요?"

"바로 우리의 조상들, 그리고 그들이 평생을 두고 익혔던 옛 성현의 말씀들이었습니다. 불교에서의 윤회輪廻 사상이 그것이었고, 유학에서, 특히 『역경』에서 강조하는 '변역變易'의 이치가 바로 그것이었습니다. 세상만물은 그 이치에 합당하게 끊임없이 변화하는데, 그 모든 과정은 영구히 순환적이다, 라는 그들의 사상이야말로 '영구 동력 기관'에 대한 연구에 가장 가깝게 도달했던 인물들이지요."

"에이…… 난 또 뭐라고."

신 차장의 설명에 장 대리는 맥 빠져 했다. 그도 그럴 것이 진짜로 장 대리가 알지 못했던 사이 장영실이나 정약용 같은 대단한 학자가 영구 기관을 만들어 낸 사실이 있었는 줄 기대했기 때문이다. 신 차장의 표정은 장 대리가 실망한 걸 다 안다는 듯했지만 겉으로는 전혀 내색하지 않고 모른 척 설명을 이어 나갔다.

"오늘 읽었던 『중용』 21장의 말씀도 그렇고, 유학에서의 가르침은 일방적인 선형구조가 아닌 반복적인 순환구조를 띠고 있습니다. 'A하면 B해서 C한다'가 아닌 'A하면 B하고, B하면 A하게 된다'는 구조가 월등히 많지요. '윗사람이 잘해야 아랫사람이 잘하고, 아랫사람이 잘해야 윗사람이 잘한다'처럼 말이죠."

그 말에 장 대리도 맞장구를 쳤다.

"또 있죠, '열심히 하면 잘하게 되고, 잘하면 즐기게 되고, 즐기면 열심히 하게 된다' 같은!"

그랬다가 머리를 갸웃거렸다.

"아, 참 이건 옛사람들의 가르침이 아닌가?"

"아니요, 맞습니다. 그와 똑같지는 않지만 비슷한 이야기들이 옛 경전이나 저술에 심심치 않게 등장하고 있습니다. 예를 아주 잘 들어 주었습니다. 제가 오늘『중용』의 이 문장을 택해 읽은 이유를 아주 정확하게 말해 주었습니다."

그 말을 끝으로 신 차장은 잠시 아무런 이야기를 하지 않았다. 장 대리 역시 아무런 말도 하지 않아 상담실 안은 완전한 침묵을 유지하고 있었다. 얼마나 지났을까 신 차장이 다시 입을 열었다.

"오늘로서『중용』책을 완전히 끝내게 됩니다. 장 대리는 자그마치『중용』이라는 책을 온전하게 한 번 읽은 사람이 되었습니다. 그런데 거기서 끝나면 안 됩니다. 그렇다면 장 대리는『중용』을 진짜로 다 읽은 것이 아닙니다. 장 대리의 삶 속에서 중용을 행하고,『중용』을 읽으며 깨달은 것들을 실제 실천하고 그를 통해 얻어지는 것들에서 다시 삶에 필요한 것들을 배워 나가는 진짜 '영구 동력 기관'을 장 대리의 삶 속에서 만들어 내야 합니다."

그때 어두웠던 상담실 안이 환하게 밝아졌다. 나갔던 전기가 들어온 듯했다.

"그동안 수고했습니다."

책을 챙겨 자리에서 일어나며 신 차장이 손을 내밀었다. 장 대리 역시 그 손을 굳게 맞잡았다.

"저, 괜찮았죠?"

이번에는 거꾸로 장 대리가 물었다. 그 물음에 신 차장은 두 달 전 처음으로 해 줬던 이야기를 다시 해 줬다.

"괜찮았어요. 아니, 정말로 괜찮았어요."

두 사람은 다시 한 번 손을 굳게 맞잡았다.

에필로그

『중용』 읽지 않으실래요?

"장 과장! 내일 보고 자료 좀 챙겨라. 아직 준비가 안 된 것 같던데."

"네!"

1년이 지났다. 대리 장윤석은 진급을 해서 과장 장윤석이 되어 있었고, 신율교 차장은 부장으로 진급해서 마그레브* 법인으로 파견을 나갔다. 그 정도를 제외하고 큰 변화는 없었다. 장 과장은 성인聖人이 되지 못했으며, 군자君子 역시 남의 얘기였다. 가끔 평상심을 잃고 엉뚱한 얘기나 행동을 할 때도 있었으며, 화가 나면 분을 못 참고 후배나 동료에게 퍼붓는 성격 역시 여전했다. 물론, 그런 행동을 하고 나면 예전보다는 자주, 즉각적으로 반성을 하기는 했지만, 그 정도로 큰 변화가 있었다고 하기는 어려웠다.

---

* Maghreb. 아랍어로 '해가 지는 곳'이라는 뜻으로 아랍에서 봤을 때 서쪽 지역인 모로코, 튀니지, 알제리 등 북서아프리카 지방을 가리키는 말.

물론 몇 가지 변한 것도 있었다. 우선, 본격적으로 한문 공부를 시작했다. 『중용』을 다 읽고 보니, 앞쪽에 붙어 있는 '다른 책'도 궁금해졌다. 신 차장, 아니 이제는 부장이 된 신 부장이 '그 부분은 『대학』이라는 책으로 사서 중 하나'라고 설명해 주기는 했지만, 신 부장과는 함께 공부할 기회가 없었다. 그 『대학』을 신 부장 없이 장 과장 혼자서 공부하기로 한 것이다. 물론 완전히 혼자는 아니었고, 인문학 강좌를 수배해서 16주짜리 야간 과정 수강권을 끊어 다니고 있었다.

　툭. 옆자리의 성 대리가 문서 수발실을 다녀오며 노란 DHL봉투 하나를 장 과장에게 가져다주었다. 보낸 사람 이름을 확인한 장 과장의 얼굴이 환해졌다. 모로코 최대의 상업 도시 카사블랑카에서 신율교 부장이 보내온 편지였다. 그냥 손쉽게 메일로 보내도 될 것을, 신 부장은 질리즈 Zellige라는 모로코 전통 문양이 그려진 두툼한 종이 위에 만년필로 한 글자 한 글자 직접 손으로 적은 여러 장의 편지를 보내왔다. 역시 신 부장다웠다.

　장윤석 대리께.

　장 대리, 아니 이젠 장 과장이라고 불러야 돼지요? 그래도 저는 함께 공부할 때의 기억이 많이 남아 있어서인지 '장 대리'라는 호칭이 더 편하네요. 이번 편지에만 장 대리라 부를게요. 잘 지내고 있습니까? 저도 잘 지내고 있습니다. 지낼 집을 구하고 아이들 다닐 학교 알아보고 하느라 지난 몇 달은 정말 어떻게 지나 버렸는지도 모르게 정신없이 보냈습니다. 지난번 메일로 『대학』을 공부해 볼까 고민 중이라 하신 것 같은데, 어떻게 공부는 시작하셨는지요?

　(중략)

어떤가요? 삶 속에서 '중용'을 행하기가, 『중용』에서 배운 말씀들을 실천하기가 녹록치는 않지요? 그럴 겁니다. 그런 장 대리에게 마지막 팁을 드릴까 합니다. 제가 있는 모로코는 아니지만 같은 아프리카 대륙의 속담 중에 이런 말이 있다고 합니다. '빨리 가려면 혼자 가고, 멀리 가려면 함께 가라'라고. 들어는 보았지요? 우리의 삶 속에서 도를 배우고 실천하는 것은 절대 빨리 갈 수 없는, 길고 오래도록 가야 할 길입니다. 혼자 행하고 실천하기가 힘들다면 함께할 수 있는, 또는 내 손길이 간절히 필요한 누군가와 함께 가는 방법을 고려해 보기 바랍니다.

1년 전, 제가 장 대리를 만났듯이.

(후략)

신 부장의 편지를 다 읽은 장 과장은 자리에서 일어나 사무실을 둘러보았다. 예전 신 부장이 앉았던 자리에 앉게 된 전략기획팀 김 차장이 분을 참지 못해 볼펜을 집어 던지며 자리에서 앉았다 섰다를 반복하고 있었다. 그 앞에는 나 대리가 또 무슨 사고를 쳤는지 심각한 표정으로 고개를 푹 숙인 채 서 있었다.

"너는 도대체 정신이 있는 거야? 없는 거야!"

"그게…… 제가…….."

"됐고, 에효. 내가 너랑 무슨 얘기를 하겠냐? 이 과장은 어디 갔어?"

"회의 들어가셨는데요…….."

"회의 '들어가셨는데요'? 너 압존법은 어디다가 팔아 치워 먹은 거야? 이 과장이 나보다 윗사람이야? 어! 됐어, 보기 싫으니 꺼져!"

김 차장의 고함 소리에 나 대리는 자기 자리로 돌아가 털썩 주저앉았다.

얼마쯤 지났을까?

"에이, 씨!"

자기 자리에서 고개를 푹 쳐 박고 있던 나 대리가 갑자기 육두문자를 쏟아 내더니 자리를 박차고 밖으로 뛰쳐나가 버렸다. "어? 저 자식, 방금 뭐라 그랬어?", "너 이리 안 와?"라는 김 차장의 고함 소리를 뒤로 한 채. 장 과장이 따라 나가 보니 나 대리는 회사 건물 옥상 한 켠에 마련된 흡연 공간에 우두커니 서 있었다. 순간, 장 과장은 그 모습에서 1년 전 청계천 헌책방 골목 앞에서 신 부장 아니 신 차장을 기다리며 안절부절못한 채 서 있던 자신의 모습이 떠올랐다. 장 과장은 계속 먼 하늘만 바라보고 있는 나 대리에게 다가갔다. 그러고는 그의 어깨에 손을 올리며 말했다.

"어이! 나 대리. 인마, 괜찮아."

뜬금없는 그 말에 나 대리는 영문을 모르겠다는 표정으로 장 과장을 멀뚱히 쳐다보았다. 장 과장은 나 대리의 어깨에 올린 손을 그대로 둔 채 흐뭇한 웃음을 지으며 말했다.

"근데, 너 매일 아침 출근하면 뭐 하냐? 나랑 책 하나 읽지 않을래?"

참고 문헌

제1부 사람 사이에 습관을 짓다

[참고 도서]

공자 著 / 차주환 譯 (2015), 공자의 인생 수업, 논어, 을유문화사

김영두 著 (2003), 퇴계와 고봉 편지를 쓰다, 소나무

김용옥 著 (2011), 중용 인간의 맛, 통나무

노자 著 / 남만성 譯 (1994), 노자 도덕경, 을유문화사

더글라스 코넌트, 메트 노가드 共著 / 이찬 譯 (2012), 터치포인트 : 짧지만 강한 리더의 1분, 크레듀하우스

생명의말씀사 편집부 譯 (2013), NIV 영한 스터디 성경, 생명의 말씀사

성백효 著 (1993), 대학중용집주, 전통문화연구회

성백효 著 (1993), 현토완역 논어집주, 전통문화연구회

오강남 著 (1995), 도덕경, 현암사

잭 웰치, 수지 웰치 共著 / 윤여필 譯 (2007), 잭 웰치 승자의 조건, 청림출판

저자미상 / 이민수 譯 (2005), 공자가어, 을유문화사

[참고 자료]

신제구 (2015), "자극적인 리더십의 딜레마", Fortune Korea 1월호

이태동 (2015), "화성 엽총 살해사건 순직 故 이강석 파출소장 1계급 특진·훈장 추서", 조선일보 2월 28일자

제2부 일상을 정리하여 다시 세우다

[참고 도서]

공승식 著 (2012), 물수첩 : 워터소믈리에가 알려주는 61가지, 우듬지

김영욱 著 (2003), PR 커뮤니케이션, 이화여자대학교출판부

김용옥 著 (2012), 맹자 사람의 길(상,하) (전2권), 통나무

박영의 著 (2013), 실용 한영 불교용어사전, 좋은인연

사마천 著 / 김원중 譯 (2015) 사기 열전 (1,2) (전2권), 민음사

성백효 著 (2010), 현토완역 맹자집주, 전통문화연구회

성백효 著 (2010), 현토완역 주역전의(상,하) (전2권), 전통문화연구회

이노우에 야스시 著 / 양억관 譯 (2013), 공자, 학고재

이운허 譯 (2004), 열반경 (1,2) (전2권), 동국역경원

이중텐 著 / 김택규 譯 (2013), 이중텐 중국사 1. 선조, 글항아리

이태희 著 (2004), 지능 검사와 지능의 계발, 참나무

정인수 著 (2011), 둥글둥글 지구촌 축제 이야기, 풀빛

정태현 著 (2012), 역주 당송팔대가문초 : 한유 1, 전통문화연구회

존 브룩스 著 / 이충호 譯 (2015) 경영의 모험, 쌤앤파커스

플라톤 著 / 전영우 譯 (2011), 플라톤 대화편 : 프로타고라스 파이드로스, 민지사

Robin Dunbar 著 (2010), How Many Friends Does One Person Need? : Dunbar's Number and Other Evolutionary Quirks, Faber&Faber

中村佳瑞子 著 (2011), 體にも心にもやさしいおうちごはん 365日食べて健康, メトロポリタンプレス

[참고 자료]

Gold Reef City Homepage, "Gold reef city", https://www.tsogosun.com/gold-reef-city-casino (2015.10.31)

제3부 일에 제자리를 찾아 주다

[참고 도서]

김덕영 著 (2012) 그리스의 시간을 걷다 : 이야기의 땅 터키, 이스탄불에서 델
피의 신탁까지, 책세상

김종록, 황태연 共著 (2015), 공자 잠든 유럽을 깨우다 : 유럽 근대의 뿌리가 된
공자와 동양사상, 김영사

나관중 著 / 요시카와 에이지 編著 / 김성욱 譯 (2013), 삼국지 (전10권), 문예
춘추사

미치오 카쿠 著 / 박병철 譯 (2010) 불가능은 없다 : 투명인간 순간이동 우주횡
단, 시간여행을 만드시 이뤄진다, 김영사

박시백 著 (2015) 박시백의 조선왕조실록 13 : 효종, 현종실록, 휴머니스트

빈스 롬바르디 주니어 著 / 안의정 역 (2004) 비즈니스 리그에서 승리하기, 밝
은세상

선우학원 著 (2015), 일본 군국주의의 역사와 뿌리, 내일을여는책

지재희 譯 (2000), 예기(상,중,하) (전3권), 자유문고

Benjamin Franklin 著 (2007), Poor Richard's Almanack, Skyhorse
Publishing

藤野紘 著 (2004), 日本人なら知っておきたい「和」の知恵 あらためて,先人た
ちのアイデアとセンスに驚かされる本, 河出書房新社

岡野守也 著 (2003), 聖德太子「十七條憲法」を讀む 日本の理想, 大法輪閣

茂登山長市郎 著 (2005) 江戸っ子長さんの舶来屋一代記, 集英社新書

加藤寬一郎 (2006) 爆發JAL123便 : 一航空機事故′複雜怪奇なり, 大和書房

[참고 자료]

신경진 (2015), "요즘 뭐하세요 : 무협 소설가 진융", 중앙일보 6월 9일자

「역린」, 감독 이재규, 배급 롯데쇼핑 ㈜롯데엔터테인먼트, 2014

조선왕조실록 Homepage, "현종실록", http://sillok.history.go.kr/ (2015.03.26.)

Del Jones (2006), "CEOs say how you treat a waiter can predict a lot
about character", USA TODAY 4월 17일자